中国特色企业社会责任发展与演化

40 YEARS OF REFORM AND OPENING-UP:
DEVELOPMENT AND EVOLUTION
OF CHINESE-STYLE CSR

孙孝文◎著

经济管理出版社
ECONOMY & MANAGEMENT PUBLISHING HOUSE

图书在版编目（CIP）数据

改革开放 40 年中国特色企业社会责任发展与演化 / 孙孝文著. —北京：经济管理出版社，2018. 12

ISBN 978-7-5096-6155-0

Ⅰ. ①改… Ⅱ. ①孙… Ⅲ. ①企业责任—社会责任—研究—中国 Ⅳ. ①F279. 2

中国版本图书馆 CIP 数据核字（2018）第 258030 号

组稿编辑：高 娅
责任编辑：高 娅
责任印制：司东翔
责任校对：赵天宇

出版发行：经济管理出版社
（北京市海淀区北蜂窝 8 号中雅大厦 A 座 11 层 100038）
网 址：www. E-mp. com. cn
电 话：（010）51915602
印 刷：三河市延风印装有限公司
经 销：新华书店
开 本：720mm×1000mm /16
印 张：20. 5
字 数：326 千字
版 次：2018 年 12 月第 1 版 2018 年 12 月第 1 次印刷
书 号：ISBN 978-7-5096-6155-0
定 价：88. 00 元

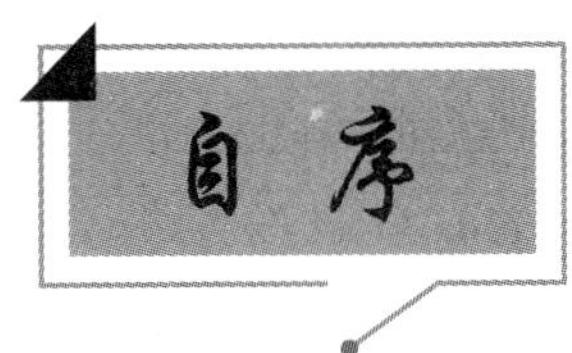

自序

欢迎各位企业社会责任（Corporate Social Responsibility，CSR）的从业者、研究者和爱好者阅读本书！在正式阅读本书之前，我想向大家简单介绍三个问题：我为什么要写这本书？这本书有什么价值？这本书有哪些不足？

缘起

在企业社会责任的发展史上，2008 年是一个独特的年份，2008 年被称为“中国企业社会责任元年”，也被称为“中国公益元年”。对我个人的职业生涯来说，2008 年也是一个独特的年份：在 2008 年我正式进入了企业社会责任这个领域，十年来对企业社会责任“深爱有加”。

十年来，企业社会责任在中国获得了长足的发展，但仍然存在一些理念和共识上的问题。有的专家提出企业社会责任在中国陷入了“语义的丛林”，也有专家认为“企业社会责任已死”。当然，也有专家认为社会责任将“重塑企业管理”。十年过后，我们该怎么重新认识企业社会责任？

2018 年是中国改革开放 40 周年，我们是否可以将企业社会责任放在改革开放的伟大历程中去重新认识？是否可以在改革开放 40 周年之际梳理中国特色企业社会责任的发展历程？当我的脑海中出现这个想法时，我是兴奋不已的。但很快，我意识到这是一个非常具有争议性的话题，要完成这项工作，至少要回答两个问题：一是改革开放初期的企业是否有“社会责任”？二是中国特色的企业社会责任特色在哪里？

改革开放后是否有“企业社会责任”？这涉及企业社会责任的概念和本质。关于企业社会责任的概念，不同人有不同的理解。国际标准化组织2010年发布的“社会责任国际标准ISO 26000”认为，社会责任是指“组织通过透明和道德的行为，为其决策和活动对社会和环境的影响而承担的责任”。我认为，企业社会责任的本质是企业与社会（包括利益相关方）的关系，企业的“溢出效应”就是企业的社会责任。当企业的“溢出效应”为正时，就是负责任的企业；当企业的“溢出效应”为负时，就是不负责任的企业。如果从该点出发来看企业社会责任，我们认为当社会上有企业这一组织形式出现时，就有了“企业社会责任”。所以，我们可以把新中国成立后中国企业社会责任的发展分为三个阶段：第一阶段是朴素企业社会责任阶段，即我们通常说的“企业办社会”；第二阶段是现代企业社会责任阶段，即我们从西方引入到中国的社会责任概念；而第三阶段是中国特色的企业社会责任阶段，是现代企业社会责任思想结合中国传统文化、中国企业经营实践发展而来的社会责任。

从上面的概念我们可以看出，企业社会责任具有三个特性：地域性、时代性和文化性。从改革开放40年的发展历程看，中国企业社会责任的发展有其鲜明的中国特色。第一，建立在中国传统文化、社会主义国家基础上的共同体意识是中国特色企业社会责任发展的社会认知；第二，框架型改革策略以及改革开放40年来中国政治、经济和社会的演进是中国特色企业社会责任发展的土壤；第三，中国自近代以来百年图强的国家追求、社会主义市场经济的竞争机制和社会需求是中国特色企业社会责任发展的内部驱动力；第四，改革开放以来中国与世界的关系、政府与企业的关系以及社会与企业的关系是中国特色企业社会责任发展的互动与纠错机制；第五，40年来国有企业、民营企业和外资在华企业的社会责任呈现了截然不同的发展路径。

价值

在当前这个节点，我们关注和研究中国特色企业社会责任的发展和演进有什么意义和价值？

首先是时代意义。随着中国经济几十年的高速发展，中国已经成为世界第二大经济体，中华民族的面貌发生了前所未有的变化，中国特色社会主义进入了新时代，我国社会主要矛盾已经转化为人民日益增长的美好生活需要和不平衡不充分发展之间的矛盾。在这个大背景下，我们应该从中国社会发展的角度对企业社会责任的功能和价值进行再认识，需要将企业社会责任视为“国民经济的第三次分配”，从这个高度来审视中国特色企业社会责任的未来发展。一次分配重效率，二次分配重公平，三次分配重责任（指企业社会责任）。中国改革开放40年已经初步解决了物质贫乏问题，未来需要解决的是社会不平衡、不充分发展的问题，这需要我们从历史的视角来重新思考未来中国企业社会责任如何发展以及向何处去。

其次是发展意义。经过改革开放40年的发展，我国大型企业规模实力显著增强，综合竞争力进一步提升，越来越多的企业登上《财富》世界500强排行榜。而党的十九大报告指出，要深化国有企业改革，发展混合所有制经济，培育具有全球竞争力的世界一流企业。培育具有全球竞争力的世界一流企业面临两个问题：一是世界一流企业必须是承担社会责任的企业；二是在目前政策上“国民共进”而现实中“国进民退”的大背景下，国有企业和民营企业、大型企业和中小型企业如何重塑价值链，从社会责任的视角实现共同发展，这也需要中国特色企业社会责任理论给予支持。

不足

本书从改革开放40年的历程回顾中提出了关于中国特色企业社会责任这一命题，但并没有完整地回答这一命题。这一命题需要中国所有关注、研究和从事企业社会责任工作的人士共同回答和推动。由于本人经历和精力所限，本书对中国企业社会责任发展过程的部分资料进行了梳理，对中国特色企业社会责任的发展模式进行了总结，文中部分观点还不成熟，希望各位读者不吝赐教！

本书是站在巨人肩上的结晶。为了展示不同阶段的多元观点，本书更直接引用了部分社会责任研究人员、从业人员的文章。谨以此书献给中国企业社会责任的从业者、推动者、研究者和热爱者！感谢所有 CSR 同仁为推动中国特色企业社会责任的发展做出的卓越贡献！

孙孝文

2018 年 10 月于成都

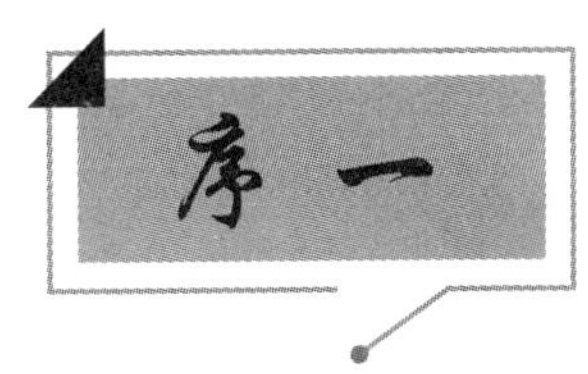

序一

我一直认为，要想真正掌握一门学问，就要对这门学问的渊源、历史、发展和演化有充分的了解。研习经济学的，需要了解经济学史；研习社会学的，需要了解社会发展史……这是因为，任何一门学问，都有着孕育其产生和容纳其发展的时空，也有其在不同时空界限和阶段的特点、烙印和边界，它和时空一同演进着。

我的好友孝文的新书《改革开放40年中国特色企业社会责任发展与演化》是对企业社会责任的实践在这一特殊历史背景和时期的记叙、分析和研究。它帮助我们了解企业社会责任的脉络、经验、教训、未来走向，从而使我们清晰地知道什么是、为什么做、如何有效地推进，这个叫作企业社会责任的东西，帮助我们在创造经济价值的同时，为社会进步创造出并凝聚成积极的推动力量。

我和孝文有着共同的志向和对社会责任的担当，我也多次受他邀请，为他助力主持研讨会议或头脑风暴。在很多企业社会责任的会议、项目、活动中，经常看到他充满热情的身影。他是积极的实践者，也是严谨的治学家。我们也会就一些专业的问题产生争议，各持己见。这也正是他让我敬重和喜欢的地方。

企业社会责任，从学习西方开始，到政府推动、行业引领、企业履责、社会参与、国际融合，再到基本形成了有体系的、更为系统的、能创造价值的、向着可持续商务进发的格局，真可谓历尽艰难，风雨兼程。

我的好友，同是圈内人的《WTO导刊》主编老于，曾感慨地说：几十年风雨，未改初衷。企业社会责任在中国播种、生根、开花、结果，离不开孝文、老于这样的人，他们坚毅执着、孜孜不倦，他们实践着、引领着。

谨此，向他们和许多人，这一个伟大的群体，致以崇高的敬意。

伟尔集团（中国）总裁、CSR 思想实验室创始人　吕建中博士

2018 年 10 月

序二

改革开放40年来，随着我国经济的高速发展和社会进步，企业作为中国经济和社会的重要组成部分，正发挥着越来越突出的作用。而企业社会责任则在中国历经长时间的实践和探索，由20世纪80年代起欧美发达国家所倡导的环保、劳工和人权、为股东创造利润等内容，逐步发展为企业要对员工、消费者、社区和环境承担责任。伴随着新发展理念的深化，我国企业履行社会责任已涵盖经济、政治、社会、文化和生态等多个层面。促进企业履行社会责任，已上升到党和政府解决不平衡不充分发展矛盾的重要途径的战略高度。

作为CSR研究者的同行，我与孝文已相识多年，时常就一些相关问题进行交流与探讨。多年来，孝文从北京到海南，再到成都，一直行走在对CSR理论的研究与相关课题的探索中。通过对多地、多家不同类型大型企业的实地调研，以及对党和国家出台的有关企业社会责任政策标准的深入分析，孝文对国内企业社会责任的发展方向有着自己独到的见解与建议。作为在CSR领域内已有十余年专职从业经历的研究者，孝文当属厚积而薄发，由此，《改革开放40年中国特色企业社会责任发展与演化》一书应运而生。

本书从发展的视角梳理回顾了改革开放40年来中国企业社会责任的发展历程，将企业社会责任放到改革开放的伟大进程中去重新认识和梳理，提出了中国特色企业社会责任的发展模式，意义重大。同时，本书收集的资料非常丰富，有助于读者全面了解中国企业社会责任的发展历程和现状，是一本难得的社会责任知识普及读物和工具书。

企业社会责任理念的普及和实践的发展，离不开党和政府的政策支持，离不开企业家的倾力配合与身体力行，更离不开社会各界的爱心人士与CSR从业者和研究者的参与。中国特色的企业社会责任理论以及相配套的评价体系，还需要各行业的企业公民在企业社会责任实践履行的过程中逐渐完善，共同探讨。

全国工商联中国民营企业社会责任报告编委会执行副主编　林彬

2018年10月

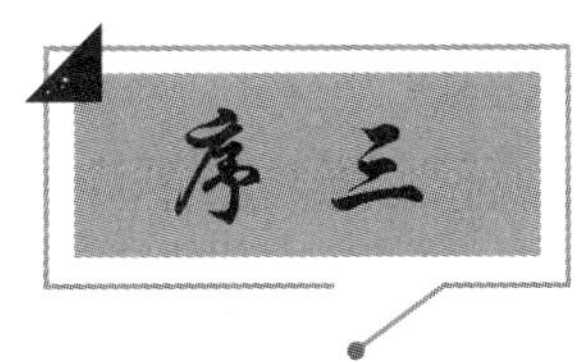

序三

2018年是改革开放40周年，站在2018年回望1978年，我们的国家、社会、企业都发生了巨大的变化，取得了令人瞩目的成就，企业在这一进程中发挥了举足轻重的作用。随着中国经济体量的增加和中国企业的不断发展壮大，企业的影响力不断增强，企业如何经营和发展成为越来越受关注的议题。企业应该负责任地经营成为共识，社会责任的理念逐渐被企业接受并应用到实践中，具有远见卓识的组织和个人也积极投入到企业社会责任工作中，推动了企业社会责任在中国的发展。迄今为止，尚未有人对40年来企业社会责任在中国的发展进行梳理和总结，作者完成了一项开创性的工作。

20世纪初，美国学者克拉克（J. Maurice Clark）在其文章《改变中的经济责任的基础》中首次提出“企业社会责任”这一概念，“企业社会责任”从此作为学术问题登上历史舞台，并在接下来的半个世纪中，伴随现代企业的发展，形成了企业社会责任思想。中国的企业社会责任有着自己的特色，其发展和演化与企业社会责任在西方世界的发展有明显的不同。总结企业社会责任在中国40年的发展历程，不仅有利于我们深刻理解中国企业社会责任的特点，也将帮助我们更好地把握企业社会责任在中国的发展方向。

中国进入新时代，中国企业发展的国内外环境也有了新的变化，面临新的发展机遇和挑战，如何在纷繁复杂的环境中实现可持续发展，是企业经营的永恒主题。企业负责任地经营、抓住可持续发展的机遇是未来发展的生存之道。总结过去是为了更好地面对未来，汲取社会责任在中国发展的经验，必将有利于更多具有良好经营理念、前瞻发展战略和完善治理机制的优秀企业出现，推动中国和全球实现可持续发展。

《改革开放40年中国特色企业社会责任发展与演化》全面、系统地阐述了“企业社会责任”思想在中国的孕育、萌芽、发展和创新，并从国家立法引导，政府政策推动，行业协会支持，国际组织关注，国有、民营和外资企业实践等多个角度全方位地展示了在改革开放这一中国特色经济环境下“中国企业社会责任”的发展和演化过程。作为一名具有丰富职业经历和实践经验的企业社会责任工作者，作者以多元的视角审视中国企业社会责任40年的发展历程，总结发展经验，提出新的思考。相信其成果不仅会极大地丰富企业社会责任理论，也对广大企业更好地推进社会责任工作有所帮助，对中国企业社会责任的未来发展有所启迪。

全球契约中国网络执行秘书长　韩斌

2018年10月

序四

很荣幸受孝文兄的邀请为他的新作写序。在过去我对写序一般是拒绝的，一来本人才疏学浅，没有太多真知灼见；二来在中国大部分关于企业社会责任的著作不是工具书，就是比较理论性的学术丛书，对于我来说实在找不到写序的切入点。而为什么这次收到孝文兄的邀请就答应了呢？其大作的阅读价值是一个重要原因。

从我2000年初投身到中国企业社会责任的工作中，有几个争论点一直围绕这个话题。例如，“这到底是舶来品，还是一直植根在中国的传统文化中呢？”“它是西方国家设置的贸易壁垒，还是帮助我国企业往可持续发展模式转型的实践呢？”“它对企业来说是成本，还是投资呢？”尤其是在企业社会责任一词刚开始在中国媒体上出现之后，就对这些问题争论不止。当然随着中国政府和社会在可持续发展进程中的推进，“绿水青山就是金山银山”，推动企业社会责任对国家来说已经是不容置疑的必然之路。业内都说2008年是中国企业社会责任发展元年，在发展10年后通过事实的回顾是有价值的。

愚以为，本书的真正价值就是不在意识形态上进行无谓的争论，而是通过作者自身理论与实战兼备的能力，把在这领域多年的工作经验及观察进行总结，结合大量的事实分析，系统地梳理了改革开放40年中国企业社会责任的发展路径，对中国特色企业社会责任的发展模式进行探索。书中另一个特点是从多利益相关方的维度分析了中国企业在社会责任上的进程，具体描述了它们担当的角色和功能。我认为此作对推动未来社会责任在中国的发展有着启发性的作用，尤其对于有兴趣从事企业可持续发展工作的年轻人而言更有阅读价值，可以说是事实与总结兼备的“中国企业社会责任大事记”。

本书写在2018年这个多事之秋，国内外大事件如疫苗事件和中美贸易战等对中国企业带来的负面影响已显而易见；而随着中国资本市场国际化，可持续投资的概念对促进中国企业在社会责任上有着强大的推力，以笔者从事该领域十多年的经验看来，2018年中国CSR发展有着明显的转变，针对不同的利益相关方也有着更不一样的内容。以交易所为例，为对接国外投资者的需求，上交所、深交所已准备将从前的企业社会责任报告要求改为以风险管理为导向的环境、社会及治理报告指引，企业社会责任与企业的整体价值链更有机地结合在一起。由此可见，我个人认为2018年是中国CSR发展的另一个历史拐点。在这个历史的拐点回顾过去，我亦期望孝文兄在未来会再有新作，回顾变化莫测但充满机遇的一年。

安永气候变化与可持续发展服务合伙人　何智权

2018年10月

第一章　构建中国特色社会责任体系　/1

第一节　改革开放与中国企业社会责任发展历程　/3
第二节　中国特色企业社会责任的发展模式　/50

第二章　立规：政府推动四十年　/97

第一节　国家层面社会责任立法　/99
第二节　部委层面引导社会责任发展　/115
第三节　地方政府推动社会责任发展　/130

第三章　搭台：行业引领四十年　/145

第一节　中国行业协会与企业社会责任　/147
第二节　行业协会推动社会责任发展介绍　/153

第四章　实践：企业履责四十年　/175

第一节　国企改革与责任担当　/177
第二节　民企发展与责任创新　/191
第三节　外资发展与责任引入　/209

第五章　共建：社会参与四十年　/225

第一节　社会组织助力责任发展　/227
第二节　媒体塑造责任氛围　/235
第三节　交易所推动信息披露　/245

第六章　合作：国际交融四十年　/253

第一节　联合国层面对社会责任的倡导　/255
第二节　国际社会责任标准在中国　/264

第七章　新时代，新征程，新责任　/279

第一节　中国企业社会责任面临的机遇和挑战　/281
第二节　中国企业社会责任发展趋势　/288

参考文献　/309

第一章

构建中国特色社会责任体系

江河百源，一趋于海，反江河之水而复归之山，得乎？履不必同，期于适足；治不必同，期于利民。

——清·魏源《古微堂·治篇》

第一节 改革开放与中国企业社会责任发展历程

自 1978 年改革开放伟大事业启动以来，我国历经从计划经济到商品经济再到市场经济的探索，从无到有构建了中国特色社会主义市场经济体系。40 年来，随着企业这一市场经济主体的出现与逐步发展壮大，我国企业社会责任的概念逐渐清晰、内涵逐渐明确、价值逐渐显现，探索出了一条有中国特色的企业社会责任发展道路。总体来看，我国企业社会责任的发展历程可划分为“思想孕育期”“艰难萌芽期”“快速发展期”和“创新发展期”四个阶段。

一、1978~1991 年：中国企业社会责任“思想孕育”

（一）改革启动，中国经济逐步解冻

1. 改革启动与目标探索

1978 年 12 月 18 日，党的十一届三中全会隆重召开，开启了我国改革开放的新时期。从总体上看，这一时期初步完成了从以阶级斗争为纲到以经济建设为中心的伟大转变。党的十一届三中全会重新确立了解放思想、实事求是的思想路线，做出了把全党工作重点转移到社会主义现代化建设上来的战略决策，确定了改革开放的基本方针。这一阶段，改革的基本内容是打破指令性计划，逐步引入市场机制，承认市场竞争，确立“计划经济为主，市场调节为辅”方针；从改革发展的过程看，改革首先从农村开始，1984 年开始逐步向城市推进，对外开放从兴办经济特区向开放沿海、沿江乃至内地推进。

这一时期中国经济社会的一个特点是从板结一块逐步解冻。在农村，家庭联产承包责任制释放了农村生产力，不仅逐步解决了温饱问题，而且逐步产生了农村剩余劳动力。农民工的流动、生产生活、权益保护将在未

来很长一段时间内成为中国企业社会责任的一个独特的、重要的议题；在城镇，个体工商户逐步出现，乡镇企业开始兴起，国有企业改革从放权让利到承包制。对外经济交流逐步扩大。1980 年设立了深圳、珠海、汕头、厦门 4 个经济特区；1984 年开放了大连、秦皇岛、天津、烟台、青岛、连云港、南通、上海、宁波、温州、福州、广州、湛江、北海 14 个沿海口岸城市作为吸收外资、学习外国先进技术和经营管理方法的窗口。

与此同时，政治、科技、教育、文化等领域的改革也开始启动。1977 年 9 月，中国教育部在北京召开全国高等学校招生工作会议，决定恢复已经停止了 10 年的全国高等院校招生考试，以统一考试、择优录取的方式选拔人才上大学。1977 年冬天，中国 570 万名考生走进了曾被关闭了十余年的高考考场，当年全国大专院校录取新生 27.3 万人；1978 年，610 万人报考，录取 40.2 万人。1978 年 3 月 18~31 日，全国科学大会在北京召开，在出席大会的 5586 名代表中，科技人员有 3478 人，占代表总数的 62.3%。此次大会通过了《1978~1985 年全国科学技术发展规划纲要（草案）》。

2. 作为新物种的企业

随着改革取得初步成效和人们对推进改革共识的逐步形成，1984 年 10 月，党的十二届三中全会通过了《中共中央关于经济体制改革的决定》，确定社会主义经济是“公有制基础上的有计划的商品经济”，中国开始出现现代意义上的企业。

（1）个体工商户和民营企业萌芽快速发展。个体工商户作为一种新的职业开始出现，非公经济禁区开始被打破。1979 年初，700 多万名上山下乡的知青大军返回城市，为解决这部分人的就业问题，中共中央、国务院决定：“各地可根据市场需要，在取得有关业务主管部门同意后，批准一些有正式户口的闲散劳动力从事修理、服务和手工业者个体劳动。”全国第一张个体户执照颁发给了温州的小贩章华妹。此后，在城市，大量无业人员和返城知青通过开展零售、服务等行业的个体经营实现了就业。个体工商业展示出了巨大的生命力。据统计，1979 年底，全国批准开业的个体工商户约 10 万户；到两年后的 1981 年，统计数据变为 101 万户，翻了 10 倍。为进一步促进和规范个体工商户的发展，1987 年 8 月 5 日，国务院颁布了《城乡个体工商户管理暂行条例》。

此外，私营企业开始出现。一方面，随着个体工商户的发展，雇佣开始出现，部分个体工商户逐步发展壮大成为私营企业；另一方面，国家逐步放开对私营企业注册的管制，私营企业作为一种新兴的市场主体开始登上舞台。经过近 10 年的发展，部分私营企业逐步发展壮大。随着私营企业法律地位的确认，越来越多的管理和技术人员开始流向私营企业。如 1984 年，浙江杭州的乡镇企业万向公司用高薪从浙江大学引进了一名大学生。

【延伸阅读】

个体工商户、雇佣与私营企业

根据 1987 年 8 月国务院颁布的《城乡个体工商户管理暂行条例》，个体工商户可以根据经营情况请一两个帮手，有技术的个体工商户可以带三五个学徒，对雇佣问题进行了模糊处理。关于雇用多少人可以算作私营经济，国家和学术界一直存有争议。一段时间内，部分经济学家根据马克思在《资本论》中的举例①将个体工商户和私营经济界定为：雇用超过 7 个人或 8 个人即为私营经济，认为在劳动过程中存在剥削，需要给予取缔。但随着经济的发展，雇用超过 7 个人的个体工商户越来越多。其中，比较有影响的事件是年广久的“傻子瓜子”。年广久从 1981 年 9 月开始雇工，当时雇用了 4 个帮手，而到 1984 年，年广久雇用的工人已经达到 103 人，加上他儿子开的分店，雇工达 140 多人，当时的社会无法接受这一事实。1984 年 10 月 22 日，邓小平在中央顾问委员会第三次全体会议上，明确提出了对“傻子瓜子”问题的处理方针，他说：“还有些事情用不着急于解决，前些时候那个雇工问题呀，大家担心得不得了。我的意思是放两年再看。”② 这从事实上默许了雇佣的存在，也默许了私营经济的发展。

---

① 《马克思恩格斯全集》第 23 卷，人民出版社 1975 年版，第 342 页。

② 凤凰网：《傻子瓜子曾 3 次被邓小平点名　市委称以后没人敢动你》，http：//news. ifeng. com/a/20140514/36303963_0. shtml。

（2）国营企业[①]放权改革打破“大锅饭”。随着农村改革取得巨大成功和人们对推进改革的共识逐步形成，1984年10月，党的十二届三中全会通过了《中共中央关于经济体制改革的决定》，确定社会主义经济是“公有制基础上的有计划的商品经济”，改革的重点逐渐从农村转向城市，以搞活国营企业为中心环节全面展开。这一时期国营企业的改革经历了放权让利、承包制、租赁制等改革阶段，核心思想是逐步扩大国营企业经营者的自主权，国营企业的经营者开始打破“大锅饭”，探索运用现代企业管理方法，在企业内部强化劳动纪律，关注产品质量。如1984年，海尔集团的前身青岛电冰箱总厂颁布了关于加强劳动纪律的十三条“军规”——《青岛电冰箱总厂劳动纪律管理规定》；1985年，张瑞敏在全体员工面前宣布将76台不合格的冰箱全部砸掉，在青岛乃至全国树立了质量意识。1988年12月，海尔荣获中国电冰箱史上第一枚质量金牌。

（3）逐步承认非公经济地位。首先，非公经济的法律地位逐步得到确认，这是非公经济健康、可持续发展的基础和前提。1982年9月1日，党的十二大报告指出“在农村和城市，都要鼓励劳动者个体经济在国家规定的范围内和工商行政管理下适当发展，作为公有制经济的必要的、有益的补充”；1982年12月4日，第五届全国人民代表大会第五次会议通过了修订的《中华人民共和国宪法》，增加了“在法律规定范围内的城乡劳动者个体经济，是社会主义公有制经济的补充。国家保护个体经济合法的权利和利益。国家通过行政管理，指导、帮助和监督个体经济”，发展个体经济正式入宪。1988年3月25日~4月13日，第七届全国人民代表大会第一次会议在北京召开，会议通过了《中华人民共和国宪法修正案》，增补了“国家允许私营经济在法律规定的范围内存在和发展。私营经济是社会主义公有制经济的补充。国家保护私营经济的合法权利和利益，对私营经济实行引导、监督和管理”。至此，私营经济的合法地位在《宪法》中得以确认，这奠定了私营经济快速、健康、可持续发展的基础。

其次，企业家的价值开始得到国家和社会的承认与尊重。市场活力来自于人，特别是来自于企业家，来自于企业家精神。对企业家价值的尊重

① 新中国成立后一直将国家控制、经营的企业称为“国营企业”。1992年10月，中共第十四次全国代表大会报告上，首次将“国营企业”改为“国有企业”。1993年3月29日，八届全国人大第一次会议通过的《中华人民共和国宪法修正案》，正式将“国有企业”的称谓以法律形式固定下来。

从某种程度上反映了一个国家对市场经济的尊重。1987年初，美国《财富》杂志评选了全球50位最引人注目的企业家，中信公司的荣毅仁榜上有名，这是新中国成立以来社会主义中国的公司经营者首次进入国际性的企业家排行榜。1988年4月，中国企业家联合会、中国企业家协会等国家有关单位举办的首届全国优秀企业家评选揭晓，20位企业家在北京中南海怀仁堂接受了颁奖。这是改革开放以来，中国企业家地位提升的标志性事件。

【延伸阅读】

首届全国优秀企业家获奖名单[①]

冯根生：1934年生，时任杭州第二中药厂厂长。
邹凤楼：1931年生，时任湖南醴陵国光瓷器厂厂长。
尚海涛：1940年生，时任山西潞安矿务局局长。
李华忠：1935年生，时任鞍山钢铁公司经理。
陈祥兴：1938年生，时任南京无线电厂厂长。
孟祥海：1931年生，时任佳木斯造纸厂厂长。
汪　海：1941年生，时任青岛双星集团公司董事长。
马胜利：1938年生，时任石家庄造纸厂厂长。
朱　毅：1944年生，时任烟台港务局局长。
杨其华：1930年生，时任广州铁路（集团）公司董事长。
周冠五：1918年生，时任首都钢铁公司总经理。
齐心荣：1940年生，时任上海澎浦机器厂厂长。
殷国茂：1932年生，时任成都无缝钢管厂厂长。

① 吴晓波：《激荡四十年》，中信出版社2017年版。

徐有泮：1933 年生，时任沈阳电缆厂厂长。
霍荣华：1941 年生，时任吉林化学工业公司总经理。
应治邦：1934 年生，时任西北国棉五厂厂长。
于志安：1932 年生，时任武汉长江动力公司总经理。
黄春萼：1940 年生，时任大连石化公司总经理。
邢起富：1935 年生，时任天津飞鸽集团总经理。
陈清泰：1939 年生，时任中国第二汽车制造厂总厂厂长。

（二）中国企业社会责任的“思想火花”

1. 社会主义国家建设中的责任理念

（1）社会主义的本质要求。我国是社会主义国家。改革开放后，以邓小平为代表的第二代领导人强调将马克思主义的普遍真理同中国的具体国情结合起来，走有中国特色的社会主义道路，逐步实现工业、农业、国防和科学技术现代化，把中国建设成为富强、民主、文明、和谐的社会主义国家。中国特色社会主义理论对处理企业与国家、社会的关系具有纲领性指导作用。一方面，对企业承担社会责任具有正向激励作用，激励或明确要求国有企业主动承担社会功能，引导发展壮大的私营企业奉献社会；另一方面，对企业不负责任的经营行为具有约束作用，其经营行为要符合社会主义国家的政治要求。总体来看，建设中国特色社会主义国家有以下几方面的原则性要求与企业承担社会责任密切相关：

第一，以人为本。我国《宪法》明确规定“中华人民共和国的一切权力属于人民”。以人为本不但是各级政府的执政理念，也是承担着特殊功能的国营企业的经营理念。在以人为本理念的指导下，我国在新中国成立后的 20 世纪五六十年代即在国营企业建立了工会体系、劳工权益保障的制度措施，针对职工建立了“从摇篮到坟墓”的全面社会保障体系。

第二，共同富裕。1992 年初，邓小平提出：“社会主义的本质，是解放生产力，发展生产力，消灭剥削，消除两极分化，最终达到共同富裕。”实现共同富裕是社会主义的本质要求，是广大人民的普遍愿望。在共同富裕思想的指导下，一方面，企业尤其是国营企业内部管理层与员工的工资差距在改革开放初期并没有拉开过大；另一方面，我国城市和乡镇出现的集体经济成为兴办企业、带动一方致富的典型生产形式。

第三，公平正义和民主法治。公平正义是中国特色社会主义的内在要求，民主法治是中国特色社会主义的重要保障。这要求在改革过程中、在企业经营过程中要逐步建立以权利公平、机会公平、规则公平为主要内容的社会公平保障体系，努力营造公平的社会环境，保障广大人民群众的合法权益。

（2）社会主义生产目的。1978 年 5 月 10 日，中央党校主办的《理论动态》第 60 期发表了文章《实践是检验真理的唯一标准》，并由此引发了一场轰轰烈烈的真理标准大讨论。1979 年 9 月 30 日，《理论动态》第 160 期发表了 8000 多字的《要真正弄清社会主义生产的目的》一文，1979 年 10 月 20 日，《人民日报》在头版头条以通栏标题全文转发。全国经济理论界和经济战线很快便掀起了一场轰轰烈烈的"社会主义生产目的大讨论"。改革开放前，国家并没有厘清社会主义生产的目的，当时流行的思想是大庆油田提出的"先生产，后生活"的口号，是典型的为生产而生产。《要真正弄清社会主义生产的目的》一文提出"在社会主义制度下，生产的目的是满足社会不断增长的需要，因此，应当在可能的范围内最大限度地满足这种需要"。改革开放后，社会主义生产目的明确后，对企业承担社会责任具有重大的思想指导。首先，要进行社会主义大生产的供给侧改革，从以重工业为主到逐步建立全面的工业体系，轻工业快速发展；其次，企业开始关注产品和服务的质量，逐步引入现代企业管理理论；最后，人们开始关注工作与生活的平衡，追求更美好的生活。

（3）经济改革的具体要求。在社会主义本质和社会主义生产目的的指导下，在具体的经济改革措施中，国家一直强调国营企业改革要把国家、集体、个人三者利益结合起来，要正确处理国家、企业、职工三者利益的关系。这种具体的经济改革策略，保证了国营企业改革过程中保留了朴素的社会责任理念，有利于企业尤其是国营企业在改革过程中不偏离自身的社会责任。

2. 中国特色的社会责任议题

1978~1991 年，在社会主义国家建设中的责任理念的指导下，中国企业逐步萌发了朴素的社会责任思想并积极践行。这一阶段，企业的社会责任议题既有普遍性社会责任议题，也有中国特色或阶段性的社会责任议题。

这一阶段普遍性的社会责任议题主要包括四个部分：一是经济责任。无论是国营企业还是私营企业，经济责任是这一阶段企业的主要社会责任，国营企业要增强活力，扭亏为盈，私营企业通过快速发展为国家的经济建设做贡献和提供丰裕的社会生活必需品。二是带动就业。改革开放后，伴随着“上山下乡”运动的结束，大量待业青年返回城市，需要国营企业、集体企业、私营企业提供大量的就业岗位。三是依法纳税。这是企业的基本义务。四是合理保护职工的劳动权益和职业安全健康。

对于中国特色或阶段性的社会责任议题，主要包括以下三个方面：

(1) 农民工权益保护。农民工是中国在改革开放过程中出现的独具中国特色的就业群体。农民工权益保护问题伴随着中国改革开放 40 年的发展历程，其权益保护涉及的领域非常广，包括职业安全健康、社会保险、民主管理、薪酬等，也包括了因农民工问题而衍生出的留守儿童问题、农村“空心化”问题等社会问题。

改革开放后，城乡人口在区域间的流动由原来的行政命令驱动的流动变为由利益驱动的自由流动。1980 年，国家设立了深圳、珠海、汕头、厦门 4 个经济特区；1984 年又开放了大连、秦皇岛、天津、烟台、青岛、连云港、南通、上海、宁波、温州、福州、广州、湛江、北海 14 个沿海口岸城市，大量人才开始向特区和沿海开放城市流动。在农村，家庭联产责任制促进了农业生产，解放了一部分农村剩余劳动力，农村剩余劳动力开始向乡镇流动，乡镇里出现了走街串巷的小商贩。

【延伸阅读】

农民工与权益保护

农民工是伴随我国改革开放、工业化、城镇化进程出现的一支新型劳动大军。改革开放后，一方面，农村家庭联产承包责任制促进了生产力的发展，农村开始出现剩余劳动力；另一方面，城镇化和工业化需要大量劳动力，农村剩余劳动力开始向城市流动。1984 年，中国社会科学院研究员张雨林在《社会学研究通讯》上的一篇文章中首次提出“农民工”一词。1978~1984 年，少量的农村剩余劳动力开始向沿海发达地区流动；1985~1988 年，城市第三产业的发展吸引了大量农村劳动力进城；1989 年春节前夕，“民工潮”首次出现；1990 年底，全国农村流入城市的人口达到 7000 万人。农民工这一新的社会阶层为中国经济社会的发展做出了巨大的贡献，但也同样产生了亟待解决的社会问题，出现了“春运”“留守妇女”“留守儿童”“农村空心化”“春节讨薪”“农民工权益保障”等独具中国特色的社会责任议题。为加强对农民工的权益保护和管理，2006 年，在国务院层面建立了“国务院农民工工作联席会议制度”；2013 年，国务院正式成立“国务院农民工工作领导小组”，统筹协调解决农民工权益保护等问题。

（2）追求富裕与假冒伪劣商品集中出现。1985 年，邓小平再度当选美国《时代》周刊年度风云人物，“不管黑猫白猫，捉到老鼠就是好猫”被摘登在《时代》周刊上。作为实用主义的“猫论”既有利于最大限度地激发人的生产积极性，也带来了一些社会问题。改革开放后，由于对经济的狂热追求，我国出现了集体“造假”的特殊现象，出现了以村、乡镇，甚至县城为聚集地的集体造假、售假中心，而且人们不以造假、售假为耻，反而将造假、售假作为一种致富的捷径。1990 年 5 月，国务院办公厅史无前例地为一个镇“单独发文”——《关于温州乐清县生产和销售无证伪劣产品的调查情况及处理建议的通知》。1990 年 6 月，国家七部委成立了联合督查组到乐清督查处理，浙江省、温州市相继派出工作组进乐清，乐清也抽调了 154 名县直机关工作人员进驻 14 个乡镇，按照“打击、堵截、疏导、扶持”的八字方针，查处整肃柳市电器市场。1990 年 8 月 27 日，县政府在柳市镇举行销毁大会，对查获的 200 吨无证、假冒伪劣产品进行销毁。1990 年 10 月 22 日，国家七部委整顿柳市电器工作队在柳市镇上园车站举行销毁大会，销毁劣质电器 60 多吨，总价值 5000 多万元。截至 1990 年 10 月 20 日，全县关闭了 1267 家经营无证、伪劣产品的门市部，取缔了仙垟电器旧货交易市场，注销了 359 家经销旧货的门市部和 186 家无生产许可证企业的营业执照，查获无证、伪劣电器产品37064箱（件），对情节较为严重的违法分子立案查处34起，依法追究刑事责任6人[①]。

国务院办公厅转发国家技术监督局等部门关于温州市乐清县生产和销售无证、伪劣产品的调查情况及处理建议的通知

（国办发〔1990〕第29号）

各省、自治区、直辖市人民政府，国务院各部委、各直属机构：

国家技术监督局、机械电子工业部、国家工商行政管理局、财政部、国家物价局、商业部《关于温州市乐清县生产和销售无证、伪劣产品的调查情况及处理建议》已经国务院同意，现转发给你们，请结合实际情况认真贯彻执行。

近几年来，无证、伪劣产品流入市场，扰乱了社会经济秩序，损害了国家、集体和人民群众的合法利益，危害很大，必须坚决制止。浙江省温州市乐清县这方面的情况比较严重，其他地方也都不同程度地存在这些现象。请各地区、各部门按照《国务院关于严厉打击在商品中掺杂使假的通知》（国发〔1989〕61号）和《国务院办公厅转发国家技术监督局关于严厉惩处经销伪劣产品责任者的意见》（国办发〔1989〕32号）等有关文件的规定，坚决打击无证、假冒伪劣产品的违法乱纪活动，对其责任者要从重给予处罚，特别是对于参与了这些违法乱纪活动的各级党政干部，更要严肃处理。要把这项工作作为当前治理整顿经济秩序中的一项重要内容，加强领导，统一认识，发动各部门的力量，将这项工作抓紧抓好。要对群众做好宣传教育工作，在生产经销活动中一定要自觉地遵守国家的法律、法规和制度，正确处理好国家、集体和个人的关系。同时，还要组织一部分科技人员帮助企业进行产品质量的整顿工作，

① 乐清市统计局：《改革开放40年乐清市工业经济发展研究》，2018年5月31日，http://www.yueqing.gov.cn/art/2018/5/31/art_1347884_18419126.html。

提高各类企业的技术素质，使产品质量稳步提高。

国家技术监督局、机电部、国家工商局、财政部、国家物价局、商业部关于温州市乐清县生产和销售无证、伪劣产品的调查情况及处理建议（摘录）

（一九九〇年三月二十一日）

（摘录）……

通过对温州市乐清县柳市区伪劣产品状况的调查，为了更有效地在全国范围内做好无生产许可证产品的查处工作，打击生产和经销伪劣商品的活动，我们建议如下。

（一）首先解决好认识问题。

温州市的低压电器问题是在经济领域中不讲社会主义经营方向的一个突出反映。各级人民政府和各有关部门对那些只顾个人发财，不顾国家和人民全局根本利益、违法乱纪的经济活动，要有清醒的认识，对于一些不正确的思想和做法，要及时宣传和引导；对生产和销售无证、伪劣产品，从事假冒坑骗活动的要严肃查处，以利于各级干部统一思想，在经济领域中坚持社会主义方向。

……

（二）由国家技术监督局牵头组成一个强有力的工作班子，继续在全国范围内抓好查处和打击无证、伪劣产品的活动。地方各部门要在当地人民政府的统一领导下，将“查处”“打击”工作与疏导、扶持工作结合起来。对无照无证进行生产的单位、个人要予以取缔。对虽有营业执照但未取得生产许可证的，其中属于粗制滥造、质量低劣者要严加查处；对其中质量合格者，在按有关规定处理后，经审核符合取证条件的，应予以补证。对虽有营业执照和生产许可证，但产品质量下降的，应限期整顿，经复查仍未达到质量标准的，要收回许可证，并按有关法规处理。

……

（三）遵照党的十三届五中全会关于认真搞好生产和流通领域经济秩序的精神，当前，要全面认真地实施好工业产品生产许可证的制度。各有关部门要密切配合，协力采取配套措施。对无证、伪劣产品，工业部门不得用来装配整机，商业部门不得出租柜台，运输部门不得批发准运证，税务部门不得开税务发票，工商行政管理部门要吊销营业执照，其他有关部门不得安排计划、提供动力和生产资金，以便为抓好治理整顿创造一个良好的环境。

（3）乡镇企业成为社会责任“盲区”。乡镇、街道企业（以下统称乡镇企业）是一种特殊的企业形式，是中国改革开放过程中的阶段性产物。乡镇企业的出现有利于促进社会主义生产，解决农村剩余劳动力，对繁荣城乡经济、安置就业和提高人民生活水平发挥了重要作用。由于国家对乡镇企业的发展缺乏规划，导致乡镇企业成为这一阶段的社会责任“盲区”。我国乡镇企业有以下四个特点：一是布局不合理。许多乡镇企业缺乏统一的规划和指导，企业选址布局不合理，许多企业建在河流或水源上游、城市上风向、人口密集的集镇，污染影响大。二是设备工艺落后。乡镇企业发展历史短、基础差，生产设备和工艺落后，能源资源消耗高；另外，大部分乡镇企业没有经费进行环保改造，大多数乡镇企业无防尘、防毒设备和措施，甚至存在原始的手工操作。三是环保意识薄弱，环保手续不全。乡镇企业管理者环保意识薄弱，许多乡镇企业审批手续不全便仓促上马，污染物没有进行必要的治理便直接向农田和江河湖泊排放。四是缺少对员工的基本权益保护。部分乡镇企业工人的工作具有季节性，农忙时做农活，农忙结束后去乡镇企业工作。乡镇企业的工人缺乏基本社会保障、职业安全卫生保障。

以乡镇企业造成的环境污染为例。根据国家环境保护局、农业部和国家统计局1991年12月发布的《全国乡镇工业污染源调查基本情况公报》，1989年，乡镇企业工业废水排放总量18.3亿吨，其中符合排放标准的仅占14.8%；主要污染行业工业废气排放总量1.22万亿标立方米；工业固体废弃物排放总量0.39亿吨；年度发生污染事故数2523次。另外，乡镇企业环境管理落后，“三同时”制度执行率仅为14.4%；环境影响评价审批制度执行率仅为22.7%。此外，乡镇企业污染开始对人体健康产生危害。中国预防医学中心卫生研究所与江苏省卫生防疫站共同组织全国七省、市、区的卫生防治站、职业病防治院（所）的1000多名医务工作者，于1984~1985

年对七省、市、区的12000多个乡镇工业中的99万多名工人进行了系统调查，发现在20世纪50年代已灭绝或发病率很低的职业病，20世纪80年代又在乡镇企业中有所抬头。

二、1992~2001年：中国企业社会责任“艰难萌芽”

（一）社会主义市场经济体制框架初步建立

1. 社会主义市场经济体制初步建立

1992~2002年，以党的十四大确立社会主义市场经济体制的改革目标，党的十四届三中全会通过《关于建立社会主义市场经济体制若干问题的决定》为标志，我国正式确立社会主义市场经济的改革方向和基本内容。到2002年，社会主义市场经济体制的基本框架初步建立。在构建社会主义市场经济体制的过程中，我国的经济社会环境发生了根本性转变，温饱问题基本解决，短缺经济悄然逝去，人民生活极大改善，多元的经济社会格局渐成。作为市场经济中最重要的力量之一，我国国有企业和民营企业均开始了建设现代企业制度的新征程，在这个过程中，消费者权益保护、劳工保护等社会议题凸显，现代企业社会责任思想开始萌芽。

社会主义市场经济体制是现代企业社会责任思想萌芽的“土壤”，而此时配套的社会改革、政治改革则为现代企业社会责任思想的萌芽提供了“雨水”。1997年9月，党的十五大全面总结了我国经济、政治、文化、社会建设的成功经验，深刻分析了国际和国内的形势，把依法治国确立为党领导人民治理国家的基本治国方略。2001年，九届全国人大四次会议通过的《国民经济和社会发展第十个五年计划》进一步指出，“依法治国，建设社会主义法治国家，是社会主义现代化的重要目标”。1983年，美国社会责任学者阿奇·卡罗尔提出了企业社会责任金字塔理论（Pyramid of Corporate Social Responsibility），认为法律责任、守法合规是企业承担社会责任的重要内容①。依法治国基本方略的确定，为企业承担法律责任提供了基础

① 阿奇·卡罗尔认为企业社会责任包括经济责任（Economic Responsibilities）、法律责任（Legal Responsibilities）、伦理责任（Ethical Responsibilities）和企业自愿执行的责任（Discretionary Responsibilities）。

保障。

2. 探索建立现代企业制度

建立现代企业制度是社会主义市场经济体制的重要内容，而企业社会责任是现代企业的一项重要管理职能。因此，1993 年中共十四届三中全会提出的建立现代企业制度为企业社会责任萌芽奠定了基石。

首先，国有企业改革方面，按照建立现代企业制度的方向，实施“抓大放小”，积极推进国有企业改革和国有经济布局的结构调整。1993 年，中共十四届三中全会通过了《关于建立社会主义市场经济体制若干问题的决定》，明确提出建设产权清晰、权责明确、政企分开、管理科学的现代企业制度是我国国有企业改革的方向。从 1994 年起，我国国有企业改革开始进入转换经营机制、建立现代企业制度的阶段。1996 年 3 月 7 日，国务院转发国家经贸委发布的《关于 1996 年国有企业改革工作的实施意见》。该意见指出，以建立现代企业制度为目标，把国有企业的改革同改组、改造和加强管理结合起来，构造产业结构优化和经济高效运行的微观基础。全面准确把握“产权清晰、权责明确、政企分开、管理科学”的现代企业制度基本特征，加大改革力度，使大多数国有大中型骨干企业在 20 世纪末初步建立起现代企业制度，成为自主经营、自负盈亏、自我发展、自我约束的法人实体和市场竞争主体。这一时期，国企改革除积极推进公司股份制改造、建立现代企业制度、加强企业内部管理、“抓大放小”鼓励兼并破产外，还提出了分离企业办社会职能、“减员增效”、下岗职工再就业等，国有企业竞争力渐强，但出现了国企职工“下岗潮”、将原本企业承担的社会责任“甩包”给社会等问题。如中国石化股份 2000 年 10 月在纽约、中国香港、伦敦上市后向投资者做出了四项承诺，即高增长、高回报、降低成本、深化改革，五年内股份公司减员 10 万人。

其次，民营企业的法律地位得到进一步确认。1992 年，邓小平指出“计划和市场都是手段，发展才是硬道理”，再一次强调了市场对经济发展的重要作用，同时也提出了“三个有利于”的判断标准，使民营企业摆脱了“姓社姓资”的困扰。1993 年 11 月，中共十四届三中全会通过了《关于建立社会主义市场经济体制若干问题的决定》，这是中国共产党第一次在党的报告中提出国家对国有经济、个体经济、私营经济、外商投资经济等各种所有制经济“一视同仁”，平等参与市场竞争，并为它们参与市场竞争创造条件。自此，民营企业步入了稳定的发展轨道，迎来了第二次大发展。1999 年 3 月，第九届全国人民代表大会第二次会议通过了《中华人民共和国宪法（修正案）》，正式确认了个体经济、私营经济是社会主义市场经济的重要组成部分。法律地位确定后的民营经济开始探索企业可持续发展路径，逐步建立健全现代企业管理制度，重视承担对不同利益相关方的责任。

【延伸阅读】

民营企业家亮相全国政协会议[①]

1992 年底，从全国政协传出消息，政协将吸纳一批民营企业家为政协委员。这样一来，很快各地便通过相关渠道来确定委员的人选。当时的标准是，在非公经济群体中或所在行业中，有一定影响力的人物，要爱国、拥护社会主义、有社会责任感、守法经营等。1993 年 3 月 14 日，刘永好、张宏伟、王祥林、李静等 23 名民营企业家以全国政协委员的身份，第一次走进人民大会堂，出席全国政协八届一次会议。尽管在 2093 名委员中，他们只占 1%，但这标志着私营经济在时隔近 40 年后，重新登上中国参政议政的政治舞台。在全国政协八届一次会议上，刘永好作为新经济成分的代表，做了《中国的民营经济是有希望的》的大会发言。

在会议期间，中央统战部还把这一新群体的委员们召集在一起开了座谈会，征求对非公有制经济发展的意见。在发言中，李静（中国第一个可口可乐批发商）大胆地提出，要成立一家以私人资产为股本的民营性质的商业银行，以此来解决私营企业在发展过程中贷款难的问题，希望得到国家的支持。他的这一想法，得到在座“非公”委员的赞同，于

① 张志勇：《中国往事 30 年》，经济日报出版社 2009 年版。

是，李静连夜起草了《关于建立民营商业银行的提案》，并在第二天的小组讨论会上征得了43位委员的当场签名，这份提案成为那届会议委员签名最多的一份提案。从某种意义上说，正是这份提案促进了中国民生银行的组建。1996年1月12日，由全国工商联牵头组建的我国第一家民营股份制银行——中国民生银行正式成立，该行股本金为13.8亿元人民币，其中八成以上来自民营企业，59家股东主要是全国工商联会员。

（二）中国企业社会责任艰难萌芽

1. 企业社会责任出现“塌方”

尽管经济体制改革取得了阶段性成就，无论国有企业还是民营企业开始逐步走向成熟，探索建立现代企业制度，但这一阶段依然出现了企业社会责任“塌方”的现象。导致企业社会责任“塌方”的主要原因有三个方面：一是1992年邓小平发表“南方谈话”之后，中国开始了新一轮的大规模经济建设，尤其是私营经济迎来了第二次大发展，“以经济建设为中心”导致了对企业社会环境影响的忽视，各种社会责任问题迅速积累并爆发；二是中国法制建设落后于当时的经济发展，很多社会责任问题没有解决的依据；三是伴随国有企业改革，国有企业的逐利性逐渐增强，作为中国特色社会主义重要支柱的国有企业逐渐产生“下岗”、不公平竞争等社会责任问题。

首先，对利润的追求导致诚信缺失，消费者权益保护问题凸显。1992年以后，伴随着经济的快速发展，中国商品经济出现了一个新的发展高潮，商品数量明显增加，但商品质量依旧问题重重，消费市场假冒伪劣商品横行，虚假广告铺天盖地。据国家工商行政管理局统计，2000年，全国工商行政管理机关共查处制售假冒伪劣商品案件23.05万件，查获各类假冒伪劣商品总值38.81亿元；全国共捣毁窝点5.16万个；受理消费者申诉案件44.6万件。其中，个体工商户、集体企业、私营企业成为制假售假的三大主体，这三类经营主体制假售假案件总计 12.63 万件，占案件总数的 54.80%①。

其次，劳动就业体系复杂化导致劳工问题凸显。随着多元市场力量的发展，全国劳动就业环境发生了根本性转变。1999 年，全国城镇非公有制经济单位（个体、私营企业、股份合作单位、联营单位、有限责任公司、股份有限公司、港澳台商投资单位和外商投资单位）的从业人员总和已达 10730 万人，约占城镇从业人员的 51.06%，非公有制单位就业人员开始超过公有制单位就业人数。另外，传统劳动保护体系已明显落后于经济社会发展阶段，导致从国有企业、民营企业、外资企业到乡镇企业所有性质的企业均产生了重大劳工问题。1992~2001 年，劳工问题在社会主义中国各种性质的企业中全面凸显。根据《1994 年劳动事业发展年度公报》，1994 年全国各级劳动争议仲裁委员会共受理劳动争议案件 19098 件，比上年增加 6740 件、增长 54.5%。其中，国有企业 8763 件，外商投资企业 2974 件，分别占总数的 46%和 16%（见图 1-1）。

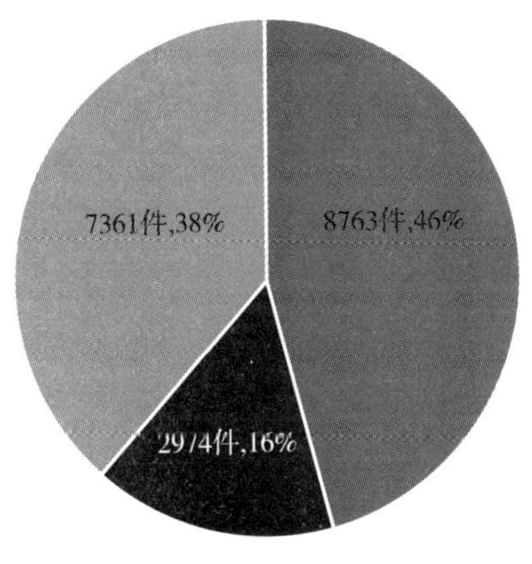

图 1-1　1994 年全国各级劳动争议仲裁委员会受理劳动争议案件数量和比例

① 国家工商行政管理局：《2000 年查处制售假冒伪劣商品和侵害消费者权益案件情况分析》，中国工商报，2001 年 3 月 17 日第 A02 版。

【延伸阅读】

1993年深圳致丽玩具厂的“世纪大火”①

原致丽玩具厂，当时的全名是“深圳市葵涌致丽工艺制品厂”，坐落在龙岗区葵涌镇，为港资企业，是“香港致高实业有限公司”所属工厂之一，主要生产意大利CHICCO公司品牌的玩具。1989年建厂，1993年11月19日发生特大火灾，当时厂内400多名工人，死难87人，有名单的伤者51人。死者中，有两位是男工，其余都是女工。这是我国改革开放以来发生在外商投资企业中最惨重的事故。

1993年11月26日，《工人日报》首次对这场大火进行了详细报道：致丽玩具厂是港商租用葵涌镇厂房进行独立经营的“三来一补”独资企业。生产、经营皆由港方负责，利润由港方独享。葵涌镇派一名厂长协助港方经理管理企业。厂房是一幢三层钢筋混凝土建筑物，于1988年5月建成并投放使用，建筑面积2166平方米。第一层是裁衣车间和仓库，第二层是手缝和包装车间，第三层是衣车车间。该厂注册员工418人，事故当天在厂工人404人。1993年11月19日13时25分，该厂一层东北角仓库起火，火势顺风向厂房东南和西侧迅速蔓延。经全总调查组确认这起事故的主要原因有以下几个方面：港商违反我国法律法规，无视工人生命安全，强制工人冒险作业。厂仓合一，安全通道被堵塞。该厂窗户全部用铁条焊死，大部分窗户还用铁丝网罩闭；厂房内东西侧各有一个疏散楼梯，但港商将东面疏散楼梯用拉闸门上锁封死，只留西面一个疏散楼梯，而且这个楼梯通道上堆放了货物；一层有四个安全出口，有三个出口被锁死或焊死，只留西南面一个出口，并在仅留出的西南面出口中间处装上铁栏，形成一条长约8米，宽仅0.18米的窄长通道。在疏散通道少且不畅通的情况下，近300名工人根本无法迅速逃生，再加上燃

① 谭深：《改革、死亡与劳动者——永远不要忘记1993年深圳致丽玩具厂大火》，《天涯》杂志，2011年5月8日。

烧的化纤物散发出的毒气，许多工人窒息在楼梯口处。这是火灾事故造成严重后果的原因。港商还雇用无证电工，违章接线。中方厂长负责消防等监督职责，然而对港商的违法行为不加制止，盲目服从。

新一轮的大规模经济建设带来了严重的环境问题。经济快速发展加上全国乡镇企业的无序发展，致使中国环境污染加剧并急剧恶化。图 1-2、图 1-3 和图 1-4 分别为 1992~2001 年全国工业固体废物、废水和废气排放总量。

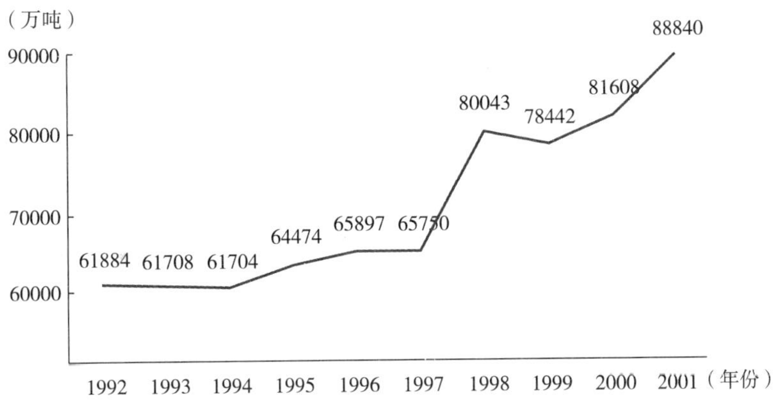

图 1-2 1992~2001 年全国工业固体废物产生量

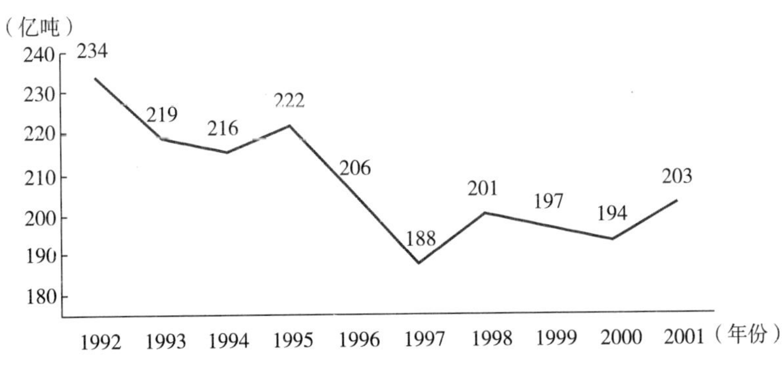

图 1-3 1992~2001 年全国工业废水排放总量

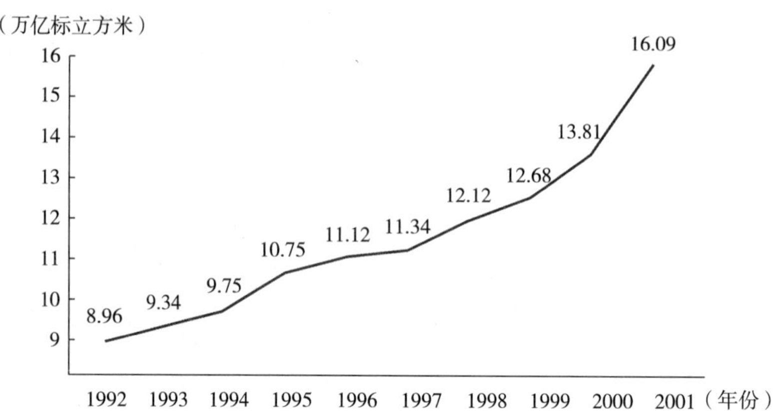

图 1-4　1992~2001 年全国工业废气排放总量

资料来源：根据全国环境状况公报整理。

2. 搭建社会责任相关法律框架

这一阶段，消费者权益保护、劳工权益保护、环境保护等法律法规体系迅速建立，我国企业社会责任立法工作取得重大进展。这主要是因为：一方面，这一阶段提出了依法治国的基本方略，依法治国首先要有完善的法律体系；另一方面，企业社会责任出现“塌方”的现象，也亟须国家通过立法对企业行为进行约束和规范。

消费者权益保护方面，1994 年，《消费者权益保护法》正式颁布实施，消费者权益保护进入有法可依的时代；2000 年，第九届全国人民代表大会常务委员会第 16 次会议审议通过了《中华人民共和国产品质量法修正案》，进一步明确了各级政府在产品质量工作中的责任，加强行政执法机关的执法手段，特别是对生产、销售伪劣商品的行为加大制裁力度。此外，积极搭建消费者权益保护的组织体系，自 1998 年国务院批准国家工商行政管理局成立消费者权益保护司以来，截至 2000 年，全国已有 28 个省、自治区、直辖市成立了专门承担打击制售假冒伪劣商品、保护消费者权益的职能处；搭建消费者权益保护平台，从 1986 年中国消费者协会首次举办“3・15”活动开始，截至 2000 年，12315 消费者投诉举报专用电话已在全国所有地区开通。

在劳动者权益保护方面，1992 年，《中华人民共和国工会法》正式颁布实施；1994 年 7 月，第八届全国人民代表大会第八次会议通过了《中华人民共和国劳动法》，并于 1995 年 1 月 1 日起施行，劳动就业体制正式向市场经济体制转型。《劳动法》是新中国成立以来第一部专门保障劳动者合法权益的基本法律，成为规范社会主义市场经济条件下劳动关系的基本法规。《劳动法》突破了计划经济时期按不同所有制形式分别立法的传统模式，对不同所有制经济形式中劳动者的权利和义务做了统一规定。它以法律形式总结了我国在从计划经济向社会主义市场经济转型中面临的重要劳动问题，主要有：劳动合同、集体协商与集体合同、最低工资、社会保险、劳动争议处理、休息休假等。以《劳动法》为核心，国务院及劳动部门发布了一系列劳动法规和规章，初步构建了适应市场发展需要的劳动法律法规体系。

在环境保护方面，进一步完善了环境保护的法律体系。这一时期，国家先后制定和颁布了《水污染防治法》《大气污染防治法》《海洋环境保护法》《环境噪声污染防治法》《防沙治沙法》《清洁生产促进法》等，建立了比较完善的环境保护法律体系。此外，地方环境保护法律法规建设加速。截至 2001 年，累积制定各类环境保护标准 459 项。

此外，我国公益慈善领域立法也出现了新的进展。1998 年，我国长江、松花江流域发生了历史上罕见的洪涝灾害，在抗洪抢险、重建家园的过程中，人们踊跃捐款捐物，各种渠道捐赠共计约 115 亿元人民币。为鼓励、规范公益捐赠行为，1999 年 6 月 28 日，九届全国人大常委会第十次会议审议通过了《中华人民共和国公益事业捐赠法》。

【延伸阅读】

1998 年抗洪救灾与《公益事业捐赠法》出台

1998 年，我国南方发生了百年不遇的特大洪水，全国上下齐聚力量全力抗洪救灾，众多企业也慷慨捐助。为了鼓励和宣传这些企业的慈善行为，也为了吸引更多的企业和个人为救灾贡献更多的力量，各大媒体通过义演、晚会和专题采访等宣传方式，对这些捐助单位进行了集中宣传和褒扬。然而，《北京晚报》2008 年 5 月 20 日报道称，抗洪救灾的 6 亿元募捐款，竟然有一半没有到位。部分企业在宣传后，出于各种目的对该企业所承诺的捐赠不予兑现。经了解，有的企业是因为媒体对自己的宣传时间不够长、报道不全面等各种因素，而对自己所承诺的捐赠数额打了折扣。更有甚者，有的认捐企业其实并没有捐赠的意图，或者根本就没有捐赠的资金实力，而只是利用“虚假”的公益捐赠，达到为本企业进行免费大规模宣传的目的。“洪灾捐赠秀”的上演，最终促成了立法的实现。1999 年 6 月，全国人大常委会通过《中华人民共和国公益事业捐赠法》，以国家法律的形式来规范社会组织和个人的捐赠行为①。

3. 部分企业开始探索企业经营哲学

经过近 20 年的发展，我国企业逐步发展壮大，开始向建立现代企业制度迈进。现代企业制度的建设离不开引进、学习、创新现代企业管理理论。在这一阶段，部分先行的企业开始从管理哲学的层面思考企业的社会价值、企业与社会的关系以及企业的终极追求等问题。对这些问题的思考在企业内部催生了承担社会责任的经营管理意识，部分企业更是明确提出要承担社会责任，对社会负责。

1994 年 2 月，为了纪念创业 10 周年，张瑞敏在激情中写了一篇题为《海尔是海》的散文，它后来广为流传，并被铭刻于石。这是中国企业家第一次用清晰而富有战略气质的语言勾勒出了企业的管理哲学、公司使命与精神。他提出的“敬业报国，追求卓越”的企业精神在相当长的时期内成为诸多中国公司共持的理念。在这篇散文中，张瑞敏明确提出“我们还应像大海，为社会、为人类做出应有的奉献”“海尔将和整个社会融为一个整体”，这已经是非常清晰的现代企业社会责任理念。

① 网易：《98 洪灾伤亡情况与〈捐赠法〉出台》，http：//news. 163. com/09/0918/23/5JHG6BRS00013ODV. html。

【延伸阅读】

张瑞敏：海尔是海

海尔应像海，唯有海能以博大的胸怀纳百川而不嫌其细流；容污浊且能净化为碧水。正如此，才有滚滚长江、浊浊黄河、涓涓细流，不惜百折千回，争先恐后，投奔而来。汇成碧波浩渺、万世不竭、无与伦比的壮观！

一旦汇入海的大家庭中，每一分子便紧紧地凝聚在一起，不分彼此形成一个团结的整体，随着海的号令执着而又坚定不移地冲向同一个目标，即使粉身碎骨也在所不辞。因此，才有了大海摧枯拉朽的神奇。

而大海最被人类称道的是年复一年默默地做着无尽的奉献，袒露无私的胸怀。正因其“生而不有，为而不恃”，不求索取，其自身也得到了永恒的存在。这种存在又为海中的一切提供了生生不息赖以生存的环境和条件。

海尔应像海，因为海尔确立了海一样宏伟的目标，就应敞开海一样的胸怀。不仅要广揽五湖四海有用之才，而且应具备海那样的自净能力，使这种氛围里的每一个人的素质都得到提高和升华。海尔人都应是能者，而不应有冗者、庸者。因为，海尔的发展需要各种各样的人才来支撑和保证。

要把所有的海尔人凝聚在一起，才能迸发出海一样的力量，这就是靠一种精神，一种我们一贯倡导的“敬业报国，追求卓越”的企业精神。同心干，不论你我，比贡献，不唯文凭。把许许多多的不可思议和不可能都在我们手中变为现实和可能，那么海尔巨浪就能冲过一切障碍，滚滚向前！

我们还应像大海，为社会、为人类做出应有的奉献。只要我们对社会和人类的爱“真诚到永远”，社会也会承认我们到永远，海尔将像海一样得到永恒的存在，而生活于其间的每一个人都将在为企业创一流效益、为社会做卓越贡献的同时得到丰厚的回报。海尔将和整个社会融为一个整体。

海尔是海。

在深圳，另一家企业也在总结、提炼自身的管理哲学，不过它更进一步，将总结、提炼的管理哲学上升为企业宪章。《华为基本法》从1995年萌芽，到1996年正式定位为“管理大纲”，再到1998年3月审议通过，历时数年。《华为基本法》共六章、一百零三条，明确提出了公司的价值追求、企业精神、企业文化、社会责任等公司核心价值观，为公司的未来发展指明了方向，明确了目标；也使华为的内部管理、经营决策行为更加科学、规范。从某种意义上讲，《华为基本法》是一份庄重的契约宣言，是对全体员工、对现在的和未来的顾客、对全社会做出的郑重承诺，并以企业内部宪章的形式予以规范和确认。

【延伸阅读】

《华为基本法》中的部分社会责任条款

• 向全体员工承诺：“尊重知识、尊重人格、尊重个性”（第二条）；“奉献者定当得到合理的回报”（第四条）；“我们谋求公司员工整体利益的最大化”（第六十九条）。

• 向顾客承诺：“我们的目标是以优异的产品、可靠的质量、优越的终生效能费用比和周到的服务满足顾客的最高需求”（第七条）；“我们要以世界级通信企业的服务标准为基准，建立我们的顾客服务标准和推行服务化服务”（第三十条）。

• 向社会承诺：“我们以产业报国、科技兴国为己任……为伟大祖国的繁荣、为中华民族的振兴、为自己和家人的幸福而不懈努力”（第六条）。

在《华为基本法》中，有些条款直接提出了公司的社会责任，如：

• “爱祖国、爱人民、爱事业和爱生活是我们凝聚力的源泉。责任意识、创新精神、敬业精神与团结合作精神是我们企业文化的精髓。实事求是是我们行为的准则。”（第四条）

• “华为主张在顾客、员工与合作者之间结成利益共同体。努力探索

按生产要素分配的内部动力机制。我们决不让雷锋吃亏，奉献者定当得到合理的回报。”（第五条）

- “华为以产业报国和科教兴国为己任，以公司的发展为所在社区做出贡献。为伟大祖国的繁荣昌盛，为中华民族的振兴，为自己和家人的幸福而不懈努力。”（第七条）

4. 企业开始正视自身的经济社会影响

除在管理哲学层面进行探讨外，部分企业开始正视自身的经济社会影响，并以实际行动承担起对社会应尽的责任和义务。

针对假冒伪劣商品，部分企业开始面向社会对产品和服务质量做出公开承诺，如1998年，上海白猫、北京王府井等12家生产企业和零售企业发布了共同保护消费者权益的“七七五宣言”（即零售企业七点倡议、生产企业七点倡议、生产企业零售企业共同确保消费者权益五点倡议）。

在劳工权益保护方面，跨国公司将“生产守则”引入中国，从供应链角度提升我国企业的社会责任意识、改进社会责任行为。改革开放以来，随着国际资本的大量涌入，跨国公司在中国的商品链逐步形成。20世纪90年代以来，不断有媒体和人权组织揭露中国出口商品生产工厂中存在的严重侵犯劳工权益的事件，使越来越多的跨国公司采取行动，以生产守则为标准加强对其在华生产商的社会责任检查。从20世纪90年代以来，一些跨国公司在中国采购时，陆续按照其生产守则的条款对其中国生产商和供货商进行工厂社会责任检查。一些大型买家还定期对工厂进行评估，以确保供应商不断改进。

在公益慈善领域，民营企业发起了影响深远的“光彩事业”。随着民营企业法律地位的确认以及民营企业的发展壮大，民营企业逐步重视承担社会责任。1994年在全国工商联七届二次常委会上，由10名民营企业家联名发起的“光彩事业”，倡议和号召民营企业到老、少、边、穷地区培训人才、兴办项目、开发资源，为缩小地区差距、促进共同富裕，献一份爱心、做一份贡献。

【延伸阅读】

光彩事业倡议书

我们的祖国，我们的民族是一个水乳交融、血浓于水的和睦大家庭。改革开放以来，广大人民群众的生活水平有了显著提高。但是，老少边穷地区八千万人民的温饱和贫困问题始终牵动着我们的心。消灭绝对贫困是每一个中国人的责任，是时代赋予我们的光彩事业。

我们，参加全国工商联七届二次常委会的部分企业代表，以一颗热诚的心，向全国各级工商联执委、常委企业家们、全体工商联会员企业家们、所有民营企业家们倡议：举办一个光彩事业计划，让我们投身到这一光彩事业中来，为脱贫致富做一份贡献、献一份爱心！

我们中国民营经济每年为老少边穷地区培训一千个人才，把他们请到我们的企业中来，将我们的技术和经验传送给他们，为其家乡的经济振兴出力。

我们中国民营经济每年为老少边穷地区开发一个项目、传授技术、发展生产、拓展销路。我们中国民营经济每年到老少边穷地区开发十种资源，利用当地自然条件，互惠互利，共同富裕。

为此，到20世纪末共培训七千人才，办七百个项目，开发七十个资源，完成这个光彩事业计划，为缩小贫富差距做出贡献。

我们发起人在此郑重宣誓：我们将竭尽全力，投身到这一光彩事业中来！切切实实、认认真真地为老少边穷地区做成几件实事。

我国非公有制经济的产生和发展得益于党的路线、方针、政策。我们决心在合法经营、不断扩大再生产的前提下，和老少边穷地区的父老乡亲、兄弟姐妹们一起谱写我们的共同理想，一起创造我们的共同财富，一起携手共同发展，一起达到共同富裕的美好目标。

方小文　王　力　王命兴　刘永好　汪远思
张芝庭　张江平　范建中　周晋峰　韩　伟
一九九四年四月二十三日
于中华全国工商业联合会七届二次常委会

三、2002~2012年：中国企业社会责任“快速发展”

（一）可持续发展渐成我国社会共识

2002~2012年，我国社会主义市场经济体制初步完善。党的十六大提出到2020年建成完善的社会主义市场经济体制的改革目标，党的十六届三中全会对建设完善的社会主义市场经济体制做出全面部署。与此同时，党中央总结提出科学发展观和构建社会主义和谐社会的重大战略构想，是我国企业社会责任发展的顶层设计。

1. 树立和落实科学发展观

2003年10月，中共十六届三中全会在北京举行。全会审议通过了《中共中央关于完善社会主义市场经济体制若干问题的决定》，明确提出“坚持以人为本，树立全面、协调、可持续的发展观，促进经济社会和人的全面发展”，强调“按照统筹城乡发展、统筹区域发展、统筹经济社会发展、统筹人与自然和谐发展、统筹国内发展和对外开放的要求”推进改革和发展。这标志着中国共产党郑重地提出了科学发展观，是中国共产党对社会主义现代化建设指导思想的新发展。在党的十七大报告中，时任中共中央总书记胡锦涛明确指出：“科学发展观，第一要义是发展，核心是以人为本，基本要求是全面协调可持续，根本方法是统筹兼顾。”这对于在企业内部落实科学发展观、实现企业可持续发展具有重要的启示：

一是要处理好以经济建设为中心与以人为本的关系。发展是第一要义，“发展才是硬道理”；但经济发展是为了人民，发展成果应让人民共享，促进人的全面发展。在企业内部，要追求高质量发展，在企业快速发展的同时，为社会提供高质量的产品和服务，建立企业与员工共同发展的合理机制。

二是处理好发展速度与发展质量、效益的关系。首先企业发展要有较快的速度，但要追求科学发展、又好又快地发展。

三是要注重统筹兼顾。科学发展的“根本方法是统筹兼顾”，即要处理短期利润与长期发展的关系，要兼顾不同利益相关方的利益。

2010年10月15~18日，中共第十七届中央委员会第五次全体会议在北京举行，会议审议通过了《中共中央关于制定国民经济和社会发展第十二个五年规划的建议》。建议强调，“十二五”时期是全面建设小康社会的关键时期，是深化改革开放、加快转变经济发展方式的攻坚时期。加快转变经济发展方式是我国经济社会领域的一场深刻变革，必须贯穿经济社会发展全过程和各领域，提高发展的全面性、协调性、可持续性，坚持在发展中促转变、在转变中谋发展，实现经济社会又好又快发展。基本要求是：第一，坚持把经济结构战略性调整作为加快转变经济发展方式的主攻方向，构建扩大内需长效机制，促进经济增长向依靠消费、投资、出口协调拉动转变；第二，坚持把科技进步和创新作为加快转变经济发展方式的重要支撑；第三，坚持把保障和改善民生作为加快转变经济发展方式的根本出发点和落脚点；第四，坚持把建设资源节约型、环境友好型社会作为加快转变经济发展方式的重要着力点；第五，坚持把改革开放作为加快转变经济发展方式的强大动力。

2. 构建社会主义和谐社会

2006 年 10 月 11 日，中共第十六届中央委员会第六次全体会议通过了《中共中央关于构建社会主义和谐社会若干重大问题的决定》，和谐社会的战略构想不仅对社会建设具有重要指导意义，更将企业履行社会责任提高到促进社会和谐的高度。和谐社会有六大特征：

民主法治。即社会主义民主得到充分发扬，依法治国基本方略得到切实落实，各方面积极因素得到广泛调动。

公平正义。即社会各方面的利益关系得到妥善协调，人民内部矛盾和其他社会矛盾得到正确处理，社会公平和正义得到切实维护和实现。

诚信友爱。即全社会互帮互助、诚实守信，全体人民平等友爱、融洽相处。

充满活力。即能够使一切有利于社会进步的创造愿望得到尊重，创造活动得到支持，创造才能得到发挥，创造成果得到肯定。

安定有序。即社会组织机制健全，社会管理完善，社会秩序良好，人民群众安居乐业，社会保持安定团结。

人与自然和谐相处。即生产发展，生活富裕，生态良好。

（二）中国企业社会责任快速发展

在树立和落实科学发展观、构建社会主义和谐社会的理论指导下，我国企业社会责任得到快速发展。

1. 企业社会责任进入国家视野

这一阶段，企业承担社会责任逐步进入国家视野，党和国家领导人多次在不同场合提出企业要承担社会责任。

2006 年，时任国家主席胡锦涛在中央经济工作会议上的讲话提出“引导企业树立现代经营理念，切实承担起社会责任”。

2007 年 2 月 6 日，时任国家主席胡锦涛出席中国驻非洲国家中资企业代表座谈会时，要求驻非洲中资企业要从中非合作的长远发展出发，主动承担社会责任，在力所能及的范围内多做深得当地人民民心的好事、实事，扩大中国企业在非洲社会特别是在广大非洲民众中的积极影响。

2007 年 9 月，在悉尼召开的 APEC 第十五次领导人非正式会议上，时任国家主席胡锦涛提出了建立“亚太可持续发展的森林恢复与管理协作网络”的建议，会议最后通过了《亚太经合组织领导人关于气候变化、能源安全和清洁发展的宣言》，即《悉尼宣言》。

2008 年 7 月，时任国家主席胡锦涛出席了经济大国能源安全和气候变化领导人会议，呼吁各国为应对气候变化积极作出自己的努力，并力求有所作为，并就气候变化和各国责任提出了建议。

2008 年 11 月，时任国家主席胡锦涛出席 APEC 第十六次领导人非正式会议的讲话提出“企业应该树立全球责任观念，自觉将社会责任纳入经营战略，完善经营模式，追求经济效益和社会效益的统一”。

【延伸阅读】

温家宝：企业家身上要流淌着道德的血液

2009 年，时任国务院总理温家宝在第三届夏季达沃斯年会（大连）上发表讲话，并提出“我们要更多地关心穷人，关心社会公益事业，每个企业家身上都要流着道德的血液，用自己的实际行动维护社会的公正”。2011 年 2 月 27 日，温家宝在与网民在线交流时表示，“我没有调查你们每一个房地产商的利润，但是我认为房地产商作为社会的一个成员，你们应该对社会尽到应有的责任。你们的身上也应该流着道德的血液”。

此外，在党的文件、经济立法中也明确提出了企业社会责任的要求。党的十六届六中全会明确提出“广泛开展和谐创建活动，形成人人促进和谐的局面。着眼于增强公民、企业、各种组织的社会责任”。2005 年 10 月 27 日，第十届全国人民代表大会常务委员会第十八次会议第三次修订《中华人民共和国公司法》，第五条明确要求“公司从事经营活动，必须遵守法律、行政法规，遵守社会公德、商业道德，诚实守信，接受政府和社会公众的监督，履行社会责任”。2007 年，在第十届全国人大五次会议上，全国人大代表刘卫东、王淑媛、楼忠福、沈爱琴等分别提出了《关于进一步倡导企业履行社会责任的建议》《关于政府推进企业社会责任的建议》《关于制定〈促进企业公民建设指导意见〉的建议》和《关于尽快制订中国企业社会责任标准开展企业社会责任认证的建议》。

【延伸阅读】

楼忠福：关于制定《促进企业公民建设指导意见》的建议[①]

构建社会主义和谐社会是一项需要全社会广泛深入参与的伟大工程。作为社会的一分子，企业也应当承担起应有的责任。通过企业公民建设，可以提高企业声誉，改善企业形象，提高企业的社会知名度，是企业可持续发展的必由之路。企业公民要求企业对人负责，对企业信誉负责，对环境负责，对应做的社会贡献负责。企业公民建设要求企业不能单纯以“追求利润最大化”为唯一目的，还应是社会人。

从全球来看，企业公民建设正在成为一流企业中的主要潮流，500 强企业定期发布企业公民报告，向社会展示公司在社会责任方面做的工作，体现企业的价值追求，同时自觉接受社会监督。

企业公民建设是指企业在自愿的基础上，将社会和环境关切纳入其商业运作及与利益相关方的互动中，是企业为了应对社会需要而做出的超

① 浙江在线：《楼忠福：关于制定〈促进企业公民建设指导意见〉的建议》，http：//zjnews.zjol.com.cn/05zjnews/system/2007/03/11/008235866.shtml。

出最低法律要求和义务的行动。促进企业公民建设，符合科学发展观的要求，有利于树立正确的财富观，推动企业承担更多的社会责任，促进和谐社会的构建。

目前，我国存在企业公民建设状况不平衡的状况。一方面，企业公民建设已经被一些具有战略眼光的企业引入企业发展实践，另一方面，企业公民建设总体上还处于起步阶段。相当多的企业，特别是中小企业，企业公民意识淡薄。对企业与社会关系定位不清楚，对企业社会责任的重要性认识不够。有些企业盈利是以巨大资源消耗和严重环境污染为代价的。这些都表明，促进企业公民建设是一项重要而紧迫的任务。

因此，建议有关部门研究制定《促进企业公民建设指导意见》，以推动、保障企业公民建设，积极履行社会责任。

第一，明确企业公民的权利和义务。企业公民享有人格权、财产权、生产经营权、资源使用权、寻求法律保护权等。企业公民的义务主要有：善待员工、股东和客户的义务，执行国家宏观调控政策的义务，遵守法律法规的义务，回馈社会的义务，保护自然环境的义务，弘扬人本精神和伦理道德的义务等。

第二，规定企业公民的评价标准。应涵盖对投资者的责任、对客户的责任、对环境的责任、对员工的权益保护、对产业良性发展的责任、对社会公益的责任等多个方面，内容广泛。强化行业协会的作用，推进具有行业特色的企业社会责任标准的制定和落实。同时以第三方认证的方式，加强评估和通报。

第三，建立推进企业公民建设的政府机构和协调机制。建立专门负责企业公民建设的政府机构和协调机制。该机构主要负责协调三个层面的内容：一是协调政府各部门间的政策和措施；二是组织各种推进企业社会责任的活动；三是在国际上注重企业在所在国履行社会责任。

第四，建立政府奖励制度。将企业公民建设作为和谐社会建设的重要内涵，设立政府奖。对履行社会责任，在改善员工工作和生活条件、加强环境保护、捐助公益和慈善事业等方面成绩突出的企业公民，予以政府奖励。

第五，建立企业公民建设指导制度。政府对通过认证的企业公民在政府采购和投资项目的投标、申请政府资助等方面给予一定优先；对在社会责任方面影响恶劣的企业，限制补贴、贴息、税费减免等政策优惠，并要求整改；同时在建筑等行业逐步将履行社会责任作为企业进入市场的优先条件，有过"欠薪"等不履行社会责任记录的企业，降低其企业信用等级等。

"企业公民"作为舶来品，欧美国家已有众多推进机构和标准，如联合国的全球契约、欧美的 SA 8000 等，但作为国家行为尚无先例。如果我国率先将企业公民建设提升到法律层面，既防止了国际上对我国企业的贸易壁垒，又极大地提高了我国的大国责任形象。

2. 政府部门引导企业履行社会责任

进入 21 世纪以后，伴随着我国经济社会发展以及日益融入世界经济体系，从中央政府到地方政府开始逐步认识到企业社会责任的重要性，开始制定出台鼓励企业履行社会责任的指导意见。其中，影响较大的是国务院国资委以及商务部。

2008 年 1 月，国务院国资委发布了《关于中央企业履行社会责任的指导意见》，被称为中国企业社会责任运动的"里程碑"。该指导意见要求，在今后一段时期内，中央企业履行社会责任要重点把握好八个方面：一是坚持依法经营诚实守信；二是不断提高持续盈利能力；三是切实提高产品质量和服务水平；四是加强资源节约和环境保护；五是推进自主创新和技术进步；六是保障生产安全；七是维护职工合法权益；八是参与社会公益事业。2009 年，国务院国资委在北京召开中央企业社会责任工作会议，提出 2012 年底前，全部中央企业均要发布社会责任报告。2011 年 9 月，国务院国资委发布了《中央企业"十二五"和谐发展战略实施纲要》，提出中央企业要以可持续发展为核心，以推进企业履行社会责任为载体，大力实施和谐发展战略，努力建设诚信央企、活力央企、绿色央企、平安央企和公民央企，为做强做优中央企业、培育具有国际竞争力的世界一流企业提供强有力的支撑。

有别于国资委通过出台政策对中央企业履行社会责任提出明确要求，商务部主要从对外交流、培训、论坛等形式引导企业履行社会责任。2008年4月13~18日，商务部举办了“中瑞企业社会责任培训班”。2008年11月，商务部和瑞典驻华使馆共同组织企业社会责任考察团，访问了瑞典投资促进署和斯堪尼亚、宜家、利乐、H&M以及华为瑞典公司等，了解瑞典企业社会责任的推进经验。2008年11月12日，中瑞双方在斯德哥尔摩举办了企业社会责任研讨会和圆桌会议。2009年9月9日，商务部外资司主办，中国外商投资协会、商务部研究院跨国公司研究中心承办的“跨国公司企业社会责任研讨会”在厦门召开，会上以征求意见的形式发布了《外资投资企业履行社会责任指导性意见》。

3. 企业从被动履责向主动履责转变

2001年11月10日下午，世界贸易组织第四届部长级会议在卡塔尔首都多哈召开，此次会议以全体协商一致的方式，审议并通过了我国加入世贸组织的决定。在2001年12月11日提交批准书30天后，我国加入世界贸易组织的各种法律法规性文件正式生效。至此，我国正式成为世界贸易组织的第143个成员国。入世之后，我国企业逐步发现耐克、阿迪达斯等跨国公司在中国选择供应商时要对其进行工厂审查，尤其是劳工、环保方面的绩效。中国供应商大多无条件接受这类验厂要求，在珠三角、长三角等地区最为常见。此时，媒体、企业和部分政府官员将社会责任视为欧美企业为我国设置的“社会责任壁垒”。2003年12月12日，《粤港信息时报》发表《美欲向我抡SA 8000①大棒珠三角恐成重灾区》一文，使我国对社会责任的恐慌达到最高点。

此后数年，经过学术界、政府以及行业协会对企业社会责任进行深入研究和调查后，我国对企业社会责任的认识逐步科学化：企业社会责任并不等于传统意义上的“企业办社会”；企业社会责任并不简单等同于SA 8000；企业社会责任并不只是慈善捐赠，它还包含着丰富的内容；企业社会责任并非意味着企业单向地增加成本投入，还有助于企业可持续发展。2006年2月22日，时任商务部副部长廖晓淇在首届中国·企业社会责任国

① 社会责任标准“SA 8000”，是“Social Accountability 8000”的英文简称，由美国一家长期研究社会责任与环境保护的非政府组织社会责任国际（Social Accountability International，SAI）制定。

际论坛上表示，“商务部很重视中国企业社会责任的建设，商务部在不同的场合经常呼吁企业加强社会责任，这不仅是应对贸易摩擦，保证劳动密集型产品出口稳定性增长的需要，更是我国转变经济增长方式，提高产品国际竞争力的内在要求，要着力推动外贸生产企业和外商投资企业，重视社会责任，鼓励企业或行业制定企业社会责任规范，逐步提高劳动者的工资水平，注重出口增长与生态环境、劳动条件、职工健康和整个社会的协调发展”。我国企业从被动履责转为主动履责。

【延伸阅读】

管理社会责任入选“中国十大管理实践”

2003 年，《世界经理人》杂志推出“中国十大管理实践”年度盘点，经过数月的调研与对来自国际和本土咨询公司的知名管理专家的采访，正式推出 2003 年中国十大管理实践，即 EVA 价值管理、公司治理、管理社会责任、海外扩张、平衡计分卡、渠道创新、危机管理、向外走动式管理、迎合本土市场的组织变革和员工满意度。这说明企业社会责任正式进入了我国企业管理的视野。

4. 2008 年：中国企业社会责任元年

在学术界，2008 年被称为“中国企业社会责任元年”。这一年发生了很多标志性的事件，直接推动了我国企业社会责任事业的快速发展，并推动了社会责任理念在社会大众中的普及。

部分事件从正面推动了我国企业社会责任的发展。2008 年 1 月 4 日，国务院国资委广泛听取、吸收了专家学者和社会各个方面的意见和建议，发布了《关于中央企业履行社会责任的指导意见》。此后，作为我国国民经济重要支柱的中央企业开始走上践行社会责任之路。此外，2008 年 5 月，上交所发布《关于加强上市公司社会责任承担工作暨发布〈上海证券交易所上市公司环境信息披露指引〉的通知》，鼓励上市公司积极披露社会责任报告；2008 年 12 月 31 日，上交所发布《关于做好上市公司 2008 年年度报告工作的通知》，要求上证公司治理板块公司、金融类公司和境外上市公司必须披露履行社会责任的报告。统计显示，2008 年沪市有 290 家上市公司披露了社会责任报告，其中 282 家是首次披露，除 258 家是按要求披露外，另有 32 家是主动披露①。

此外，2008 年我国发生的重大社会性事件从另一角度推动了我国社会责任的发展。这些事件主要有：南方雪灾、汶川地震和“三鹿奶粉事件”。

2008 年 1 月 3 日起，上海、江苏、浙江、安徽、江西、河南、湖北、湖南、广东、广西、重庆、四川、贵州、云南、陕西、甘肃、青海、宁夏、新疆 20 个省（区、市）均不同程度受到低温、雨雪、冰冻灾害影响。截至 2008 年 2 月 24 日，因灾死亡 129 人，失踪 4 人，紧急转移安置 166 万人；农作物受灾面积 1.78 亿亩，成灾 8764 万亩，绝收 2536 万亩；倒塌房屋 48.5 万间，损坏房屋 168.6 万间；因灾直接经济损失 1516.5 亿元人民币。森林受损面积近 2.79 亿亩，3 万只国家重点保护野生动物在雪灾中冻死或冻伤；受灾人口已超过 1 亿人。其中安徽、江西、湖北、湖南、广西、四川和贵州 7 个省份受灾最为严重。面对灾害，各方积极救助。截至 2008 年 2 月 22 日，社会各界捐赠款物（含物资折款）15.3 亿元，其中，民政部直接接收国内救灾款 8709.9 万元，中国红十字会总会接收救灾款物 1.151 亿元，地方红十字会募集款物 1.286 亿元，中华慈善总会接收救灾款物 5200 万元，湖南等 8 省（区）直接接收救灾款物 11.05 亿元。

2008 年 5 月 12 日 14 时 28 分，在四川汶川地区发生里氏 8 级强震，同时引发滑坡、崩塌、泥石流、堰塞湖等严重次生灾害，直接严重受灾地区达 10 万平方公里。“5·12”大地震造成 69227 人遇难、374643 人受伤、17923 人失踪，直接经济损失达 8000 多亿元。“5·12”汶川大地震是新中国成立以来破坏性最强、波及范围最广、造成灾害损失最大的一次地震灾害，带给全民巨大的悲痛，同时也激发出强烈的援助热情。民间非政府组织（NGO）在救援行动中发挥了重要的作用，有 100 多家 NGO 成立了“NGO 四川联合救灾办公室”，积极参与物资发放、灾后安置、受灾群众心理创伤修复等工作。数以万计的民众，包括企业家、影视明星及志愿者自

① 上海证券报：《2008 年沪市 290 家上市公司披露社会责任报告》，2009 年 5 月 12 日。

发驱车前往灾区救援。2008 年发生在四川省汶川县的特大地震对中国社会产生了极大的影响，特别是在公益领域。这一年，中国社会捐款总额首次突破千亿元，是过去十年的总和，是 2007 年的 3.5 倍，2008 年由此被称为“中国公益元年”。很多企业也积极参与，震后一周，企业捐款捐物折合约 60 亿元人民币；震后十天，企业累计捐赠就达到 160 亿元人民币。这是改革开放 30 年来的一场前所未有的企业捐赠高潮，其速度之快、影响之大、数额之巨更是在慈善事业中写下了光辉的、令人尊敬的一笔。①

2008 年 9 月 11 日晚，石家庄三鹿集团股份有限公司发布产品召回声明，称经公司自检发现 2008 年 8 月 6 日前出厂的部分批次三鹿婴幼儿奶粉受到三聚氰胺的污染，市场上约有 700 吨。2008 年 9 月 16 日，国家质检总局通报全国婴幼儿奶粉三聚氰胺含量抽检结果，被抽检的百余家奶粉企业中，有 22 家企业 69 批次产品均检出不同含量的三聚氰胺，三鹿、伊利、蒙牛、雅士利、圣元、南山等国内知名企业均未幸免。2008 年 9 月 22 日，卫生部公布调查结果，因食用含三聚氰胺的奶粉，导致全国共 29 多万名婴幼儿出现泌尿系统异常，住院婴幼儿 1 万余人，官方确认 6 例患儿死亡。“三鹿奶粉事件”不仅对我国乳业产生致命打击，更打击了公众脆弱的神经，人们强烈谴责不负责任的企业行为。

【延伸阅读】

王石“捐款门”事件

2008 年 5 月 12 日，汶川地震当天，万科集团总部捐款 200 万元。对比 2007 年万科超过 523 亿元的销售额、超过 48 亿元的净利润，此次捐赠的 200 万元不足其净利润的万分之四，遭到广大网友的质疑。2008 年 5 月 15 日，王石发表博客回应“200 万元是个适当的数额”“万科普通员工的

① 刘丽波等：《汶川地震捐赠“铁公鸡排行”跨国公司千夫所指》，《公益时报》，2011 年 5 月 12 日，http：//gongyi. 163. com/11/0512/10/73RJA9QO00933KBT_all. html。

捐款以 10 元为限"，遭众网友指责甚至漫骂。2008 年 5 月 20 日，万科发布了《关于参与四川地震灾区灾后安置及恢复重建工作的董事会决议公告》，提出捐助 1 亿元重建灾区资金的方案；2008 年 5 月 21 日，王石在接受媒体采访时首次对自己的言论表示了歉意。王石表示："我现在认为在当时那种情况下，我所说的那句话还是值得反思的。这段时间，我也为我那句话感到相当不安！主要基于三方面原因，一是伤害了全国网民的感情。二是造成了万科员工的心理压力。三是对万科的公司形象造成了一定的影响。在这里对广大网友表示歉意！"

四、2013 年至今：中国特色企业社会责任"创新发展"

（一）全面深化改革新阶段

1. "五位一体"全面深化改革

2012 年党的十八大召开，选举产生了党的新一届领导核心，我国进入全面深化改革期。2013 年，党的十八届三中全会审议通过了《中共中央关于全面深化改革若干重大问题的决定》，提出了全面深化改革的指导思想、目标任务、重大原则，描绘了全面深化改革的新蓝图、新愿景、新目标，合理布局了深化改革的战略重点、优先顺序、主攻方向、工作机制、推进方式和时间表、路线图，汇集了全面深化改革的新思想、新论断、新举措，是我们党在新的历史起点上全面深化改革的科学指南和行动纲领。

全面深化改革的目标定位于完善和发展中国特色社会主义制度、推进国家治理体系和治理能力现代化；改革的领域覆盖了经济、政治、文化、社会、生态文明"五位一体"改革以及党的建设制度改革、国防和军队改革。全面深化改革对企业承担社会责任提出了新的更高要求，企业要全面超越传统社会责任思想和实践，要从完善国家治理体系的高度重新审视企业的社会角色和功能，重新定义企业要承担的社会责任。

2. 中国特色社会主义新时代

党的十九大报告指出中国特色社会主义进入了新时代，我国社会主要矛盾已经转化为人民日益增长的美好生活需要和不平衡不充分发展之间的矛盾。党的十九大报告的重要论断，重新定义了新时期企业社会责任的内涵和发展方向。作为新时代的企业，应该最大限度地考虑如何更好地满足“人民日益增长的美好生活需要”，如何改变企业自身、所处产业的“不平衡不充分的发展”，致力于充分发展，致力于减少不平衡和缩小各种社会差距。

在“建设现代化经济体系”的新征程中，“努力实现更高质量、更有效率、更加公平、更可持续地发展”成为建设现代化经济体系的目标，这也是企业发展的终极目标，定义了企业发展方式。其中，“更高质量、更有效率”是指企业自身的发展方式；“更加公平、更可持续地发展”是指企业发展过程中要充分考虑所涉及的各利益相关方的公平，综合考虑经济和社会、环境的协调发展。这意味着企业要通过自身的高质量发展，成为负责任、可持续的市场主体。

（二）企业社会责任纳入全面深化改革大局

1. 企业社会责任上升为国家战略

中共十八大以来，在以习近平总书记为核心的党中央领导下，企业社会责任事业蓬勃发展，逐步纳入全面深化改革大局。党的十九大报告明确提出，要“强化社会责任意识、规则意识、奉献意识”。

2013 年 11 月，党的十八届三中全会通过了《中共中央关于全面深化改革若干重大问题的决定》。作为坚持和完善基本经济制度部分的主要内容，该决定以相当大的篇幅论述国有企业改革，指出“国有企业总体上已经同市场经济相融合，必须适应市场化、国际化新形势，以规范经营决策、资产保值增值、公平参与竞争、提高企业效率、增强企业活力、承担社会责任为重点，进一步深化国有企业改革”。国企改革一直是中国经济改革的重点，党的文件第一次把社会责任工作提升为国企改革的重点任务。

2014 年 10 月，党的十八届四中全会审议并通过了《中共中央关于全面推进依法治国若干重大问题的决定》，明确提出将“加强企业社会责任立法”作为“加强重点领域立法”的任务之一。加强企业社会责任立法已经列入《党的十八届四中全会重要举措实施规划（2015～2020 年）》，即第 32 条举措，牵头单位是国资委、工商总局、全国工商联，参加单位包括全国人大常委会法工委、国务院法制办和环境保护部。

2017 年 3 月 15 日，第十二届全国人民代表大会第五次会议通过《中华人民共和国民法总则》，其中多项条款涉及企业履行社会责任。第八十六条明确提出"营利法人从事经营活动，应当遵守商业道德，维护交易安全，接受政府和社会的监督，承担社会责任"。

2017 年 9 月，中共中央、国务院出台的《关于营造企业家健康成长环境弘扬优秀企业家精神更好发挥企业家作用的意见》将"模范遵纪守法、强化责任担当"作为意见实施的第一个原则，将履行社会责任作为企业家精神的核心内容之一。

【延伸阅读】

弘扬企业家履行责任敢于担当服务社会的精神

引导企业家主动履行社会责任。增强企业家履行社会责任的荣誉感和使命感，引导和支持企业家奉献爱心，参与光彩事业、公益慈善事业、"万企帮万村"精准扶贫行动、应急救灾等，支持国防建设，在构建和谐劳动关系、促进就业、关爱员工、依法纳税、节约资源、保护生态等方面发挥更加重要的作用。国有企业家要自觉做履行政治责任、经济责任、社会责任的模范。

鼓励企业家干事担当。激发企业家致富思源的情怀，引导企业家认识改革开放为企业和个人施展才华提供的广阔空间、良好机遇、美好前景，先富带动后富，创造更多经济效益和社会效益。引导企业家认识把握引领经济发展新常态，积极投身供给侧结构性改革，在振兴和发展实体经济等方面作更大贡献。激发国有企业家服务党、服务国家、服务人民的担当精神。国有企业家要更好地肩负起经营管理国有资产、实现保值增值的重要责任，做强做优做大国有企业，不断提高企业核心竞争力。

引导企业家积极投身国家重大战略。完善企业家参与国家重大战略实施机制，鼓励企业家积极投身“一带一路”建设、京津冀协同发展、长江经济带发展等国家重大战略实施，参与引进来和走出去战略，参与军民融合发展，参与中西部和东北地区投资兴业，为经济发展拓展新空间。

——中共中央、国务院《关于营造企业家健康成长环境弘扬优秀企业家精神更好发挥企业家作用的意见》

表 1-1、表 1-2 为习近平总书记关于社会责任、国际责任的部分论述。

表 1-1　党的十八大以来习近平总书记关于社会责任的论述（部分）

时　间	场　合	重要论述
2012 年 12 月	在中央经济工作会议上的讲话	要善待和支持小微企业发展，强化大企业社会责任，保持就业局势总体稳定
2013 年 12 月	在中央经济工作会议上的讲话	国有企业要带头保护环境、承担社会责任
2015 年 7 月	在吉林调研的讲话	每家制药企业都必须认真履行社会责任，使每一种药、每一粒药都安全、可靠、放心
2016 年 3 月	全国两会期间在民建、工商联界委员联组会的讲话	广大民营企业要积极投身光彩事业和公益慈善事业，致富思源，义利兼顾，自觉履行社会责任
2016 年 4 月	中共中央政治局第三十一次集体学习	我国企业“走出去”既要重视投资利益，更要赢得好名声、好口碑，遵守驻在国法律，承担更多社会责任
2016 年 4 月	在网络安全和信息化工作座谈会上的讲话	一个企业既有经济责任、法律责任，也有社会责任、道德责任。企业做得越大，社会责任、道德责任就越大，公众对企业这方面的要求也就越高。只有富有爱心的财富才是真正有意义的财富，只有积极承担社会责任的企业才是最有竞争力和生命力的企业。办网站的不能一味追求点击率，开网店的要防范假冒伪劣，做社交平台的不能成为谣言扩散器，做搜索的不能仅以给钱的多少作为排位的标准。希望广大互联网企业坚持经济效益和社会效益统一，在自身发展的同时，饮水思源，回报社会，造福人民

续表

时 间	场 合	重要论述
2016 年 11 月	在秘鲁国会的演讲	中国企业要尊重当地人民的文化习俗，遵守当地法律，在投资本地化、促进当地就业和社会事业发展方面担负起应有的社会责任
2017 年 10 月	党的十九大报告	强化社会责任意识、规则意识、奉献意识
2018 年 4 月	在全国网络安全和信息化工作会议上的讲话	企业发展要坚持经济效益和社会效益相统一，更好承担起社会责任和道德责任
2018 年 9 月	在 2018 年中非合作论坛北京峰会开幕式上的主旨讲话	支持成立中国在非企业社会责任联盟

资料来源：笔者根据习近平总书记重要讲话整理。

表 1-2 习近平总书记在不同国际场合做出的国际责任承诺

时 间	场 合	主要内容
2014 年	中阿合作论坛第五届部长级会议开幕式	今后 3 年，培训 6000 名各类人才；未来 10 年，组织 10000 名中阿艺术家互访交流，推动并支持 200 家中阿文化机构开展对口合作，邀请并支持 500 名阿拉伯文化艺术人才来华研修
2014 年	中国—拉美和加勒比国家领导人会晤	在未来 5 年内，提供 6000 个政府奖学金名额、6000 个赴华培训名额以及 400 个在职硕士名额，邀请 1000 名政党领导人赴华访问交流，于 2015 年启动“未来之桥”中拉青年领导人千人培训计划
2014 年	蒙古国大呼拉尔	今后 5 年内，提供 1000 个培训名额，增加提供 1000 个中国政府全额奖学金名额，为蒙方培训 500 名留学生，邀请 500 名蒙方青年访华，邀请 250 名蒙方记者访华，免费提供 25 部中国优秀影视剧译作

续表

时　间	场　合	主要内容
2014 年	上海合作组织成员国元首理事会第十四次会议	2015~2017 年，为成员国提供 2000 名官员、管理、技术人才培训名额，未来 5 年内每年邀请 50 名成员国青年领导人来华研修，协助成员国培训司法人才
2014 年	印度世界事务委员会	为南亚国家提供 200 亿美元优惠性质贷款。未来 5 年向南亚提供 1 万个奖学金名额、5000 个培训名额、5000 个青年交流和培训名额、培训 5000 名汉语教师
2014 年	亚太经合组织第二十二次领导人非正式会议	未来 3 年，为亚太经合组织发展中国家成员提供 1500 个培训名额
2015 年	亚非领导人会议	未来 5 年内，将向亚非发展中国家提供 10 万名培训名额；连续在华举办亚非青年联欢节，共邀请 2000 名亚非青年来华访问并参加联欢；成立中国—亚非合作中心；设立中国—亚非法协国际法交流与研究项目
2015 年	全球妇女峰会	向妇女署捐款 1000 万美元。在今后 5 年内，帮助发展中国家实施 100 个“妇幼健康工程”；实施 100 个“快乐校园工程”；邀请 3 万名发展中国家妇女来华参加培训，并在当地为发展中国家培训 10 万名女性职业技术人员
2015 年	2015 减贫与发展高层论坛	设立“南南合作援助基金”，首期提供 20 亿美元；继续增加对最不发达国家投资，力争 2030 年达到 120 亿美元；免除对有关最不发达国家、内陆发展中国家、小岛屿发展中国家截至 2015 年底到期未还的政府间无心贷款债务；未来 5 年向发展中国家提供“6 个 100”的项目支持，包括 100 个减贫项目、100 个农业合作项目、100 个促贸援助项目、100 个生态保护和应对气候变化项目、100 所医院和诊所、100 所学校和职业培训中心；向发展中国家提供 12 万个来华培训和 15 万个奖学金名额，为发展中国家培养 50 万名职业技术人员，设立南南合作与发展学院

续表

时 间	场 合	主要内容
2015 年	中非合作论坛约翰内斯堡峰会	“十大合作计划”。具体投入如下：在非洲 100 个乡村实施“农业富民工程”，派遣 30 批农业专家组赴非洲，建立中非农业科研机构“10+10”合作机制；支持非洲国家建设 5 所交通大学；在非洲实施 200 个“幸福生活工程”；援建 5 所文化中心，为非洲 1 万个村落实施收看卫星电视项目；为非洲提供 2000 个学历学位教育名额和 3 万个政府奖学金名额；每年组织 200 名非洲新闻领域从业人员；向非盟提供 6000 万美元无偿援助，支持非洲常备军和危机应对快速反应部队建设和运作
2016 年	阿拉伯国家联盟总部	设立 150 亿美元的中东工业化专项贷款，向中东国家提供 100 亿美元商业性贷款；提供 100 亿美元优惠性质贷款；同阿联酋、卡塔尔设立共计 200 亿美元共同投资基金。开展 100 部中阿典籍互译；邀请 100 名专家学者互访；提供 1000 个阿拉伯青年领袖培训名额，邀请 1500 名阿拉伯政党领导人来华考察，培育中阿友好青年使者和政治领军人物；提供 1 万个奖学金名额和 1 万个培训名额，落实 1 万名中阿艺术家互访
2017 年	“一带一路”国际合作高峰论坛	向丝路基金新增资金 1000 亿元人民币；中国国家开发银行、进出口银行将分别提供 2500 亿元和 1300 亿元等值人民币专项贷款；在未来 5 年内安排 2500 人次青年科学家来华从事短期科研工作，培训 5000 人次科学技术和管理人员，投入运行 50 家联合实验室；设立生态环保大数据服务平台；在未来 3 年向参与“一带一路”建设的发展中国家和国际组织提供 600 亿元人民币援助，建设民生项目；提供 20 亿元人民币紧急粮食援助，向南南合作援助基金增资 10 亿美元，在沿线国家实施 100 个“幸福家园”、100 个“爱心助困”、100 个“健康助医”等项目。向有关国际组织提供 10 亿美元落实一批惠及沿线国家的合作项目

续表

时　间	场　合	主要内容
2018 年	中非合作论坛北京峰会	实施绿色发展行动。中国决定为非洲实施 50 个绿色发展和生态环保援助项目，重点加强在应对气候变化、海洋合作、荒漠化防治、野生动物和植物保护等方面的交流合作；推进中非环境合作中心建设，加强环境政策交流对话和环境问题联合研究；开展中非绿色使者计划，在环保管理、污染防治、绿色经济等领域为非洲培养专业人才；建设中非竹子中心，帮助非洲开发竹藤产业；开展环境保护宣传教育合作。实施能力建设行动。中国决定同非洲加强发展经验交流，支持开展经济社会发展规划方面的合作；在非洲设立 10 个鲁班工坊，向非洲青年提供职业技能培训；支持设立旨在推动青年创新创业合作的中非创新合作中心；实施头雁计划，为非洲培训 1000 名精英人才；为非洲提供 5 万个中国政府奖学金名额，为非洲提供 5 万个研修培训名额，邀请 2000 名非洲青年来华交流。实施健康卫生行动。中国决定优化升级 50 个医疗卫生援非项目，重点援建非洲疾控中心总部、中非友好医院等旗舰项目；开展公共卫生交流和信息合作，实施中非新发再发传染病、血吸虫、艾滋病、疟疾等疾控合作项目；为非洲培养更多专科医生，继续派遣并优化援非医疗队；开展"光明行""爱心行""微笑行"等医疗巡诊活动；实施面向弱势群体的妇幼心连心工程

资料来源：笔者根据习近平总书记重要讲话整理。

2. 国家战略引领企业社会责任发展

党的十八大以来，我国企业履行社会责任的一个显著特点是国家战略引领。无论是国有企业还是民营企业，在履行社会责任的过程中主动向国家战略靠拢，主动参与"一带一路"建设、创新驱动发展战略、区域协调发展战略、军民融合发展战略、精准脱贫、污染防治等国家战略。

积极参与脱贫攻坚战。党的十八大以来，党中央、国务院把扶贫开发提升到事关全面建成小康社会、实现第一个百年奋斗目标的高度，提升到实施“四个全面”和贯彻“五个发展理念”的高度进行决策部署。党的十八届五中全会提出，到2020年我国现行标准下农村贫困人口实现脱贫，贫困县全部摘帽，解决区域性整体贫困。在打赢脱贫攻坚战的过程中，企业积极行动，成为精准扶贫工作的重要力量。据不完全统计，党的十八大以来，中央企业投入定点扶贫资金超过75亿元，中央企业成为助力扶贫攻坚的主力军；中央企业结对帮扶的246个国家扶贫开发工作重点县，占全国592个扶贫开发工作重点县的42%，分布于全国21个省（区、市）；中央企业还对口支援西藏21个县、青海省藏区16个县。为引导民企企业参与精准扶贫，全国工商联发起了“万企帮万村”行动，充分发挥民营企业的主观能动性，逐渐形成了产业扶贫、商贸扶贫、就业扶贫、捐赠扶贫、智力扶贫和其他扶贫方式并举的精准扶贫模式，开创了贫困地区新的经济增长点，激发了贫困户脱贫奔小康的内生动力。截至2017年底，共有4.62万家企业参与“万企帮万村”，共帮扶了5.12万个村，其中产业扶贫投资约527亿元，公益扶贫投入约109亿元，就业扶贫安置就业50多万人，技能培训54万人次。

参与“一带一路”负责任“走出去”。2013年9月和10月，中国国家主席习近平在出访中亚和东南亚国家期间，先后提出共建“丝绸之路经济带”和“21世纪海上丝绸之路”的重大倡议，得到国际社会高度关注。加快“一带一路”建设，有利于促进沿线各国经济繁荣与区域经济合作，加强不同文明交流互鉴，促进世界和平发展，是一项造福世界各国人民的伟大事业。“一带一路”已经成为我国深化对外开放、促进全球发展合作的“中国方案”和中国企业“走出去”、实现合作发展的“新通道”。根据商务部统计，截至2017年末，我国企业共在44个国家建设初具规模的境外经贸合作区99家，累计投资307亿美元，入区企业4364家，上缴东道国税费24.2亿美元，为当地创造就业岗位25.8万个。其中，2017年新增投资57.9亿美元，创造产值186.9亿美元。

3. 形成多元共促社会责任发展格局

党的十八大以来，我国逐步形成多元共促的社会责任发展格局。政府层面，从中央到省市，各级政府开始出台社会责任相关指导文件、制度措施，如浙江省，逐渐形成了省、市、区（县）三级政策体系；共有超过20家商协会制定出台了近40项社会责任相关标准、指南；北京大学、清华大学、中国人民大学、北京师范大学、浙江大学、暨南大学、厦门大学、对外经济贸易大学、湖南大学、青岛海洋大学、华中师范大学、南京财经大学、太原科技大学、天津商业大学等高校成立了专业的社会责任研究中心；人民网、新华网、第一财经、《中国新闻周刊》《南方周末》《中国经营报》等媒体通过举办企业社会责任论坛、颁发企业社会责任奖项、报道企业社会责任优秀实践等方式促进企业社会责任理念在全社会的普及。

【延伸阅读】

21世纪以来关于我国企业社会责任的“三大争论”

进入21世纪以来，关于企业社会责任，我国先后发生了三次规模较大的争论，分别为“壁垒之争”“漂绿之争”和“性质之争”。

1. “壁垒之争”

随着2001年12月我国正式加入世界贸易组织，我国发生了关于企业社会责任是不是“贸易壁垒”的争论。2003年12月11日，《粤港信息日报》刊发了《美欲向我抡SA 8000大棒》的文章，指出如果美国启动SA 8000机制，对中国产业界特别是劳动密集型产业高度集中的珠三角造成的损失将不可估量，对珠三角一些专门做欧美国家产品出口的企业的打击更是毁灭性的。2004年3月16日，《东南早报》报道指出，泉州是全国劳动密集型纺织、服装、鞋类、玩具、运动器材等产品出口基地之一，2004年5月1日前，美欧一些国家将强行推广SA 8000标准。该标准一旦强行推广，将对泉州民营出口贸易和外向型经济企业带来继ISO 9000、ISO 14000之后新的国际贸易壁垒。此时，国内理论界和学术界对企业社会责任处于“谈虎色变”的状态，基本上把SA 8000界定为贸易壁垒。之后，我国企业界、学术界开始积极学习、了解SA 8000，政府部门也开始关注并组织了专项调研和研究。2003年10月28日，《南方日报》发表《跨越SA 8000》一文，将对SA 8000是不是贸易壁垒的争论推到了高峰。2004年7月13日，《羊城晚报》发表了《SA 8000认证国内遭遇尴尬》一文，国内对SA 8000的认识逐步回归理性。虽然SA 8000并不完全等同于企业社会责任，但这次争论使政府部门、企业以及学术界对企业社会责任有了科学认识。到2006年，商务部副部长在公开场合表示，“企业加强社会责任，这不仅是应对贸易摩擦，保证劳动密集型产品出口稳定性增长的需要，更是我国转变经济增长方式，提高产品国际竞争力的内在要求”。至此，关于企业社会责任是不是贸易壁垒的争论结束。

2. “漂绿之争”

“漂绿”（Greenwash），原意指一家企业宣称保护环境，实际上却反其道而行，实质上是一种虚假的环保宣传。关于企业社会责任的“漂绿之争”实际上是伴随着越来越多的中国企业发布社会责任报告（或可持续发展报告）而兴起的。中国企业社会责任具有明显的“社会责任报告推动”的发展路径，如2008年，在企业尚未科学认识社会责任概念与内涵的背景下，上交所提出了上市公司发布社会责任报告的要求；2009年，国务院国资委要求所有中央企业在2012年前必须发布社会责任。这一方面导致了发布社会责任报告的企业数量快速增加，根据商道纵横统计，2012年中国有1722家企业发布了企业社会责任报告；另一方面导致部分企业将社会责任报告等同于社会责任，在自身社会责任管理没有提升的情况下雇用第三方咨询公司帮其撰写与企业实际不符的社会责任报告。因此，部分学者或专家认为，企业发布社会责任报告是一种精巧的“漂绿”方式（即企业意在树立一个可持续的形象，但实际上并未真的采取可持续行动）。近年来，虽然对企业社会责任报告是否“漂绿”的争议声越来越小，但专家学者对企业社会责任报告是否反映了企业的社会责任实践依然存疑。

3. “性质之争”

企业社会责任的“性质之争”在2008年兴起，目前仍处于争议中。2008年，汶川地震之后，许多外资企业的品牌形象也发生了“大地震”：一些没有及时捐款的外资企业遭到网络舆论的强烈抨击，它们的产品也遭到了消费者的抵制。地震一周后，一个“国际铁公鸡排行榜”以转帖、短信等方式广为流传，将对跨国企业的攻击推上顶峰。但是，将企业社会责任“性质之争”推向高潮的是2009年中国社会科学院经济学部企业社会责任研究中心发布《中国企业社会责任研究报告》系列蓝皮书。2009~2017年，中国社会科学院经济学部企业社会责任研究中心连续发布8本企业社会责任蓝皮书，每年对国有企业100强、民营企业100强、外资在华企业100强的社会责任表现进行排名，连续8年的结论都是国有企业社会责任发展指数高于民营企业和外资企业。如2017年蓝皮书显示，国企、民营和外资三类企业社会责任发展指数差异化明显，其中国有企业社会责任发展指数得分最高（58.7分），民营企业其次（29.7分），外资企业最低（23.9分）。这一结论受到了社会及媒体的广泛质疑，如2011年，万达集团董事长王健林针对此事在《新京报》上特别撰文提出：企业“社会责任”不宜排名。关于“性质之争”的焦点主要有三点：一是国有企业作为全民所有制企业，在法律性质上是否有权力“擅自”进行捐款；二是国企和民企的社会责任是否有可比性；三是蓝皮书调查结果对社会公众的“心理冲击”。如根据《企业社会责任蓝皮书》，2017年，中国企业社会责任排名前10分别为华润集团、中国华电、中国华能、中国三星、中国石化、中国建材、南方电网、现代汽车（中国）、华为、国家开发投资公司，前10中垄断型央企占主体，且多为能源、资源型企业，社会公众无法接受该结果。

第二节　中国特色企业社会责任的发展模式

企业社会责任具有显著的地域性、文化性和时代性，其发生、发展不可避免地受到某一地区文化的影响，其内涵不可避免地具有时代烙印。中国特色企业社会责任是伴随着中国改革开放的伟大历程而发展起来的，是中国改革开放的重要成果之一，也是建设中国特色社会主义的内容之一，具有自身独特的演化历史、发展模式和经验特征。

一、中国特色企业社会责任的发展模式

中国特色企业社会责任的发展是建立在中华民族伟大复兴和改革开放40年的伟大实践基础上的，其发展模式包括关于中国特色企业社会责任的社会认知、发展土壤、内部驱动、相关方关系、发展路径等，也形成了自身独有的经验特征（见图1-5）。

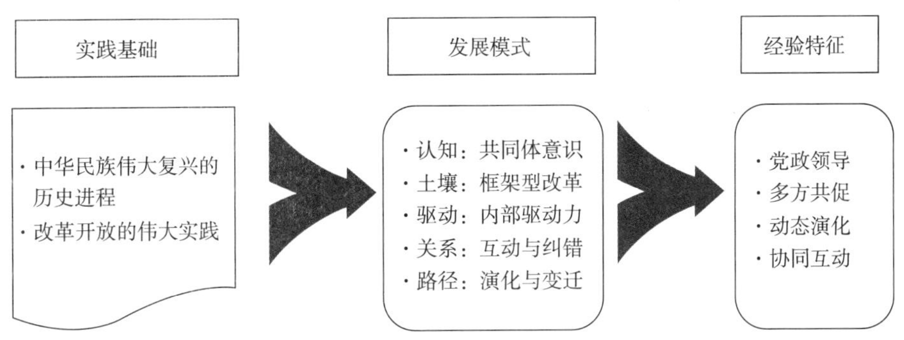

图1-5 中国特色企业社会责任发展模式

（一）认知：共同体意识

从社会认知角度看，我国企业社会责任的发展具有强烈的共同体意识。这种共同体意识首先表现为我国是社会主义国家；其次，中国长期有大一统的思想和传统；最后，改革开放的政策设计追求国家、企业和个人利益的协调。

1. 社会主义国家

我国是社会主义国家，而且处于社会主义初级阶段，这是中国特色企业社会责任发展最基本的前提条件。1987年10月召开的党的十三大系统地阐述了社会主义初级阶段理论。大会指出：正确认识中国社会现在所处的历史阶段，是建设有中国特色社会主义的首要问题，是我们制定和执行正确的路线和政策的基本依据。社会主义初级阶段包含两层含义：第一，中国社会已经是社会主义社会。我们必须坚持而不能离开社会主义。第二，中国的社会主义社会还处在初级阶段，我们必须从这个实际出发，而不能超越这个阶段。

我国处于并将长期处于社会主义初级阶段的国情对中国特色企业社会责任的发展产生两个方面的影响：第一，解放和发展生产力，极大地增加全社会的物质财富是企业的第一要义，在一定时期内企业追求经济发展、快速成长本身就是在履行经济责任；第二，在经济社会发展的过程中要逐步实现社会公平和正义，极大地激发全社会的创造活力和促进社会和谐。共同富裕是社会主义的本质规定和奋斗目标。因此，企业发展壮大后要回报社会，承担社会责任。

【延伸阅读】

真理标准讨论的姊妹篇：社会主义生产目的大讨论

1978 年 5 月 10 日，中央党校主办的《理论动态》第 60 期发表了文章《实践是检验真理的唯一标准》，并由此引发了一场轰轰烈烈的真理标准大讨论。时任中央党校副校长的胡耀邦是这场讨论的发起者、组织者和领导者。真理标准大讨论已广为人知，鲜为人知的是：胡耀邦在担任中央党校副校长期间，还组织发起和领导了另一场大讨论——社会主义生产目的大讨论，可谓是真理标准讨论的姊妹篇。

1979 年 9 月 30 日，《理论动态》第 160 期发表了 8000 多字的《要真正弄清社会主义生产的目的》一文，10 月 20 日，《人民日报》在头版头条以通栏标题全文转发。全国经济理论界和经济战线很快便掀起了一场轰轰烈烈的“社会主义生产目的大讨论”。

胡耀邦亲点吴振坤执笔

粉碎“四人帮”后，1977 年 3 月，胡耀邦同志被任命为中央党校副校长，主持党校工作。在中央党校经济学教研室工作的吴振坤进入胡耀邦的视野，因而成了胡耀邦创办的理论刊物——《理论动态》的首批成员，并先后担任理论动态组副组长、组长。

吴振坤按照胡耀邦的要求，主要负责撰写有关经济方面的文章。在此期间，他参与并见证了《实践是检验真理的唯一标准》一文的策划、组织撰写、修改和发表，并参与了大讨论的全过程。在胡耀邦的亲自指导下，他在《红旗》杂志上发表了批判“四人帮”的批判所谓“唯生产力论”的《生产力在历史发展中起决定作用》一文；在《理论动态》发表了对农村“左”的思想和做法进行拨乱反正的《农村集市贸易是资本主义的自由市场吗?》等重要经济理论文章。拨乱反正期间，他有25篇重要文章在《理论动态》发表后，被《人民日报》等报刊转载。后来，他还在胡耀邦的直接领导下，撰写了《要真正弄清社会主义生产的目的》一文。

刚刚粉碎“四人帮”的那段时间，广大干部对于“生产的目的究竟是什么”并不清楚。“文革”时期，流行的口号是“抓革命，促生产”，“文革”后期，流行的思潮是“为生产而生产”。这种思潮有两个典型：大寨和大庆。大寨的口号是“先治坡，后治窝”，坡是第一位，窝是第二位。大庆的口号是“先生产，后生活”，有条件上、没有条件创造条件也要上。这种“为生产而生产，先生产后生活”，颠倒生产目的的“左”的思想和做法，严重违背了经济规律，给社会主义经济建设带来了巨大危害。

1979年9月10日，胡耀邦同志在《人民日报》编印的1498期《情况汇编》上看到了蒋映光（《人民日报》理论部副主任）和李悦（中国人民大学教授）两位同志合写的《斯大林对雅岁申柯为生产而生产观点的批评》的文章。耀邦在文章的重要段落（主要是斯大林的批评观点）作了不少批语，并批转《理论动态》：这两位同志提出了一个很重要的问题，但可惜没有根据我们经济战线上的同志的思想实际和工作实际进行充分的解剖，因此，文章缺乏针对性和战斗性。请你们根据这篇文章提出的思想精心讨论几次，写出一篇东西来。希望在四中全会前完成。这是一篇极其重要的文章。

这个批示批转到理论动态组后，写文章的任务自然落到负责经济类文章的吴振坤身上。接到耀邦的批示，吴振坤认为，耀邦之所以认为蒋、李二人的文章“没有进行充分的解剖”“缺乏针对性和战斗性”，就是指他们没有明确指出在当时的实际工作中存在的“为生产而生产”的倾向。于是，吴振坤根据耀邦的思想，在文章中紧紧地把理论和实际结合起来，在充分肯定经济工作巨大成就的同时，运用大量事实鲜明地指出“为生产而生产”倾向的要害问题。

吴振坤很快就写好了文章，完成后又让耀邦亲自审过几遍，并做了修改，最后定稿，在《理论动态》上以本刊评论员的署名刊出。文章从马克思主义经济学的角度阐述了发展生产的目的，以及在社会主义制度下怎样才能促进生产发展，提高劳动生产率。文章对当时存在的“为生产而生产的种种表现”进行了批评：“安排整个社会生产计划，不是从人民的消费需求出发，而是从主要产品的生产指标出发。”“由于我们很长时间内把‘以钢为纲’作为发展工业生产的指导思想，事实上是以钢铁为中心，从重工业出发来安排整个生产计划的……从而在计划的出发点上就忽视了人民的消费需求。”文章指出，“在社会主义制度下，生产的目的是满足社会不断增长的需要，因此，应当在可能的范围内最大限度地满足这种需要”。

引发“社会主义生产目的大讨论”

10月20日，《人民日报》在头版头条位置以“本报特约评论员”的署名，以通栏标题全文转发。转发前夜，《人民日报》总编辑胡绩伟打电话把吴振坤叫到人民日报社看版面，胡绩伟和吴振坤等对这篇文章又整整斟酌推敲了一个通宵，一直等到文章最后排版。文章在《人民日报》转发后的第3天，10月22日，《人民日报》就在显著位置刊登了于光远的文章《谈谈“社会主义经济目标理论”的问题》，文章强调指出：“社会主义经济目标的问题，涉及建设社会主义经济的一个重要的指导思想问题。”文章发表后，被全国20余家报刊转载，国内经济学界、理论界纷纷撰文展开讨论，全国经济理论界和经济战线很快便掀起了一场轰轰烈烈的“社会主义生产目的大讨论”。这场讨论所持续的时间比真理标准问题的讨论还要长。

随着讨论的不断深入，很快超出了理论界范围，波及全党、全国。1979年10月~1980年6月，在长达8个月的时间里，耀邦同志又指导吴振坤连续在《财贸战线》《红旗》《人民日报》《工人日报》等报刊陆续发表了一系列讨论生产目的和社会主义物质利益的文章，推动讨论向纵深发展，使人们弄清了社会主义生产目的的科学含义，坚定不移地把满足人民的物质文化生活需要作为社会主义建设的根本指导思想。

吴振坤生前对笔者回忆说，发生在1979年10月的那场“生产目的大讨论”，其影响之大、之深可以称得上是“真理标准讨论”的“姊妹篇”，也是对真理标准讨论的深化。吴振坤生前多次强调，这场大讨论是胡耀邦亲自领导和组织发动的，自己只不过是在他的指导下执笔写了一些文章而已。

社会主义生产目的大讨论是一场经济领域的思想解放，它为我们从计划经济到有计划的商品经济，再到社会主义市场经济体制的转变作了思想上和理论上的准备，其历史和现实意义自不待言。

转自《同舟共进》2017年1月，原标题《生产目的大讨论是如何开展的》

作者：程冠军

2. 共同体意识

对天人关系的思考，是中国文化的原初起点，“天人合一”则是中国文化的终极归宿。从某种程度上说，“天人合一”是中国文化追求的最高境界。其中，“天”主要指历史发展规律和自然，“人”主要指人类，“天人合一”是指人类与历史发展规律、自然生态的协调、一致和一体。因此，在中国古代人眼里，整个天下是一统的，认为“四海之内皆兄弟也”，中华文明很早就确立了“四海一家，天下为公”的理念。中国人这种朴素的家国情怀和天下追求，是人类命运共同体深厚的思想文化根源。

在本质上，共同体寄托着人们对安全、温暖和情感的追求，由具有共同习俗和价值观念的同质人口组成，彼此关系非常密切、守望相助、富有人情味，是一种“持久的和真正的共同生活”。其中，命运共同体以利益共同体为基础，强调荣辱与共的意识，以及个体利益的尊重、共同利益的汇聚和整体利益的追求；以责任共同体为路径，强调相互体谅、责任共担的意识。党的十八大以来，以习近平为核心的党中央进一步发展了共同体思想。党的十九大报告提出“坚持推动构建人类命运共同体”，统筹国内国际两个大局，始终不渝地走和平发展道路、奉行互利共赢的开放战略，坚持正确义利观，树立共同、综合、合作、可持续的新安全观，谋求开放创新、包容互惠的发展前景，促进和而不同、兼收并蓄的文明交流，构筑尊崇自然、绿色发展的生态体系，始终做世界和平的建设者、全球发展的贡献者、国际秩序的维护者。

对企业社会责任来说，共同体意识有以下三个方面的思想启迪：首先，企业与员工是共同体，企业要坚持以人为本，承担员工责任；其次，企业与整个市场经济体系是共同体，在经营中要依法合规、公平竞争，营造良好的发展环境；最后，企业与社区、环境也是共同体，在经营过程中要承担社区责任、环境责任。

3. 国家、企业和个人三者利益相结合

改革开放之初，在国企改革政策设计的过程中，始终考虑把国家、企业和个人三者利益相结合。

1979 年 12 日，中共四川省委在总结宁江机床厂、重庆钢铁公司等 6 家企业扩大企业自主权试点经验的基础上，制定了《关于扩大企业权利，加快生产建设步伐的试点意见》，文件要求把企业的责权利结合起来，把国家、集体、个人三者利益结合起来，并且决定扩大试点范围，在 100 家企业中进行扩权试点。

1982 年 11 月 8 日，国务院批转国家体改委、国家经委、财政部《关于当前完善工业经济责任制的几个问题的报告》。报告提出，当前完善工业经济责任制要着重研究解决五个问题：认真贯彻以计划经济为主、市场经济为辅的原则；努力搞好企业内部的经济责任制；正确处理国家、企业、职工三者利益的关系；把完善经济责任制和企业技术改造结合起来；统筹规划、加强领导。

1983 年 4 月 24 日，国务院批转财政部《关于全国利改税工作会议的报告》和《关于国营企业利改税试行办法》。利改税的原则是：有利于促进企业建立和健全经济责任制，进一步把经济搞活；有利于正确处理国家、企业和职工三者的利益，国家得大头，企业得中头，个人得小头。

1991 年 1 月 25 日，《人民日报》报道：全国 80%的国营企业如期完成第一轮承包合同。在 1987 年开始的国营企业第一轮承包期间，国家财政收入平均每年增加 200 多亿元，其中 90%是实行承包的企业提供的。针对经营者与职工的矛盾，健全了职工民主测评、分配公开和民主审议的制度，并达成经营者与职工代表大会互相监督、互相激励的“双保合同”，形成了风险共担、利益共享、合力经营的“利益共同体”①。

此外，随着民营企业的发展壮大，越来越多的民营企业家开始考虑企业与国家、社会的关系，如《华为基本法》第七条明确提出，“华为以产业报国和科教兴国为己任，以公司的发展为所在社区做出贡献。为伟大祖国的繁荣昌盛，为中华民族的振兴，为自己和家人的幸福而不懈努力”。除华为外，很多乡镇企业、私营企业在发展壮大后开始主动承担社会功能，包括吸纳就业、捐建社会公共设施等。一方面，民营企业在富裕后主动承担社会责任、带动更多人民一起富裕是国家的号召；另一方面，我国民营企业一直是在改革的“夹缝”中求生存，它们一直尝试能够获得与国有企业一样的国家待遇，因此，民营企业发展壮大后通过主动承担起带动共同富裕的公共责任，来“换取”政府的支持。无论潜在原因如何，从结果上看，发展壮大的民营企业开始主动奉献国家、服务社会。1986 年 4 月 10 日《人民日报》刊登的《乡土奇葩——记农民企业家鲁冠球》对企业家的心态与实践进行了非常详细的描述。

【延伸阅读】

乡土奇葩——记农民企业家鲁冠球（选摘）

《人民日报》编者按：介绍鲁冠球先进事迹的报道值得一读。鲁冠球同志的所作所为完全符合党所提倡的让一部分人先富起来，从而带动群众共同富裕的政策。他讲求实际，带领群众走共同富裕的道路；他有理想，把创业目标、实现四化同共产主义理想，即走社会主义道路紧密联系起来，时刻不忘为共产主义忘我劳动。他用自己的行动证明了“通往共产主义的道路就在脚下”。

……

① 人民网：《中国共产党大事记·1991 年》，2006 年 6 月 14 日。

在共同富裕的道路上

万向节厂“发”起来了。鲁冠球这个被贫穷折磨了半辈子的人，却遇到了“金钱”的考验。

按承包合同规定的分成比例，1983~1985年，三年累计下来，鲁冠球应得449000元。

鲁冠球当初承包时，估计顶了天，一年能得一万元。谁知改革的潜力有那么大，第一年就可得87000元。怎么办？拿，合法也合理。当时合同上定的分成指标，像挂在高枝上的甜橘子，谁都想吃，谁也没敢伸手。那是要冒很大风险的。合同规定，第一年毛利要比上一年增长52%，增加64万元，以后每年要递增10%，完不成合同规定的指标，每差一万元赔200元。鲁冠球把自留地上的苗木折价两万元作抵押，双方才在合同上签了字，合同有县司法局公证处的公证，完全具有法律效力。不拿，会不会有人说自己是沽名钓誉，或者说党的政策变了，政府说话不算数呢？

作为合同的甲方，乡政府明确表了态，合同要兑现。但这么大的数目，毕竟是改革中谁也没有想到的新问题。这件事也惊动了上边的领导机关。大家认为，承包伊始，见人家拿钱就变，对改革不利，应当按合同办，走着看。

正在这时候，鲁冠球从北京京丰宾馆寄来的信送到了乡政府。他是在参加一个会议时抽空写来的。他郑重地写道：“我愿意将承包超额利润分成部分全部献给企业，发展生产和进行智力开发，使企业办得更好。”

乡政府在接受鲁冠球建议的同时，作为对他的特殊贡献，奖给了鲁冠球8700元。但鲁冠球为什么不按合同拿分成，当时谁也不知道，他自己好像也没有完全想清楚，讲不出多少道理。

1984年，万向节厂毛利润超过承包指标224万元，鲁冠球应得112000元。这一年，鲁冠球虽然先用自己的工资和奖金买了1000元国库券，但由于遇到特殊情况，厂里原定数额买不完，鲁冠球又用应分成的12000元，包揽了全厂没有买足的国库券的数量。其余的100000元捐献给乡里办教育事业。

1985 年国庆节前后，会计就透出风声说，这一年的利润要超过毛利润指标 500 多万元，鲁冠球可以分到 25 万元。谁都明白这个数字的分量，鲁冠球即使照旧“风格”10 万元，也还有 15 万元。这点钱存在银行里，靠吃利息也能吃两代人。

多少个夜晚，多少次 25 万元的冲击！

鲁冠球的思绪有时陷入似清非清的朦胧之境。不过，这位 1984 年入党的新党员，想的不是他把这一年应分成的 25 万元再捐多少，自己留多少。他是在想：过去他在厂里一连住了 13 年，没黑夜没白天地干，却没有搞出个名堂，为什么这三年的利润能超额那么多？这三年自己一个人的作用和全厂近千名职工的作用应当怎么看？作为先富起来的党员、厂长，面对集体赚来的钱到底应该怎么办？

鲁冠球被这些问题缠绕着。

他觉得，自己在 80 年代遇到的这些“富问题”比过去遇到的“穷问题”似乎更复杂。想到靠借债 30 块钱才办了婚事，想喝碗酸梅汤兜里掏不出 7 分钱，想到那时愁得愿卖命也挣不到钱的窘境，他觉得自己很懂得金钱对人的吸引力和推动力。但是，看到有的干部因拿钱太多，同职工收入差别太大而发生的问题，他觉得金钱似乎又暗藏着一种离心力和腐蚀力……

1985 年的仲秋，钱塘江畔，棉花开得白白的，晚稻穗沉甸甸的，鲁冠球思想里的果实也成熟了。他走上全县经济工作会议的讲台，一条一条地说出了自己不拿 40 多万元分成钱的原因。他说：“第一，我承包万向节厂的目的，是为了增强企业自主权，把生产搞上去。这是我的事业、理想和追求。如果只是为了钱，我可以去搞别的，不一定要冒这个风险。第二，承包取得的成就，不是我一个人的功劳，主要是靠党的政策，全厂职工的苦干，社会各界的支持。第三，生产条件发生了变化。这三年，用集体的积累更新设备，花了 306 万元，还增加了 300 多个劳动力。订合同时没有考虑这些，不够完善。那样办，生产越发展，我与职工的分配差距就越大。”

会场一片寂静，空气像是凝结了。

鲁冠球接着又说：“第四，我们是全乡人民集体所有的社会主义企业，分配上应体现按劳分配和共同富裕的原则。分配上一定要承认差别，但差距又不能太大。"

原合同第一条规定：在承包期内，"本合同还有未尽事项，需要变更、修改或废除，均应该双方协商一致，经原签证机关公证后生效。"鲁冠球根据这一条文，要求在原合同规定的最后一年，即1985年在延长承包期的合同中将"超额利润的5%归承包者"这句话，改为"承包者奖金从优"，"厂长承包"改为"以厂长为代表的集体承包"。这一改，1985年鲁冠球按原定合同应分到的25万元，全部划入了企业收入，他按"承包者奖金从优"的办法分配。

鲁冠球一讲完，掌声震荡了全场。但更大的震动是鲁冠球那种坚强的党性在人们心里引起的共鸣。

鲁冠球这三年在考虑他搞承包出现的新情况的同时，还经常想另一个新问题：共产主义要消灭三大差别，自己创办的乡镇企业起来了，不能让工厂的一道围墙，在务工的农民和务农的农民之间，造成不合理的新差别。无工不富是大家富，以工补农是企业的责任。鲁冠球爱把万向节厂比作全乡农民致富的"火种"。他说："这把火要烧到围墙外面去，让全乡人民逐步富裕起来。"

今年3月刚增选为杭州市人大常委会委员的鲁冠球，这几年一直把厂里的技术和资金作为伸向墙外的结瓜之藤，在全乡帮助农民办起九家万向节分厂，安排了上千名农村种植业的剩余劳动力，也提高了万向节厂生产专业化协作的程度。他把全乡尚未安排的108名复员转业军人也招进厂里，分配了适当的工作。在厂休日，他带人到百里外群众耕作不便的一个围垦区实地勘察，在那里开始动工建设一个有300亩土地、200亩水面的农业车间。到市里去开会，他又从民政部门要来兴办福利事业的条文，筹划着把全乡的残疾人组织起来，让他们参加力所能及的辅助劳动，也来为社会做贡献。现在，全乡每十个人中，就有一个干万向节厂的活儿，拿万向节厂的工资，宁围乡大有成为"万向节乡"之势。

1985年以前，乡镇企业每年应给乡里"进贡"多少钱，国家和地方都没有个条文。鲁冠球总是在保证企业扩大再生产的条件下，积极支持乡里的公共建设。这个乡为走共同富裕之路服务的"八大工程"中，都有万向节厂的贡献。我们在那里看到：能容纳600多名学生的四层高的中学教学大楼，为全乡培育新一代农民；设计别致的三层高的乡中心小学教学楼，北京的孩子看到也羡慕；纵横贯通全乡的四条马路，加快了这里工农商各业发展的速度；新建的孵坊、饲料加工厂为乡里发展饲养业提供服务，半机械化蛋鸡场商品率很高；沿河岸新辟的有绿色玻璃瓦顶棚的农贸市场，每天都有方圆几十里的人来买进卖出；附近设有电影院、阅览室的农民文化宫，夜间格外活跃；宽敞整洁的敬老院，恬静的氛围中不时传出欢笑……

如今，乡里乡外都知道，大约有一半人家住上了小洋楼的宁围乡，沾了农民企业家鲁冠球办厂的光，享了党和政府开放、改革政策的福，日子过得像刚吐红的花苞苞。

（1986年4月10日《人民日报》，新华社记者林楠参加采写）

（二）土壤：框架型改革

1. 框架型改革的策略

中国经济社会的改革有两个特点：一是无论党和政府，还是人民群众，都对改革有整体上的共识，希望通过改革开放解决温饱问题，进而实现中华民族的伟大复兴；二是人们在关于改革开放的具体问题上没有制度性共识，国家内部的种种关系经常失衡。换句话说，人们关于改革开放的重要性、目的等整体性方面有共同认知，但在如何达到改革的目标、改革过程中如何协调各方关系缺乏实质性的、具体的政策或制度。这导致在中国改革开放40年的伟大历程中，中国社会上下关于如何处理公共议题形成了无形的默契，即回避路线之争，回避结构性变化及其带来的震荡，而集中对具体问题进行高度技术化处理，如“坚持四项基本原则”“稳定压倒一切”“以经济建设为中心”“科学发展观”和“和谐社会”等政策或改革方略并没有具体的指向性，对于如何处理具体问题则从实用主义出发，典型的是邓小平提出的“猫论”和“摸着石头过河”。“摸着石头过河”是中国企业变革最生动的表述之一，它最早出现在1981年10月国务院批转的《关于实行工业生产经济责任制若干问题的意见》中，意见称“实行经济责任制，目前还处在探索阶段，要摸着石头过河”。

这种框架型改革的策略对中国企业社会责任的发展具有三个方面显著的影响：一是与国际上关于社会责任的定义不同，中国企业承担的社会责任议题中有两个独特的议题，即经济责任和国家责任。中国社会主义初级阶段的阶段特征和“以经济建设为中心”的指导思想决定了经济责任是企业十分重要的责任议题之一，而国家责任则要求企业必须时刻与国家的方针、政策保持一致。二是容易导致集中出现不负责任的企业行为，如为追求经济效益而集体忽视社会责任等。三是中国企业社会责任内涵的快速迭代性，可以说，每隔 10 年左右，中国企业对社会责任的认识就会发生变化，每当出现集体性不负责任的企业行为时，国家和社会、企业会快速地进行纠正。

2. 中国经济、政治和社会的演进

在这种框架型改革策略的指导下，40 年来，中国的经济、政治和社会逐步发生了重大变革，而这些变革是中国特色企业社会责任发展的土壤。

（1）市场经济的确立。市场经济体制的确立是我国企业社会责任兴起的基础性原因。改革开放前，我国实行的是计划经济，包括经济活动在内的各项社会事务均由政府包揽，各种利益、机会和资源等均由国家分配，我国没有现代意义上的企业。改革开放后，国营企业逐步转变为国有企业，并在 1993 年确立了建立现代企业制度的改革方向，国有企业开始探索企业与社会、政府之间的科学边界，由“企业办社会”逐步过渡到承担社会责任；民营从无到有发展壮大，主动利用自身的企业资源回报社会；外资企业一度是中国企业社会责任的引领者，它们把现代企业社会责任的理念引入中国。因此，市场经济体制的改革使企业拥有了大量可以自由支配的资源，这从根本上为企业社会责任的兴起提供了基础条件。

（2）政府职能的转变。改革开放前，我国政府是“全能政府”，包揽了一切社会事务，个人的生老病死都由国家提供保障。改革开放后，政府需要管理的社会事务急剧增多，政府没有足够的力量管理一切，我国政府开始转变自身职能，从“全能政府”转变为“有限政府”。政府职能的收缩在客观上让渡出了一定的经济、社会空间，这为企业主动承担社会责任提出了需求，也提供了企业可以自由发挥的空间。

（3）“社会”逐步出现。改革开放前，我国社会结构非常单一，差不多所有的城市就业人口均被纳入企业或相关政府设立的组织，公民的生活与生产严重依赖于国家和国有企业。改革开放后，计划经济开始向市场经济转型，“单位制”开始解体，社会开始出现，相应的社会议题也开始凸显，企业需要通过社会责任参与到社会议题的管理。

（三）驱动：内部驱动力

有别于西方企业社会责任主要由社会需求驱动，我国企业社会责任的驱动因素相对多元，除了社会需求之外，竞争机制、中华民族伟大复兴的追求也是企业社会责任兴起的重要驱动力。

1. 百年图强

爱国主义是千百年固定下来的对祖国的一种最深厚的感情。近代以来，在中华民族的发展中始终伴随着一条主线，即实现中华民族的伟大复兴。对于改革开放后的第一代企业家而言，产业报国是其身上最明显的时代烙印，他们希望通过发展产业和科学技术实现中华民族的富强和繁荣。改革开放初期，由于生活极端贫困，社会物质极端匮乏，那一阶段的企业家主要以“养家糊口”、求生存为主要追求；当企业发展壮大时，他们开始思考企业与国家、与社会的关系。当代企业家基本都是在国家改革开放的大潮中脱颖而出的佼佼者，深知个人、企业的成功都是建立在国家的政策基础和良好的社会环境之上，因此认为“个人的命运总是同国家的命运紧紧联系在一起的”。因此，他们谋求企业自身发展与国家发展相统一，承担社会责任首先表现在把个人、企业和国家三者相结合，将为国家、社会做贡献作为企业发展的动力。无论是国有企业还是民营企业，国家责任都是其重要的社会责任议题，这既是中国特色企业社会责任有别于西方社会责任的特点，也是中国企业发展壮大的内部动力之一。

2. 竞争机制

改革开放后，中国出现了与西方国家不同的多层次竞争机制。首先是产业内竞争，即处于同一产业之间的企业之间通过产品和服务的竞争，以求发展壮大获得竞争优势；其次是不同性质的企业竞争，即国有企业和民营企业之间的竞争，在社会表现上表现为“国”“民”进退之争，这是中国独特的竞争机制，不同性质的企业通过争夺政策资源、社会资源而实现快速发展；最后是企业间的“国家之争”，即中国企业与外资在华企业之间的竞争，如早期的中外“家电大战”，进入21世纪的中外互联网企业之间的竞争。中国内部企业之间独特的竞争机制对中国特色企业社会责任的发展起到了重要的推动作用，一方面让不同性质的企业可以在竞争中学习，另一方面可以促使中国企业社会责任的内涵和议题快速迭代。

3. 社会需求

改革开放40年间，中国社会经历了从物质极度匮乏到物质丰裕再到产能过剩的发展阶段。不同发展阶段的社会需求导致了中国企业不同的社会责任内涵和形式。如在改革开放初期物质匮乏阶段，中国企业的主要责任是生产出满足广大人民群众需求的产品；随着改革开放的深入，人们的收入逐步提高，社会物质逐步丰裕，人们的消费需求开始升级，企业的社会责任开始从提供物美价廉的产品转变为提供个性化、多样化的产品和服务；2008年金融危机过后，中国产能开始过剩，去产能、防治污染开始成为企业重要的社会责任。

（四）关系：互动与纠错

社会是一个生态系统。企业承担社会责任的根本目的是改善企业与社会、利益相关方之间的关系，以获取良好的社会资本。企业社会责任运行机制的完善是政府、企业和社会共同努力的结果，是不同主体之间相互影响、协调和配合的产物。政府、企业和社会在企业社会责任方面共同关注的核心问题是经济增长与社会发展的关系问题，但侧重点和着眼点有所不同。政府强调兼顾经济增长和社会发展，确定经济增长和社会繁荣稳定齐头并进。企业更多着眼于可持续发展，社会则强调社会发展。在中国特色企业社会责任的发展过程中，中国社会经济与世界的交融、政府与企业的关系、社会与企业的关系等不断交融、互动，有效促进了中国特色企业社会责任的发展。

1. 中国与世界

自20世纪90年代以来，越来越多的国家把企业社会责任作为一种可以提升国家可持续发展的重要手段，并将社会责任作为国家竞争战略和供应链战略的重要组成部分。通过促进企业承担社会责任，创造更加和谐的营商环境以吸引更多的国际投资，进而改善贫困、气候变化等全球性议题。对于中国企业社会责任的发展来说，中国与全球经济的交流和互动对中国企业建立现代企业制度提供了非常好的学习、借鉴经验；而且，跨国公司通过供应链社会责任审核直接促进了中国企业社会责任的发展。

改革开放 40 年是中国经济主动融入全球价值链的 40 年。通过 40 年的对外开放，从设立特区到开放沿海 14 个城市，再到“入世”，在中国市场逐步对全球经济扩大对外开放的同时，也吸引了大量的外资来中国投资，引进了大量的先进技术和管理知识，极大地促进了中国产业发展、工业化进程以及现代企业制度的建立。尤其是 20 世纪 90 年代以后，随着全球价值链的发展以及国际分工的深化，中国逐渐发展成为全球制造业的中心。中国成为全球制造业中心对中国特色企业社会责任的发展有两个方面的显著作用：一是为了吸引外资、主动与世界经济接轨，我国修改完善了大量的法律法规，逐步完成了与全球经济体系的对接，也为中国企业履行法律责任奠定了基础；二是 20 世纪 90 年代以来，“生产守则”、供应链社会责任审核逐步在跨国公司兴起，跨国公司通过供应链社会责任审核将社会责任理念引入中国，中国企业开始认识到社会责任，进而主动履行社会责任。

除跨国公司供应链上的社会责任传导外，改革开放后尤其是进入 21 世纪以来，中国与国际组织、中国政府与国外政府之间的社会责任合作更极大地促进了企业社会责任在中国的发展。1981 年，联合国志愿人员组织进入中国，并通过对外经济贸易部下属的中国经济技术交流中心执行项目，为中国带来了国际志愿服务的理念和规范。

从 2004 年 2 月起，德国开始在中国等多个国家推行企业社会责任标准，并制定了“三步走”战略：第一步是在中国举办“圆桌会议”，宣传并推广企业社会责任标准；第二步是制定企业行为准则，一般情况下由第三方审查机构制定行动计划，对企业提出建议性措施并进行再次审查；第三步是实施核查。作为德国经济合作与发展部（BMZ）的主要受托机构，德国国际合作机构（GIZ）是一个在全世界范围内致力可持续发展的国际合作企业。德国国际合作机构在中国开展中德技术合作已近 30 年，合作领域覆盖经济可持续发展、环境和气候保护等诸多方面，对企业社会责任理念在中国的普及起到了巨大的推动作用。

从 2006 年起，中国政府先后与德国、瑞典、荷兰三个国家政府签订了有关企业社会责任的谅解备忘录，分别开展了社会责任合作项目。中国率先与德国开展了第一个专门关注企业社会责任的双边合作项目，即中德贸易可持续发展与企业行为规范项目，该项目从2007年4月开始实施，到2014年6月结束。2007年6月，在时任国家主席胡锦涛访问瑞典期间，中国与瑞典共同签署了《关于企业社会责任合作的谅解备忘录》，中瑞社会责任合作是中国社会责任领域最早、最持久的跨国合作项目之一，项目已开展10年之久，2017年9月12~14日第十八期中瑞企业社会责任培训班在兰州举行。中英政府在可持续发展方面也有新的合作。2017年，中国五矿化工进出口商会制定了“可持续矿业行动计划”（“SMAP项目”），该计划得到中国商务部、英国国际发展部（DFID）和德国国际合作机构（GIZ）的认同和支持，被列为中英政府签署的《可持续发展合作谅解备忘录》的首个具体实施项目，并且被纳入德国国际合作机构（GIZ）开展的“新兴市场可持续发展对话”支持内容。

2. 政府与企业

从政府经济学的视角看，政府与企业是现代社会最重要的两大活动主体，它们之间存在日益复杂的关系，对经济发展、社会发展和民生都产生了重大影响。政府和企业以多种方式相互作用，在政企关系上，政府如何管制将直接影响企业的社会责任行为；而企业的发展壮大以及对社会责任的承担，也在一定程度上影响政府的管制方式。改革开放40年来，我国政府对企业的管控逐步从大政府、强管控、广管控，到党的十八大以来构建现代社会治理体系，将企业视为现代治理体系的主体之一。

首先，政府作为公众利益的监护人和协调人，从宏观角度积极引导、规范企业社会责任发展的方向和层次，确保其沿着正确的轨道前进。通过制定经济社会改革的战略和指引，引导企业妥善处理国家、企业和职工三者的关系，确保在经济改革的同时保持社会稳定；通过国家立法，建立完善、规范的法律法规体系，为企业履行社会责任提供标准；通过执法和监督，对企业违反法律法规限制的行为进行制裁。

其次，国家通过制定经济社会发展战略规划，为企业履行社会责任明确方向和领域。从“西部大开发战略”到振兴东北老工业基地，从京津冀一体化战略到长江经济带、“一带一路”，从科技兴国战略到中国制造2025，从精准扶贫到污染防治，政府制定的国家发展战略规划，都是中国企业承担社会责任的重要方向和领域。

最后，由于中国渐进式改革的策略，中国政府与企业的关系也在不停地调试。可以说，改革开放40年也是政府和企业的边界不断明确的40年。在改革开放过程中，政府和企业的关系总体上呈现为政府的管控不断收缩，企业的自由度逐步增大，由政府直接承担部分公共职能转变为政府鼓励和引导企业承担社会责任，针对性解决某些社会问题。

在中国，政府对企业社会责任的发展具有主导性作用，政府的引导和管制决定了企业社会责任的发展方向和层次。政府的主导性作用集中体现在：

（1）对企业社会责任的内容、性质、框架和实施标准等内容以法律形式给予明确、统一的界定，既保证政府依法引导和管制企业社会责任，也有利于企业明确社会责任方向，有利于非政府组织依法对企业社会责任进行监督。

（2）政府完善企业履行社会责任机制，出台企业社会责任相关政策、法规和相应的激励措施，为企业社会责任的发展提供制度保障。

（3）政府制定企业社会责任标准（包括质量标准、劳工标准、环保标准等）和特殊行业的市场准入制度。

（4）政府创造公平、公开、公正的市场竞争环境，反对垄断、腐败和商业贿赂，提升企业运营透明度。

3. 社会与企业

社会是一个概念上的共同体。在推动中国企业社会责任发展方面，社会可细分为利益相关方、非政府组织、媒体等不同主体。利益相关方对企业社会责任的推动是伴随着利益相关方权利意识逐步增长实现的。以消费者权益运动兴起为例，自20世纪90年代以来，人们的物质文化生活不断改善，电风扇、洗衣机、电冰箱、彩电等商品逐步丰裕起来，消费者的货币收入逐步增加，消费能力逐步增强，消费层次逐步升级，消费者开始关注自身权益的保护。从1986年中国消费者协会首次举办“3·15”活动以来，截至2000年，12315消费者投诉举报专用电话已在全国所有地区开通。此外，消费者权利意识逐渐觉醒，社会各方共同打击侵害消费者权益的行为。其中，媒体在消费者权益保护过程中发挥了重要作用，如每年3月15日前，中央电视台、《法制日报》、中央人民广播电台等新闻单位联合评选“侵害消费者权益的十大事件”；《南方周末》设置了“消费广场”版面，进一步提升了消费者权益保护意识。

【延伸阅读】

南方周末“漂绿”榜

进入21世纪以来，中国各种以“绿色”“环保”抑或“可持续发展”的名义进行企业营销和公众传播的企业越来越多，通过“绿色”营销行为，营造负责、友好或可持续的公众形象，从而在产品的环境效益或公司的绿色实践方面误导、欺骗消费者。2009年，《南方周末》第一次将“漂绿”概念引入中国公共媒体的关注视野，通过制定一系列的标准将“漂绿”行为进行分类和界定，推动学界、媒体以及公众对“漂绿”这一违反企业商业道德的行为进行清醒的认识，进而进行更严格的监督。表1-3为十大“漂绿”表现企业，表1-4为2011年中国“漂绿”榜。

表1-3 十大“漂绿”表现

漂绿行为	具体表现
公然欺骗	企业的行为完全违背了其环境友好或可持续发展的宣称，或主观故意赋予产品虚假的“环境友好”“低碳绿色”类标签，睁眼说瞎话
故意隐瞒	一方面做出环境友好或可持续发展的宣称，另一方面却拒绝公开或故意隐瞒违反这一宣称的行径
双重标准	在本地或者本国宣称是环境友好或可持续发展的，却在其他地区或者国家做出不符合该宣称的行径
空头支票	做出违背绿色和可持续理念的行径，造成环境危害后果，仅用口头道歉而非采取实际行动来为企业树立“环境友好”的形象
前紧后松	企业做出环境友好或可持续发展的宣称，但对其供应链缺乏有效管理，不能贯彻如一，造成违反这一声称的行径

续表

漂绿行为	具体表现
政策干扰	凭借业内的垄断地位和强大的游说能力，干扰或者阻碍某关于环境保护或可持续发展法律法规的制定或产品的推出
本末倒置	在不相关或次要的产品或业务方面树立环境友好形象，但企业的主要业务或产品却违背了环境保护或可持续发展的宣称
声东击西	片面强调某一方面环保绿色，却在其他方面违背环境保护或可持续发展的承诺
模糊视线	利用公众陌生或模糊的概念和字眼误导消费者相信产品的环境效益或公司的环保实践
适得其反	企业的某项旨在保护环境或者可持续发展的实践却造成了相反的负面影响

表 1-4 2011 年中国“漂绿”榜

公 司	漂绿行为
哈药集团	哈药集团子公司制药总厂被曝光排污严重超标之前，其上市公司哈药股份的广告费是环保投入的 27 倍。10 年间，针对其污染劣迹的举报、曝光亦未间断过
江森自控	江森自控曾宣称其铅排放总量已下降至 1996 年水平的近 1/3，却隐瞒了一条未获批准的秘密生产线，超额的铅使用量导致排放超标
阿迪达斯、耐克	阿迪达斯、耐克被国际组织检出其服装样品含有有害物质壬基酚（NP）和壬基酚聚氧乙烯醚（NPE）
康菲	康菲以 10 亿元行政赔偿彻底取代原来承诺的赔偿基金，亦变相将非法律诉讼的赔偿总额限定在了 10 亿元
苹果	中国五家环境组织发布报告，披露苹果公司对其在华的数十家供应商污染环境的行为熟视无睹，违背了其在全球供应链中承担最高标准社会责任的承诺

续表

公　司	漂绿行为
中石化	直至今日，国Ⅲ标准柴油未能如期面市的主要原因就在于生产低硫柴油的成本高、收益低，中石化、中石油等油企不愿承担油品升级带来的成本增加
双汇	获得“河南省污染源第一次全国普查先进单位”荣誉的双汇集团，对外高调宣传“绿色生产、绿色产品、绿色基地”，然而在2011年3月15日被曝销售含有“瘦肉精”成分的有毒猪肉
深圳发展银行	深圳发展银行不仅所做甚少，而且相关信息披露也极少。在国内NGO进行的14家中资上市银行的“环境记录”中，深圳发展银行综合排名最后，表现欠佳
归真堂	无痛引流技术合法，但在人工熊胆粉已具备替代条件、胆汁熊未被证实得到了人道对待的情况下，阴谋论缺乏证据，因转移视线之嫌，引发了舆论更大的反弹
晶科能源	2011年9月，晶科能源排放含有化学物质的液体，污染工厂附近水路，引发当地居民群体性事件

（五）路径：演化与变迁

在中国改革开放40年的发展历程中，中国市场上存在着三股力量：国有企业、民营企业和外资企业。这三股力量的此消彼长、相互博弈、交流互鉴，共同推动了中国特色企业社会责任的演化和变迁。

1. 国企：从企业办社会到企业社会责任

改革开放以来，伴随社会主义市场经济体制的逐步确立和国有企业改革的逐渐深化，国有企业社会责任也被重新定位并日益明确。改革开放之初，我国国营企业仍承担着“企业办社会”的功能；1992年10月中共第十四次全国代表大会报告上，首次将“国营企业”改为“国有企业”，1993年中共十四届三中全会提出建立现代企业制度，国有企业开始逐步剥离社会功能，中间出现了矫枉过正、忽视社会责任的现象；党的十八大以来，在继续推进现代企业制度改革的同时，更加强调国有企业的功能界定、分类改革，并加强国有资本管理，国有企业的社会责任发展进入了新的历史阶段。

> 我国经济体制改革的中心环节是增强企业活力。要使企业真正具有活力，必须解决利益、责任、刺激、动力问题。
>
> ——著名经济学家 厉以宁，1986 年

（1）改革开放初期（1978~1991 年）。改革开放初期，虽然集体企业、私营企业、个体经济快速发展，但国有企业在整个国民经济中的数量占比和功能依然处于主导地位。尽管这一时期国有及国有控股工业企业在工业总产值中的比重呈趋势性下降，但在 1991 年之前这一比重均高于 55%。此阶段的国企改革主要聚焦于放权让利，增加国有企业的经营自主权，党和国家对国有企业的定位仍然是决定社会主义社会性质的基本经济形态，具有生产供应、税收贡献和社会职能等作用。此时期，关系国计民生的重要产品和关系全局的重大经济活动几乎完全依靠国有企业，国有企业还承担了本应由政府承担的就业、教育、医疗和养老等社会功能。

这一阶段，国有企业仍然具有很强的“企业办社会”功能。围绕在大中型国有企业周围，建立和兴办了一些与企业生产经营没有直接联系的机构和设施，承担了产前、产后服务和职工生活、福利、社会保障等社会职能。企业办学、医院、幼儿园、生活服务公司等现象十分普遍，形成了一整套“小而全，大而全”的自我服务体系。在当时的经济社会发展水平下，“企业办社会”主要有四大贡献：一是为稳定职工队伍、提高职工生产积极性做出了贡献；二是为改善职工生活做出了贡献；三是为促进生产发展做出了贡献；四是为维护社会安定做出了贡献。

（2）现代企业制度建立时期（1992~2011 年）。社会主义市场经济体制改革目标确立后，国有企业的功能逐渐走向分化。在社会主义市场经济体制下，以国有企业为主的公有制经济和私营企业等非公有制经济的共同发展，相对降低了国有企业在组织生产、创造财政收入和提供公共服务等方

面的功能与作用，但在关系国民经济命脉和国家安全的重要行业和关键领域，国有企业仍处于支配地位。国有企业依旧作为一种特殊企业形态为社会生产产品并提供服务。在这一阶段，国有企业与政府的边界逐渐清晰，政企进一步分开，国有企业不再是政府行政机构的附属物，原来代替政府所行使的公共服务和社会职能从国有企业中逐渐剥离开来，国有企业不再担负本应该由政府承担的社会服务职能。

在这一阶段，剥离"办社会"功能和建立现代企业制度对国有企业社会责任的发展产生了重要影响。党的十四届三中全会提出要"减轻企业办社会负担"。十五届四中全会再次提出，"要分离企业办社会的职能，切实减轻国有企业的社会负担。位于城市的企业，要逐步把所办的学校、医院和其他社会服务机构移交地方人民政府统筹管理"。十六届三中全会和之后的经济工作会议不断提出分流安置富余人员，分离企业办社会职能，创造企业改革发展的良好环境。2004 年，国务院选择中石油、中石化和东风汽车三家中央企业进行分离办社会职能工作试点。2005 年，国务院办公厅发布了《国务院办公厅关于第二批中央企业分离办社会职能工作有关问题的通知》（国办发〔2005〕4 号），对 74 户中央企业分离办社会职能工作进行了安排部署。中央此举引起了各地方政府的高度重视，其纷纷制定措施，加快分离企业办社会职能的步伐，全面推开了国有企业分离企业办社会的热潮。此外，建立现代企业制度使人们正确认识到国有企业的功能和经营目标，即国有企业是企业的一种形式，也是市场经济下社会分工出现的经济组织，其一切社会功能应该在其经济功能正常发挥的基础上去实现；而且，国有企业的经营目标存在多样性，如盈利目标、市场开拓目标、技术进步目标、执行国家战略目标等。

在该阶段下，随着现代企业制度的建立，国有企业开始追求利润和经营效率等目标，国有企业的社会责任在一定程度上存在缺位现象。首先，在国有企业改革的过程中，由于经济环境宽松，公司治理制度建设相对滞后，部分国有企业不负责任的行为没有得到有效抑制。其次，在国有企业改革过程中，企业追求利润的目标被放大，在改革"企业办社会"现象、减轻企业社会负担的过程中，国有企业本应承担的社会责任也随之缺失。这一时期，国有企业在承担社会责任方面，突出表现为对股东、管理层和直接利益相关者责任的重视，同时表现为对依法纳税、带动就业、保护环境和公益慈善等社会责任的忽视。在对“企业办社会”进行纠正，把本属于政府的社会职能还给政府，卸掉企业多余包袱的同时，也把企业应该承担的权益保障、福利保障，以及相应的社会责任统统推掉了，实际上这是一种不负责任的矫枉过正的做法。如中石化股份上市后，为提高利润率，五年内减员 10 万人。

【延伸阅读】

为了兑现承诺——中石化实现利润最大化述评

今年（2000 年）是国有企业改革的决胜之年，在决胜之年里，我国著名超大型国有企业中国石油化工集团公司努力实现利润最大化和股东回报最大化，效益再创新高，兑现了对国家、对投资者的郑重承诺。

走向国际资本市场

中国石化是我国第四个走向国际资本市场的超大型企业，今年 2 月底，中国石油化工股份有限公司正式成立，10 月 18 日和 19 日中国石化股票分别在纽约、香港和伦敦成功上市，这是中国国有企业第一次在境外三地同时上市。

今年初，形势对中石化这样的传统企业并不有利，当时国际资本市场热衷于追捧网络经济，传统产业不受重视，但近半年来，由于新经济、高科技股盈利不佳，泡沫开始释放，投资者趋于冷静，注意力逐渐投向与新经济结合较好的传统产业，中国石化就成为其优选目标之一。

中国石化首次境外上市，就公开发行 167.8 亿股 H 股，每股定价 1.61 港元，为每股净资产的 1.2 倍，共募集资金 34.62 亿美元。上市后，集团公司持有的国有股约占总股本的 56.9%，国有资产管理公司和银行持股约占 23.1%，外资股占 20%。

重组改制上市成功，对中石化来说是一次脱胎换骨的变革，为从管理体制上解决过去计划经济体制下产生的“大而全”“小而全”、多级法人、分散决策的种种弊端，为初步建立适应市场经济的新体制、新机制创造了条件。

五百强企业排名前移

去年下半年以来，国际原油价格持续大幅攀升，而国内成品油价格调整滞后，给中石化带来很大影响。在这种十分困难的形势下，中石化紧紧抓住国家贴息改造、债转股、特别是6月成品油价格与国际接轨等契机，内降成本，外拓市场，使生产能力和经济效益大幅增加。

目前中石化的炼油能力居世界第五，乙烯能力居世界第六；成品油销售居全国第一，油气产量居全国第二；新星公司并入母公司，成为上游发展的亮点；以炼油、化工为特色的上中下游一体化的产业结构，使整体抗风险能力大为增强。

预计全年，整个集团公司实现销售收入3420亿元；实现利税556亿元，同比增长60%；实现利润200亿元，增长160%。按销售收入，中石化多次入选美国《财富》全球五百强企业，前年排在73位，去年前移至58位。

四项承诺确保兑现

上市成功，不仅为中石化筹集了发展资金，更重要的是取得了进入国际资本市场的“通行证”。上市难，但上市后，转换机制、提高效益、增加回报、稳定股价更难。

股市是国际政治经济的晴雨表，股价是企业价值的集中反映。任何利好、利空消息，都会引发股价涨落。股价走势，牵动着股民的心，关系着股东的切身利益，直接影响到公司的商誉和今后的资金资本运作。

为了实现股东回报最大化，中石化向投资者作出了四项承诺：一是高增长。今后三年，中石化的目标是：油气探明可采储量、原油天然气产量、原油加工量和乙烯产量以及成品油经销量等都要有一定幅度的增长。二是高回报，三年内资本回报率逐年提高。三是降低成本。三年累积降低成本费用16亿美元。四是深化改革，今后五年股份公司减员十万人。

广大投资者对这些承诺表示认同，并看好中国石化的未来。中石化的有关人士表示，对上述指标，一诺千金，一定要严格履行，确保兑现。

《人民日报海外版》(2000年12月26日第二版)

（3）国有企业深化改革时期（2012 年至今）。党的十八大以来，国有企业进入深化改革阶段。2013 年 11 月，党的十八届三中全会通过了《中共中央关于全面深化改革若干重大问题的决定》。作为坚持和完善基本经济制度部分的主要内容，该决定以相当大的篇幅论述了国有企业改革。决定指出“国有企业总体上已经同市场经济相融合，必须适应市场化、国际化新形势，以规范经营决策、资产保值增值、公平参与竞争、提高企业效率、增强企业活力、承担社会责任为重点，进一步深化国有企业改革”。2015 年 8 月，中共中央、国务院近日印发了《关于深化国有企业改革的指导意见》，将国有企业划分为商业类和公益类，并将商业类国有企业划分为主业处于充分竞争领域的商业一类国有企业，和主业处于关系国家安全、国民经济命脉的重要行业与关键领域、承担重大专项任务的商业二类国有企业，对不同类型国有企业提出了差异化的公司治理模式、国有股权比例、考核导向、监管重点等具体举措。这一时期的改革，深化了关于国有经济和国有企业作用的认识，进一步明确了国有企业的功能与地位。

在全面深化改革阶段，国有企业社会责任的内涵和功能进一步明确，国有企业成为落实“一带一路”倡议、创新驱动发展战略、乡村振兴战略、区域协调发展战略、可持续发展战略、污染防治、精准脱贫的先行者和主力军。2016 年 7 月，国务院国资委印发《关于国有企业更好履行社会责任的指导意见》，提出推动国有企业履行社会责任的总体目标是：到 2020 年，国有企业形成更加成熟定型的社会责任管理体系，经济、社会、环境综合价值创造能力显著增强，社会沟通能力和运营透明度显著提升，品牌形象和社会认可度显著提高，形成一批引领行业履行社会责任、具有国际影响力、受人尊敬的优秀企业。

（4）国有企业社会责任的特征。国有企业履行社会责任具有显著的中国特色。国有企业是国家所有或国家控股、体现国家意志、负有国家使命的经济组织，是国民经济的主导力量和国家政权的政治基础。中国特色社会主义市场经济赋予了国有企业三重性质：从社会主义经济视角看，国有企业是“社会主义性质的企业”；从宏观经济管理视角看，国有企业是“特殊企业”；从市场经济视角看，国有企业是“一般企业”。国有企业社会责任的内涵具有多重性。

一是国有企业的政治责任。国有企业是社会主义制度赖以存在和发展的经济基础，是国家实行宏观调控、应对社会政治风险的经济保障和可靠力量，是中国共产党执政的重要经济基础，承担着积极参与国家经济和安全体系建设、维护社会主义市场经济秩序、为国家应对突发事件和重大经济风险提供可靠支持的政治使命。

二是国有企业的经济责任。国有企业是社会主义公有制的主要实现形式，是国家经济的命脉，是国家引导、推动、调控经济的基本力量，在国民经济发展中具有不可替代的骨干作用和支撑作用，承担着创造良好的经济效益、保证国有资产保值增值、促进国民经济平稳快速发展的重大责任。

三是国有企业的社会责任。国有企业作为中国经济社会的重要组成部分和具有控制力、影响力、带动力的主导力量，是建设创新型国家、构建社会主义和谐社会的主体，承担着扩大就业，维护稳定，推进社会主义物质文明、精神文明、社会文明建设的历史使命。

2. 民企：从追求利润最大化到综合效益

作为从中国经济、社会制度边缘成长壮大的一种经济形式，民营企业社会责任的发展经历了三个明显的阶段，即经济责任主导阶段、社会责任扩大阶段和科学社会责任阶段。

（1）经济责任主导阶段（1978~1992年）。改革开放以后，中国民营经济从无到有开始发展。1979年，中国出现了第一张个体户执照，1979年底，全国批准开业的个体工商户约10万户；到两年后的1981年，统计数据变为101万户。随着改革取得巨大成功和人们对推进改革的共识逐步形成，1982年9月1日，党的十二大报告指出，“在农村和城市，都要鼓励劳动者个体经济在国家规定的范围内和工商行政管理下适当发展，作为公有制经济的必要的、有益的补充”；1984年10月，党的十二届三中全会通过《中共中央关于经济体制改革的决定》，确定社会主义经济是“公有制基础上的有计划的商品经济”；1988年，第七届全国人民代表大会第一次会议在北京召开，会议通过了《中华人民共和国宪法修正案》，增补了“国家允许私营经济在法律规定的范围内存在和发展。私营经济是社会主义公有制经济的补充。国家保护私营经济的合法权利和利益，对私营经济实行引导、监督和管理”。至此，私营经济的合法地位在《宪法》中得以确认。

这一阶段，民营企业的社会责任主要是追求经济责任。由于民营企业规模小、实力弱，获得国家政策的扶持相对较少，民营企业主要依靠自身努力来发展并壮大实力。尽管民营企业在提供产品、增加就业方面为社会做出了贡献，但从自身的意识和行动上来说，民营企业主要追求的还是利润最大化。而这一阶段，由于对利润的过分追求以及国家相关法律配套不完善，民营企业中生产了大量的假冒伪劣商品，在劳动用工、环境保护等方面出现了大量的违法违规行为，甚至出现了整村、整乡镇生产假冒伪劣商品的事件。如1990年温州乐清县生产和销售无证伪劣产品的事件。

（2）社会责任扩大阶段（1992~2002年）。1992年后，我国民营经济迎来了一个新的大发展时期。党的十四大提出建立社会主义市场经济体制的改革目标，自此，民营企业步入了稳定的发展轨道，迎来了第二次大发展。首先，在政治地位逐步得到保障后，发展壮大的民营企业开始寻求企业可持续发展的途径。部分民营企业开始将人力资源视为企业最宝贵的资源和最具竞争力的要素，加强对员工责任的保护。其次，更加关注自身发展的利益相关者，把企业社会责任定位在承担对消费者、供应商、政府等利益相关者的责任上。最后，民营企业家发展壮大后开始主动回报社会，如1994年在全国工商联七届二次常委会上，由10名民营企业家联名发起的“光彩事业”，倡议和号召民营企业到老、少、边、穷地区培训人才、兴办项目、开发资源，为缩小地区差距、促进共同富裕，动一份真情、献一份爱心、做一份贡献。

这一阶段，虽然部分民营企业开始重视社会责任问题，但民营企业承担社会责任的整体状况仍不容乐观。民营企业在劳工权益保护、消费者权益保护、环境保护等方面仍然出现了大量的不负责任行为。如据国家工商行政管理局统计，2000年，全国工商行政管理机关共查处制售假冒伪劣商品案件23.05万件，查获各类假冒伪劣商品总值38.81亿元；全国共捣毁窝点5.16万个；受理消费者申诉案件44.6万件。其中，个体工商户、集体企业、私营企业成为制假售假的三大主体，这三类经营主体制假售假案件总计12.63万件，占案件总数的54.80%。

（3）科学社会责任阶段（2002年至今）。党的十六大明确提出，必须毫不动摇地鼓励、支持和引导非公有制经济发展。这标志着民营企业开始步入全面发展阶段。截至2017年底，我国民营企业数量有2726.3万家，个体工商户6579.4万户，注册资本超过165万亿元。民营经济对国家财政收入的贡献占比超过50%；GDP和固定资产投资、对外直接投资占比均超过60%；企业技术创新和新产品占比超过70%；城镇就业占比超过80%，全国城镇就业数是4.25亿人，非公有制企业就业数是3.4亿人，对新增就业的占比贡献超过90%。在服务国家战略、创造经济价值、促进社会发展、保护生态环境等方面，民营企业都做出了突出贡献。我国社会主义市场经济体制的不断完善和法制建设的不断推进，促使民营企业对社会责任的认识逐渐清晰。伴随着民营企业的发展壮大，部分民营企业开始与国际先进的管理理念接轨，民营企业对社会责任的认识逐步科学化，将履行社会责任作为企业可持续发展战略的重要内容。

全国工商联积极引导民营企业履行社会责任。早在1994年，全国工商联七届二次常委会便发起了“光彩事业”。近年来，工商联围绕社会发展大局，积极引导、支持民营企业参与“一带一路”“精准扶贫”、污染攻坚战等国家战略，引导民营企业履行社会责任。此外，近年来，我国行业协会、商会积极发挥平台作用，制定和出台了大量引导企业履行社会责任的标准指南，为民营企业履行社会责任提供了指引。

【延伸阅读】

关于引导鼓励民营企业履行社会责任的意见建议

随着经济全球化进程的不断加快，市场经济体制的逐步完善和社会的不断发展，企业特别是民营企业的社会责任越来越受到社会各界的广泛关注，社会要求民营企业必须承担起比单纯的经济责任更为宽泛的社会责任。我省一大批在党的教育和培养下成长起来的、在改革开放中率先富裕起来的民营企业家自觉把自身企业发展与国家的发展结合起来，把个人富裕与全体人民的共同富裕结合起来，把遵循市场法则与发扬社会主义道德结合起来，履行了应尽的社会责任。但是，不能不看到，企业在履行社会责任方面还存在着不少问题。如有些企业缺乏对员工切身利益的保护、安全生产存在隐患、较少考虑环境保护、浪费资源、对公益事业不够热心等。这些问题的存在，其中有企业自身认识方面的问题，也与政府引导和没有形成相应的制度和机制有一定关系。

引导好民营企业履行社会责任，有利于科学发展观的进一步树立和落实，有利于“两个率先”步伐的不断加快，有利于加快建设以人为本、全面协调可持续发展的新江苏，有利于企业自身的发展。近些年来，作为跨国公司供应链中的供应商，我国南方沿海一带的纺织、服装、玩具等劳动密集型行业的许多企业为了得到跨国公司的采购订单，每年不得不接受跨国公司关于社会责任的验厂要求，有的为此失去了宝贵的订单。目前，我省的外贸出口产品很大一部分集中在纺织、服装、玩具、生活用品等行业，企业大多数属于劳动密集型和资源消耗型，我们估计，在不久的将来，我省的部分外贸企业也将面临这一问题。所以，我们要尽快采取对策措施，避免企业在经营活动中遭受影响。

我们认为，企业的社会责任是一个不可回避的现实问题，需要我们未雨绸缪，积极鼓励和引导民营企业主动履行起应尽的社会责任。

(1) 建议由政府相关部门牵头，有关部门共同参与，开展对企业履行社会责任问题的研究，总结外地的经验和教训，结合我省实际，出台相关的意见，鼓励、引导、帮助民营企业树立正确的发展观和义利观，在追求利润的同时，充分关注社会责任的履行。

(2) 进一步消除不利于企业承担社会责任的政策因素，为企业履行社会责任、回馈社会创造适宜的外部环境。例如，建立城乡可转移的养老保险个人账户，保持企业员工养老保险费缴纳的连续性，便于员工的正常流动，便于企业对员工的管理；落实慈善捐赠的税收政策，将企业的多渠道慈善捐赠纳入税前列支，保护企业实施慈善捐赠的积极性。

(3) 加大对企业社会责任的宣传，使企业充分认识到履行应尽的社会责任的重要性、必要性和紧迫性。让全社会都来关注企业社会责任，参与到推动企业社会责任的工作中来，在全省上下营造推进企业社会责任的社会氛围。

(4) 政府有关部门要加强对企业社会责任的监督，及时了解企业社会责任的情况。表彰和奖励认真履行企业社会责任的企业，对履行社会责任好的企业在政策上予以倾斜，对那些严重违反《劳动法》《生产安全法》和《环境保护法》的企业提出批评或惩罚，从而引导企业转变观念，朝着积极履行社会责任的方向发展。

（中国江苏网　作者：江苏省工商联，2005 年）

3. 外资：从 CSR 引领者到重要力量

外资在华企业对于中国企业社会责任的意义不仅在于外资在华企业是中国企业履行社会责任的重要力量，从某种意义上讲，外资企业是中国企业社会责任的引入者。改革开放 40 年来，外资在华企业的社会责任发展经历了社会责任引导者到社会责任出现危机，再到正确认识企业社会责任三个阶段。

（1）CSR 导入阶段（1978~2000 年）。改革开放初期，中国从沿海到内地逐步开放，希望引入外资企业在中国投资，也希望通过引入外资企业引入先进的技术和管理经验。这一阶段，外资企业的社会责任主要有两个方面：一是将现代企业管理传入中国，提升中国企业的管理水平；二是通过供应链审核将社会责任思想传入中国。20 世纪 90 年代以来，大型跨国公司迫于全球反血汗工厂运动及环境保护运动的压力，开始在中国进行供应链社会责任审核和环境审核。具体来说，外资企业的社会责任政策会将供应链上的供应商也纳入其中，鼓励和促进供应商采用改善社会责任。供应链社会责任监督的主要方式是社会责任审核，即外资企业派遣专业人员进入供应商企业审查供应商的社会责任绩效是否符合其社会责任守则的要求，如果供应商拒不遵从标准要求，则可能受到外资企业终止合同的惩罚。这种社会责任审核间接地把社会责任理念引入中国。

【延伸阅读】

改革开放初期中西方企业管理的冲突

1980 年，当然，并不是一切合作都会像童话那样的美妙，在商业活动中，文化和观念上的冲突从来就没有停歇过。法国雷米·马丹公司在天津成立了中外合资的王朝葡萄酒厂。法方经理对前来访问的《华盛顿邮报》记者抱怨说："我们不得不告诉他们的第一件事情是，请不要在酒厂里随地吐痰。"而中方则觉得法国人实在太挑剔："他们不习惯在中国工作，一停电，就大发脾气。"在项目谈判之初，法方承诺大量收购当地葡萄，然而，当农民喜滋滋地把葡萄挑到酒厂门口的时候，有一半以上遭到了拒绝。愤怒的农民把葡萄全部倒在酒厂门口，酒厂的中方合作者当然也十分不满，"如果葡萄含糖量不到18%，他们就不买，我们从未听说过这种事情"。最后，解决的办法是，法国人公布了收购的标准和条件，并大幅提高合格葡萄的收购价格。

——摘自吴晓波《激荡四十年》

（2）外资企业社会责任危机（2000~2008年）。作为中国企业社会责任的引入者和引领者，外资企业在中国一直被视为履行社会责任的典范。然而，进入21世纪，外资在华企业逐步走下"责任神坛"。外资在华企业在中国主要有两次集中的责任危机，分别是2005年外资在华企业产品质量问题集中爆发和2008年因汶川地震捐款问题被舆论称为"铁公鸡"。

2005年以来，宝洁、索尼、雀巢、戴尔、肯德基等一向被视为学习典范的国际公司均在中国连连遭遇产品质量问题或劳工问题，有人因此将2005年称为跨国公司的在华"问题年"。商务部研究院跨国公司研究中心发布的《2006跨国公司中国报告》里列出了2005年中国媒体对哈根达斯"脏厨房"事件、卡夫饼干含转基因成分风波等12起跨国公司弱化公司责任的事件，并提出了批评。

【延伸阅读】

《人民日报》：为什么肯德基只在中国有"苏丹红"

"苏丹红"这个以往在普通消费者眼里的陌生词，如今几乎是家喻户晓。它之所以能在不到一个月的时间内迅速"走红"，是因为它关乎亿万民众的健康，再次触动了人们对食品安全隐忧的那根敏感神经。

进入 3 月，食品安全问题频亮红灯，先是亨氏辣椒酱、肯德基某些食品的调料中发现含有苏丹红一号，接踵而至的是联合利华旗下的立顿溶茶等类似事件，在人们心目中有着良好形象的知名企业原来也出这类问题，让人实在难以接受。人们由此对消费安全与健康保障产生的深切担忧，使得“苏丹红”事件成为一时热点，媒体每天都有新的相关消息在公布。

其实，“苏丹红”并非新东西，说白了，它是不法奸商坑害百姓的新花样。这些年，人们对这类东西已不陌生：从最早的工业酒精勾兑假酒，到后来的四五种化学药物为豆芽催生和保鲜；从养鸡场给鸡吃色素饲料以加深蛋黄颜色冒充柴鸡蛋，到用福尔马林发泡海参、鱿鱼等海产品，乃至吉林长春的“毒豆奶”、安徽阜阳的“毒奶粉”……这些形形色色的害人东西冒出来的可不算少，但为什么总是一波未平一波又起？

去年的阜阳奶粉事件以后，有关部门对全国的奶粉进行了检查，对乳制品进行了食品安全的调查，但风头一过，又好像一切太平，到了今年又出了“苏丹红”这个已被禁十年的“新东西”。更耐人寻味的是，为什么肯德基只在中国有“苏丹红”，难道憨态可掬的山姆大叔认为我们这里是“苏丹红”的“安全岛”？一次次的就事论事、头痛医头，一回回的个案处理、下不为例，真不知过不了多久，又会冒出一个什么新的更可怕的东西。

据报载，“苏丹红”事件发生后，2 月中下旬，一项针对苏丹红的“围剿”行动在全国质监系统展开；一些流向全国各地的“涉红”原料被紧急追缴；含“苏丹红”食品的低成本快速检验难题仅用一周便被攻克，几天前，国家标准化管理委员会召开国家标准审定会，苏丹红新型检测方法如通过审定，不久将向全国推广。

国家有关部门的高度重视令人欣慰，但愿有关部门能真的警醒，但愿“苏丹红”事件能得到根本遏止，而不是一阵风、一股热。在安全的环境中健康地生活，是人们对一个和谐社会的向往和追求。

石国本，《人民日报》，2005 年 3 月 31 日

2008年，《中国企业报》评选、公布了《2007/2008跨国公司十大社会责任缺失案例》(见表1-5)。这次评选于2008年4月11日公布了跨国公司社会责任缺失“LCL 5+1评价体系”。该评价体系参考了联合国全球契约组织、美国《Business Ethics》、加拿大《Corporate Knights》以及评级机构Repu-Tex关于企业社会责任的研究成果，从非法用工及侵犯员工合法权益、产品质量、违规经营、诚信缺失、重特大安全生产或环境污染事故、恶劣影响力六个方面，来认定相关企业社会责任的缺失。2008年4月22日，17名我国研究企业社会责任方面权威的专家学者组成了“《中国企业报》跨国公司履行社会责任研究专家委员会”，该委员会专家此次参考公众投票情况，对20个初选案例进行了投票，最终产生了十大社会责任缺失案例。

表1-5 2007/2008跨国公司十大社会责任缺失案例

序号	事件	事件回放
1	三洋：产品执行“双重标准”	2007年底，因被曝出含有可能致癌的重金属物质后，三洋微波炉成为公众关注的焦点。2007年11月20日，《北京商报》记者在与三洋售后部门取得联系后得知，该公司将有条件地对问题微波炉进行召回。“我们的产品在质量上没有任何问题，被曝光的一款微波炉仅仅是标识存在问题”，三洋售后部相关负责人对记者表示，“根据国家规定，2007年3月1日以后生产的产品，必须在产品及包装上对铅、汞、镉、六价铬、多溴联苯（PBB）、多溴二苯醚（PBDE）六种有毒有害物质的含量进行标识，三洋此次被查处的微波炉EM-2010EB1型号属于未按要求标识情况”。北京市工商局日前公布了电子产品污染物监测结果，三洋一款微波炉因不符合我国《电子信息产品污染控制管理办法》，而被市工商局责令退出北京市场。北京市工商局相关领导还表示，三洋的出口产品采用的是环保材料，国内销售的产品却用非环保材料，执行的是“双重标准”
2	米其林：环保违规被点名批评	全球最大轮胎企业——米其林公司在华投资的米其林回力股份有限公司因环保违规，于2007年1月10日被国家环保总局点名批评。被点名的米其林轮胎项目涉及的问题有：未按环评要求完成对三台链条炉进行脱硫除尘改造；轮胎厂无组织排放恶臭超标；未落实锅炉在线监测装置以及厂界噪声超标严重。作为世界上领先的轮胎制造企业，无论是在技术还是在财力上，米其林应该都有能力解决这四大问题，杜绝这些仅仅在中国工厂才发生的问题。被查出了问题才去整改，不免令该公司的形象大打折扣

续表

序号	事件	事件回放
3	宝洁：船到江心才补漏	在2007年4月牙防组被确定其关于牙膏等口腔护理类产品的认证属于无授权、不合法之后，宝洁千万捐赠的事件瞬间成为热门话题。“城门失火，殃及池鱼”，宝洁在风口浪尖的危机处理能力显然令人不敢恭维。宝洁的对外回应始终仅仅是在强调“捐赠对象是中国牙防基金会，而非全国牙防组”。但这两个组织“穿同一条裤子”的暧昧关系很快就被公之于众，这也彻底掀开了宝洁对捐赠事件的“遮羞布”，暴露出宝洁在该危机公关中前瞻性和预判能力的不足。除此之外，宝洁明知理亏的地方还有对于千万捐赠的用途，宝洁和牙防组也一直讳莫如深。按惯例，如此大笔的赠款都会在当时就有正式的对外发布、严格的财务手续、支出和使用记录。但直到事件曝光，仍然有800万元挂在“牙防组”账目上（按照目前的利率，该金额一年的利息将超过20万元）。在捐赠款的使用过程中，宝洁并没有承担起协助监管款项流向的职责。多年来，宝洁的消极对待到底原因何在，势必引起人们的种种猜测，但是对于这些敏感话题，宝洁并没有令人信服的说法
4	嘉士伯：违规排污十年不改	嘉士伯合资啤酒厂的排污渠距离甘肃省天水市的一级水源保护地只有100多米，天水市的一座自来水厂就建在这片水源地里。农民用啤酒厂排出来的废水浇地，整个水渠都弥漫着酒精的味道，而那片地却是无公害蔬菜生产基地。这样的状况，一直持续了10年。2007年4月，人们终于能看到正在建设的污水处理厂了，但该企业依旧在停产令下正常生产，污水也照常在流。嘉士伯合资啤酒厂2005年就被列为省级挂牌督办企业，并作出停产治理的决定，但在2006年6月的最后期限之后，污水处理厂依旧无踪影。当地环保部门认为，啤酒厂在环保问题上与政府对峙10年，主要原因就是违法成本低
5	星巴克：一天流掉百吨水	2007年10月10日下午，《北京晚报》的记者来到星巴克咖啡中关村家乐福店，在点了一杯咖啡之后，只见服务员把冲调咖啡的勺子和温度计放在了旁边一个碗口大小的小水池子里，与一般水池不同的是，这个小水池的龙头是一直开着的。据服务员介绍，按照公司的规定，为保持咖啡冲调餐具的绝对干净，水池的水在营业期间必须一直开着。这就意味着，按照规定，这个水龙头每天要流16小时的水。“洗漱完了之后要关水龙头”这个连小学生都懂的道理在北京这个缺水城市显得尤为重要，但星巴克却做不到。北京星巴克咖啡有限公司客服部一位负责人介绍，在北京星巴克的每个咖啡店内都有一个冲奶勺的水龙头。根据星巴克总部的要求，这个水龙头在营业时间是不能关闭的。像这样的一个水龙头，一般一天要流1~2吨水，而星巴克在北京的连锁店有50多家，那么，一天就要流掉近百吨水。据了解，这些水都是自来水，冲洗后直接当污水排走了。这位负责人还说，在此前，他们也没有考虑到浪费的问题

续表

序 号	事 件	事件回放
6	LG：剧毒化学品泄漏	2007年9月21日，宁波LG甬兴化工有限公司泄漏剧毒化学品约300吨，对环境造成严重影响。次日凌晨大雨，导致液体迅速渗入地表。下风向检测气体浓度是2~10ppm，地下水化验的浓度是10000ppm。泄漏原因不详，泄漏原料是丙烯腈（AN）。丙烯腈属于高毒类原料，且易挥发，轻度中毒时表现为乏力、头晕、头痛、恶心、呕吐等，并伴有黏膜刺激症状；严重中毒时除上述症状外，还有胸闷、心悸、烦躁不安、呼吸困难、紫绀、抽搐、昏迷，如不及时抢救可发生呼吸停止。据该公司内部员工透露，对此重大事件，甬兴化工没有积极应对，或及时按照事故危害等级程度向有关国家部门上报，而是封锁消息，试图大事化小。据当地群众反映，事故发生不久，该厂区周围树木都已死亡
7	联邦快递：牛皮吹破仍傲慢？	2007年11月19日，画家马永强先生在印度尼西亚将自己创作的“嫦娥一号”组画《海外侨胞心向祖国——月球物语系列》共6幅画，交给联邦快递公司寄往中国北京。按照联邦快递公司的有关承诺，该货物应该在2007年11月22日前送抵。马永强遂计划于2007年11月23~26日在北京与国家五部委和中国航天集团举行6幅作品的交接仪式。但直到2007年12月3日，在不断的追查下，马永强的作品才被邮寄到北京。经过周密安排的捐赠计划已被全部打乱，马永强受到巨大的精神打击一度病倒。联邦快递“使命必达”的广告在世界和中国可以说家喻户晓。看着那些干净利落的衔接环节，觉得这是一个可信赖的公司，而老画家马永强的遭遇，却让人看到了联邦快递彬彬有礼的冷漠和生硬的傲慢，令这家跨国快递公司的形象大打折扣
8	本田：质量危机引发不断维权	2007年7月22日，上海的陈女士购买了一辆本田CR-V思域汽车，不到一个月，该车发动机便严重裂缝漏水，车辆被迫停在外地。更换不到一个月，发动机其他部件又出现问题，致使3个月换“心”两次，而退车要求也一度受阻，陈女士“斗争”了半年，事情才得以解决。本田CR-V思域汽车的质量问题绝非偶然。2006年10月15日，深圳某消费者在一家东本4S店订购了一台思域，提车时发现车身“左低右高”。之前曾有东本CR-V“前高后低”事件发生。2007年12月，广东湛江某车主在高速公路上以每小时110公里的速度驾驶行驶了5万公里的CR-V时，车辆突然失去动力，虽然最后没有引发事故，可是当车主向经销商湛江市中凯汽车贸易有限公司反映时，却遭遇强硬态度，至今没有给出答复。而该车无论是里程还是购买日期都在保修期内。2008年1月18日，云南西双版纳车主谭先生发现刚购买的思域发动机底盖附近有明显的漏油现象。当他向车行反映时，有关人员说维修和销售是两个独立运营的单位，销售的问题并不能靠他们来解决。为此，谭先生就为一个漏油的问题，来回奔波，至今没有解决。据国家质检总局缺陷产品管理中心统计资料显示，2007年我国共发生31次召回事件，累计召回605078辆汽车，其中广州本田就有528406辆，占总召回量的87.33%，原因包括助力转向油管、固定螺栓及燃油泵继电器等问题

续表

序 号	事 件	事件回放
9	朗讯：对华行贿受重罚	2007年12月25日，某财经日报报道，电信设备巨头阿尔卡特朗讯近日就涉嫌在中国行贿一事同美国司法部和美国证券交易委员会（SEC）达成调解协议，该公司将支付250万美元罚金。美国司法部网站公布的文件称，在朗讯于2006年被阿尔卡特收购之前，曾于2000~2003年邀请部分中国官员访美观光并承担费用，以确保能获得价值数百万美元的电信设备采购合同。美国司法部的声明指出，2000~2003年，朗讯花费了数百万美元用于涉及中国官员的314次旅行，其中包括纯粹的观光娱乐旅行。仅在2002年和2003年，就有24起朗讯赞助的针对中国官员的旅行，其中至少12起是纯粹观光。参加这些旅行的人物有政府官员，其中还包括国有电信公司的高管以及省级电信子公司的负责人。声明并没有指出涉嫌机构和官员的具体名称
10	今麦郎：面对污染置若罔闻推卸责任	今麦郎因为屡次被环保部门查出有污染行为而于2007年1月10日再次被环保总局通报批评。环保总局新闻发言人陶德田说，近期环保部门对130家曾经上过环保黑名单的跨国企业进行了督察，发现大部分企业已经整改，但今麦郎食品（成都）有限公司等三家公司仍然对中国的环境法律置若罔闻，数次被发现有环境违法行为，这是严重的企业社会责任缺失。今麦郎这家跨国公司不仅在成都的企业有环境违法案例，在其他不少地区的分公司也都存在环境问题。而该公司在中国的代理机构却辩称，那些被环保部门抓出违法事实的企业的环境问题不归总公司管，因为总公司不对各地市分支企业的环境问题负责。对此，某NGO组织的负责人说：这分明是在推卸责任，既然用了你的名，你不能只靠这些企业挣钱，而不对他们的环境行为负责

（3）重新认识企业社会责任（2009年至今）。经过在华责任危机事件后，外资在华企业开始重新认识和定义在中国的社会责任，商务部、外商投资企业协会等政府部门和行业协会积极引导外资在华企业承担社会责任。党的十八大以来，外资在华企业与国有企业、民营企业一起成为中国企业社会责任的重要实践主体。

二、中国特色企业社会责任演化的特点与经验

中国特色企业社会责任的发展和演化有其自身的特点。其中，党政领导、多方共促、动态演化、协同互动是四个重要的特点。

（一）党政领导

从国际实践来看，企业社会责任是靠政府力量、市民社会基础和各种社会运动的推动发展起来的。但是在我国，一方面，我国缺少强大的市民社会基础和规范的社会运动的推动；另一方面，我国企业社会责任的发展是和市场经济的建立同步进行的，企业社会责任的发展缺少坚实的市场经济基础。因此，在中国特色企业社会责任 40 年的发展历程中，政府对企业社会责任的推动显得更为重要。从我国企业社会责任的发展历程看，政府一直扮演着重要的引导和推动作用。中央政府部门层面，国务院国资委、商务部、工信部、国家发改委、卫生部、人力资源和社会保障部、环保部、安监总局等部门，都从不同的角度来探讨和推进企业社会责任；在地方政府层面，北京市、上海市、浙江省、深圳市、杭州市、浦东新区、常州市等地方政府纷纷建立标准、评价体系，出台有关政策措施，通过为企业履行社会责任营造良好的制度环境和外部条件，努力推动企业履行社会责任与经营管理的有机结合，不断提升企业的管理水平和竞争力。

（二）多方共促

在中国企业社会责任的发展历程中，出现的一个显著特点是多方共促。改革开放 40 年来，推动中国企业社会责任发展的力量主要有政府、媒体、非政府组织、商协会，以及跨国公司的社会责任运动。除政府外，20 世纪 90 年代末这几股力量开始崛起并关注企业社会责任，同时，消费者和劳工的权利意识开始觉醒。政府的引导、企业的实践、社会的关注以及学界的研究，这几股社会力量共同推动了中国企业社会责任的快速发展。

（三）动态演化

动态演化是中国特色企业社会责任的一个显著特点。在中国“渐进式”改革的历程中，政府、企业和社会三者的关系不断变化、边界不断清晰，企业社会责任的概念和内涵也在动态演化。从追求经济责任到承担公益慈善责任，再到党的十八大之后对企业社会责任的科学认识，企业社会责任的内涵不断演化。由于我国企业发展的历史较短，我国企业社会责任的发展和演化主要受外部推动，企业可持续发展的内在动力较弱，这也导致了目前中国企业承担社会责任重视外在形象塑造、忽视内部管理提升的现象。

（四）协同互动

中国特色企业社会责任的发展是基于政府、企业、社会协同互动的社会责任演化机制。其基本内涵可以表述为：以政府为主导、以企业为主体、社会为基础、以法律规制和媒体监督为保障的基本模式。通过政府、利益相关方、社会、媒体、非政府组织、国有企业、民营企业、外资企业之间的多元博弈、相互制衡，形成了企业社会责任发展的良好外部氛围，也通过多元互动，从内部促进了企业社会责任的发展。

【篇章阅读】

中国企业社会责任十年回望与畅想

2016 年是“企业社会责任（CSR）”这个概念诞生的 100 周年，也是中国企业社会责任从 2006 年“责任元年”快速发展走过的第十个年头。过去十年间，企业社会责任的发展已成为中国经济社会发展中的重要支持力量，成为中国参与国际经济合作和全球治理中不可或缺的一个主题。笔者通过微信、邮件、电话等形式采访了 12 位过去十年间以不同角色直接参与中国企业社会责任管理与实践的 CSR 同人，他们至今仍然活跃在推动中国企业社会责任发展的一线，他们的观点颇具代表性。抚今追昔，笔者希望通过共同回望中国 CSR 的十年发展，系统梳理总结历史经验，更加理性地思考与选择未来中国企业社会责任的发展道路。

1. 过去十年中国 CSR 发生了哪些根本性变化

对于这个问题的回复，多数受访者聚焦在理念提升、实践推进、标准呈现、多元参与和走向国际几个方面。大家可以看到，政府正在倡导企业社会责任，公益组织正在学习企业社会责任，企业正在把社会责任越发紧密地与自身核心业务相结合，消费者和市场正在关注企业社会责任的本质及影响。

第一，企业社会责任这个概念从被单一地理解为慈善、公益，转向履行经济、社会和环境三大责任，进而提升到可持续发展层面。对企业社会责任价值的认识也发生了明显改变，从对企业的品牌形象和财务业绩的关注，转为对利益相关方负责和对自身产生的社会影响及社会议题的关注，应该说企业社会责任的内涵和外延都已经大大地丰富了。对社会责任的全面认知日渐成为先锋企业的共同标志。这个过程，既是跨国公司供应链管理的促进，国际经济合作加深的影响，国内外专业机构的持续普及推广，社会舆论的监督，也是在中国政府主导下，中国企业不断学习提升的结果。

第二，中国企业的履责实践已经发生了明显进步，尤其是一批央企在责任管理实践中，注重与本行业特点及本企业的业务实际结合，将责任理念与管理根植于企业组织机体中，与公司发展战略和核心业务结合，不断探索责任价值创造的创新方式，提升了企业的社会贡献和品牌形象，促进了社会沟通及透明度建设，为企业负责任运营提供了制度保障。此外，跨国公司在中国的公益项目和社会沟通方面有很多创新举措，民企基于市场化运行的灵活机制，在社会责任方面进步很快，涌现出不少有社会价值的责任创新优秀实践案例。

第三，在企业社会责任标准规范的制定和适用方面也取得了很大进展。不仅全球报告倡议组织的可持续发展报告指南的修订要更多地听取中国企业的意见，就连国际标准化组织花费 10 年时间编制的社会责任标准 ISO 26000 也成为中国政府同意采纳适用的标准指南，该标准文件成为很多企业履责的规范指引文件。中国的行业协会在以标准和规范引领督导企业履责方面也起到了积极的促进作用，如中国纺织工业联合会、中国对外承包工程商会、中国电子工业标准化技术协会等的相关行业指引都发挥了很好的推动作用。

第四，对企业社会责任的关注已经成为全社会的一个持续“热点”。上至国家领导人、各政府部门，下到消费者、媒体、NGO 和社会公众等，都更加关注企业社会责任问题，在企业履责方面日益形成了广泛的社会舆论和监督压力。其中，央企被要求将发布企业社会责任报告作为一项政治任务加以考量，跨国公司在几次重大自然灾害期间的零捐助、低捐助

“丑闻”也被推向社会舆论的潮头，民企在大环境下更加关注自身责任，正快速跟进。

第五，以编发社会责任报告为标志的责任运动成为中国企业履责最为突出的表现，也是令人瞩目的一道独特风景。据统计，中国企业发布的报告无论是在数量上（已超过2500份），还是在内容上在各国中都是进步最快的。围绕报告“颜值”、报告内容质量的评比更在一些机构的推动下为社会所聚焦。

第六，国家对企业社会责任的重视已经上升到立法的层面。从《合同法》《环境保护法》《安全生产法》《慈善法》等的修订和出台，包括近期国家多个部委正在讨论研究的社会责任立法等事宜均表明，中国也正在法律框架下加强促进企业社会责任管理实践。党和国家领导人在近年来的联合国大会和其他国际舞台上也多次表示要让企业更好地担负起社会责任。总体而言，十年来中国已经初步形成了自己的企业社会责任生态体系，这也是多方力量共同参与推动的结果。

2. 十年来中国相对于世界其他国家或地区而言，CSR所走的道路有何不同

应该说，中外企业社会责任发展都体现了多方参与、共同推进的格局。但由于国情不同，中国与西方国家相比，企业社会责任发展的驱动力和运行方式又表现出很大的差异。通俗地说，中国企业社会责任发展是“自上而下”，西方企业社会责任发展是“自下而上”。

过去十年，中国企业履行社会责任更多的是在政府主导下开展的，尤其是国资委率先倡导央企履行社会责任，对于推动中国企业履责起到了积极的带动和示范作用，形成了广泛的社会影响。国外企业履责的驱动力更多来自于市场的力量，既包括企业自身内部创新发展、供应链管理责任倒逼、可持续发展追求、提升品牌价值等的需求，也包括外部环境压力，即防控社会风险、抵御来自消费者和环保组织运动等的监督和公民社会的舆论压力等，是在内外部交互作用下推进发展的。相比较而言，西方社会来自市场中消费者的力量更为强大，消费者是企业履责的重要推动力量，而中国消费者对企业履责的推动作用尚未充分展示。

就企业对社会责任的理解而言，西方企业更多的是从可持续发展的角

度看待 CSR 的作用和价值的，中国企业比较多的愿意接受企业社会责任的说法。西方企业注重企业履责在生产运行实践中带来的改变，注重行动，中国企业更重视企业社会责任带来的外部评价的改善，注重报告。应该说，十年来的发展，中国企业在履责动力上正在实现由外而内的转化，从早期的“跟随”到形成自己对企业社会责任内涵及其价值的理解与判断，进而选择主动担当，再到不断探索形成自己的标准。

3. 十年来影响中国企业社会责任发展的印象最深的 CSR 事件有哪些

对这个问题的回复由于专家们各自熟悉和关注的领域有所侧重而有所差异，但大部分议题仍是聚焦的。应该说，十年间每年都在发生一些企业社会责任的大事件。这些事件可以从《WTO 经济导刊》一年一度筛选出的 CSR 大事件报道中看到系统的历史记录，从中也可以清晰地看到中国企业社会责任发展的路径。笔者将受访者们提出的 CSR 大事件做了分类整理。从政府层面看，国务院国资委 2008 年 1 号文《关于印发〈关于中央企业履行社会责任的指导意见〉的通知》被毫无疑问地列为助推中国企业社会责任发展进程中的重要里程碑事件。由此拉开了央企先锋、社会引领的中国企业社会责任实践的帷幕。此后，国资委明确要求央企发布社会责任报告，对全国企业以发布报告为先导，增加履责信息披露，进而对加强责任管理和实践起到了重要的带动和示范作用。客观上也使中国在编发社会责任报告方面后来居上地成为全球报告增长速度最快、数量最多的国家。在政府支持社会责任发展的进程中，2011 年浦东新区政府发布《浦东新区推进企业履行社会责任的若干意见（修订稿）》代表了地方政府的先见之明，它们也是地方政府发布社会责任报告的先行者。

十年来，行业组织和监管机构是助推中国企业社会责任发展的重要力量。中国纺织工业联合会、中国工业经济联合会、中国企业联合会、中国对外承包工程商会、中国五矿化工进出口商会、中国电子工业标准化技术协会等一批行业组织通过组织企业联合发布社会责任报告、发起履责倡议、推行行业相关履责标准或指引等，营造了企业履责的行业氛围。其中《中国纺织企业社会责任管理体系》（CSC 9000T）、《中国对外承包工程行业社会责任指引》《电子信息行业社会责任指南》等都成为企业现实可行的履责指导文件。上交所和深交所对上市公司发布社会责任相关指引文件，也是从资本市场加强约束推进上市公司履责的有效措施。

从企业主体来说，自国家电网 2006 年发布央企首份社会责任报告，并获得时任国务院总理温家宝的批示后，各类企业在社会责任管理与实践中都有示范案例产生。包括中国企业率先发布国别责任报告，率先按照 ISO 26000 框架编写报告，率先进行责任根植实践等。在此期间，在中国的跨国公司基于在中国的长期业务考虑，越来越重视社会沟通和品牌形象塑造，它们在社会公益项目的规划实施与社会影响力评价方面有很多可圈可点的亮点，也有外资企业开始扎根中国，做价值引领和创新模式的开发，从可持续发展的角度来规划社会责任实践。民营企业中蕴藏着以市场为导向的责任创新实践的火种，它们更加务实地考虑企业社会责任的议题，同时也希望在品牌形象方面有更多的展示。

再说说公益领域，随着中国经济实力的提升，国际方面对华人道主义援助正在从资金输入逐步转型为资金引导，体量上也呈现收缩态势，社会公益日益体现为本土自我救助为主的形态。2008 年汶川地震激发了中国民间的公民意识和社会责任感，同时也有一大批商业精英转型投身公益领域，一些民间慈善组织应运而生。十年间，国内公益组织对资金的需求也从国外基金会输血转向国内企业（包含在国内的外资企业）的公益性捐赠或企业社会责任项目合作。“郭美美事件”后，传统的公募基金会也在探索变革，平台型的非公募基金会和孵化器组织也涌现出来，如中国扶贫基金会、友成企业家扶贫基金会、南都基金会和恩派等。企业捐赠开始走出为公关“漂绿”和回应外部压力而追求短期效益的“支票阶段”，把越来越多的资源投放在“回归基础”和“创造共享价值”的领域。单纯捐钱贴标的“土豪”“作秀”的做法日益受到社会公众的唾弃，社会公众对企业家伪善动机的拷问反映出公民意识中对企业社会责任理解的进步。在中国，公益创新随着互联网的快速发展而得到极大发展，“冰桶挑战”虽略受争议，但将民间慈善捐助的理念和方式带到了前所未有的一个新平台。此后，公益众筹已经成为民间互助的新常态。大型企业纷纷成立基金会，更好地参与社会公益事业。企业公益事业越来越多地按照项目运行，而非直接捐款捐物，体现出更多关注受助人群、更高效利用资金、更高效创造价值的重大转变。

2008年发生了含有三聚氰胺的毒奶粉直接导致近30万个婴幼儿患病的恶性事件，“三鹿奶粉”也因此倒闭。该事件助推了中国消费者的集体维权，也使发端于消费者的维权造就了企业社会责任投入的大转变，这种转变起初是被迫的，同时也促进了行业企业的主动担责，是企业顺应社会发展趋势的选择。近年来，PX项目因当地居民的强烈反对而搁置也引发了社会的广泛关注。PX事件尽管原因复杂且结果并不令人满意，但邻避运动确实体现了中国民众维权意识的觉醒以及企业在参与社会治理中管控风险的短板。

4. 对未来中国企业社会责任的发展有何畅想

对于这个问题大家既满怀希望，又饱含隐忧。尽管十年来，中国企业社会责任在多个方面取得了进展，形成了一个庞大的社会责任生态体系。但大家较为担心的是看到这个生态体系中既有善的循环，也有恶的循环。甚至有专家毫不避讳地警示“CSR将死”。专家们对中国企业社会责任发展遇到的一些瓶颈问题感到担忧并非杞人忧天。十年来，中国企业社会责任发展确实存在“冷热不均”“几多欢喜几多愁”等状况。

一个现象是中国企业社会责任工作正在陷入“报告中心论”，即很多企业将社会责任工作局限在编发CSR报告上。这样几年下来，社会责任报告投入越来越大，报告的“颜值”越来越高，社会责任工作却没什么起色，企业中的社会责任价值更无从体现，报告内容的实质性、平衡性和持续改进等均没有什么改变，报告本身的价值也越来越受到质疑。在企业内部，CSR成了主管部门和相关人员“自娱自乐”的“小众消费品”，甚至广大员工都不知道公司还有这么一份报告。

如此，在经济下行的压力下，企业是否愿意对社会责任付出更多的投入？企业履责的价值创造机制和路径又该如何实现？如何实现从报告到实践，再从实践到价值的良性循环？如何让企业高层领导能够全面深刻领悟企业社会责任在企业价值创造中的作用并从顶层设计中植入全面履责和可持续发展的理念？企业社会责任如何真正在全社会达成本质意义上的共识，完成从“小众”到“大众”的普及，并引发社会公众和不同组织主体的自觉参与推进？这些都是我们走过CSR十年之路再启程时需要思考和面对的。

事实上，国际上围绕企业社会责任是否已死的争论也十分激烈。核心问题聚焦在企业社会责任是否真的能够创造价值，还是仅仅是“被利用的一件华丽外衣”？很多人担心企业社会责任会沦为作秀包装的工具，不仅失去了原本的作用，更成为粉饰太平和被道德外衣绑架、协同作恶的帮凶。

那么接下来的问题是 CSR 死掉，这个社会就会变得更好吗？有人说，当 CSR 死掉，就会有新一轮的理论和机制来支撑，如联合国不久前提出的全球可持续发展目标（SDGs）就为全球商界提出了发展方向。也有人提出要抛弃 CSR，主动迎接创造共享价值（CSV），走进共享经济时代。事实上，无论哪种概念的推广，都离不开企业的务实行动。就是说关键是企业要做正确的事，并以正确的方式行动。种种企业不履责的行为，归根结底还是企业没有真正识别出社会责任的本质及其价值创造的路径、方法，这可能导致企业社会责任在价值创造的路上就已经夭折了。因此，在责任实践方面，企业如何实施有道德的经营，并将利益相关方的利益诉求纳入企业社会责任管理与实践当中来，需要通过报告等方式，增强社会沟通与透明度，成为受社会监督，并能与利益相关方打造利益共同体和命运共同体的价值共创者。

未来中国企业社会责任的发展将会出现更多分化，先锋企业将会注重在责任创造价值的道路上不断创新，以自身的可持续发展推动实现社会的可持续发展。追随型企业将会在观望和学习中做出有利于自己的选择，但仅仅编发报告显然不是理性企业的最终归属。社会责任的深刻内涵将会在多方力量推动下，由“小众”走向“大众”，这是社会自然法则的驱使，更需要 CRO 们在企业内部探寻撬动组织资源和进入顶层设计的路径。最终，中国将走向市场力量驱动的社会，“互害经济模式”不可长久，可持续发展的目标引导企业放弃短浅目光和短期利益，注重利益相关方的利益均衡，发乎内心选择经济的投资运行模式，整个社会真正本着“创新、协调、绿色、开放、共享”五大发展理念，向着生态文明社会的目标迈进。

念念不忘，必有回响。过去十年，企业社会责任在中国已经开始播种、发芽、生根。未来十年，沿着可持续发展的目标去坚持、去探索履责路径，责任创造的价值才会日益显现。期待责任化蛹成蝶之日，化作天际的一道彩虹。

（作者李文，2016 年发表于《WTO 经济导刊》）

第二章

立规：政府推动四十年

孟献子曰：“畜马乘，不察于鸡豚。伐冰之家，不畜牛羊。百乘之家，不畜聚敛之臣。与其有聚敛之臣，宁有盗臣。”此谓国不以利为利，以义为利也。

——《大学》

第一节 国家层面社会责任立法

1978 年 12 月，邓小平在中共中央工作会议上拨正了法制建设的航向。中共十一届三中全会确立了“有法可依，有法必依，执法必严，违法必究”的社会主义法制建设“十六字”方针，为社会主义法制建设开启了新征程。改革开放 40 年来，我国构建了涉及企业社会责任的法律体系，包括商业责任、劳工权益、职业安全健康、环境责任和社区责任等，企业社会责任的基础性内容已经在我国现行法律体系中得到体现。

一、经济责任领域立法

（一）综合性立法

在经济领域，涉及社会责任的综合性立法主要有《民法》《公司法》和《物权法》。

1.《民法》

《民法通则》是国家对民事活动中一些共同性问题所做的法律规定，是民法体系中的一般法。早在 1930 年，国民党首任最高法院院长焦易堂先生便指出：“民法者，保护私人之权利，以维持社会之秩序者也。社会主义者，研究祛除社会不平等现象，以谋所以改善社会者也。其方法虽易，其目的则一。故研讨社会主义者，不可不顾及民法，以为改善社会之工具。而草拟民法者，尤不可不详考社会主义，以为立法之根据……如无切实解决方法，则社会之永久安宁，终难实现！”

从 1978 年实行改革开放到 1986 年《民法通则》颁布，这一阶段的中国经济法基本处于一种“混沌”状态。几乎不知“法”为何物。1986 年 4 月 12 日，我国第六届全国人民代表大会第四次会议通过了《中华人民共和国民法通则》，于 1987 年 1 月 1 日正式生效。《民法通则》对于企业社会责任的诸多领域进行了规定，是我国主要的综合性法律之一。

2014 年，中共十八届四中全会再次提出要“编纂《民法典》”，制定《民法典》第五次提上立法日程。2017 年 3 月 15 日，第十二届全国人民代表大会第五次会议审议通过《民法总则》。《民法总则》是《民法典》的重要组成部分，制定《民法总则》是落实依法治国的内在要求。对于企业而言，《民法总则》一方面通过完善市场规则体系、突出民事权利等规定加强了对企业的保护力度，如第一百一十三条明确提出“民事主体的财产权利受法律平等保护”；另一方面也对企业提出了更多的要求，如第九条“民事主体从事民事活动，应当有利于节约资源、保护生态环境”。

2. 《公司法》

1993 年 12 月 29 日，第八届全国人民代表大会常务委员会第五次会议通过《中华人民共和国公司法》，并于 1999 年 12 月 25 日由第九届全国人民代表大会常务委员会第十三次会议对其进行第一次修订，2004 年 8 月 28 日第十届全国人民代表大会常务委员会第十一次会议第二次修正，2005 年 10 月 27 日第十届全国人民代表大会常务委员会第十八次会议对其进行第三次修订，最新的《公司法》已于 2006 年 1 月 1 日起正式生效。新《公司法》从多个层面、不同角度对企业行为进行了全面界定，是我国企业运营的基本法律框架，是企业社会责任发展的综合性责任立法的重要组成部分。

新《公司法》明确提出了公司的社会责任。总则的第五条规定，“公司从事经营活动，必须遵守法律、行政法规，遵守社会公德、商业道德，诚实守信，接受政府和社会公众的监督，承担社会责任”。这是对企业社会责任的宣示性规定，表明我国《公司法》接受了企业社会责任的理念。这一宣示性规定是《公司法》中的总则性规定，为《公司法》中的公司社会责任具体制度的建立奠定了基础。除在总则中明确提出企业要承担社会责任外，《公司法》还对利益相关方参与企业治理、员工责任提出了具体的要求。

关于职工参与公司治理，《公司法》中多次提出了职工参与公司治理的具体规定，如第五十一条规定“监事会应当包括股东代表和适当比例的公司职工代表，其中职工代表的比例不得低于三分之一，具体比例由公司章程规定。监事会中的职工代表由公司职工通过职工代表大会、职工大会或者其他形式民主选举产生”；关于国有独资公司设立董事会，第六十七条规定“董事会成员由国有资产监督管理机构委派；但是，董事会成员中的职工代表由公司职工代表大会选举产生”；第一百一十七条也对职工监事进行了规定。

关于员工责任，《公司法》对员工责任的多个方面进行了规定。《公司法》第十七条、第十八条明确规定公司必须保护职工的合法权益，依法与职工签订劳动合同，参加社会保险，加强劳动保护，实现安全生产。公司应当采用多种形式，加强公司职工的职业教育和岗位培训，提高职工素质。公司职工依照《中华人民共和国工会法》组织工会，开展工会活动，维护职工合法权益。公司应当为本公司工会提供必要的活动条件。公司工会代表职工就职工的劳动报酬、工作时间、福利、保险和劳动安全卫生等事项依法与公司签订集体合同。公司依照宪法和有关法律的规定，通过职工代表大会或者其他形式，实行民主管理。公司研究决定改制以及经营方面的重大问题、制定重要的规章制度时，应当听取公司工会的意见，并通过职工代表大会或者其他形式听取职工的意见和建议。

随着经济社会的快速发展，部分专家学者、人大代表认为现行《公司法》中对社会责任的规定过于笼统，需要进行修订。

【延伸阅读】

沈爱琴：关于在《公司法》中增加“企业社会责任”内容的议案①

2007 年中央经济工作会议上，胡锦涛总书记明确提出“引导企业树立现代经营理念，切实承担起社会责任”的战略要求，表明企业社会责任问题已经成为我国经济、社会发展的重大问题之一。

企业社会责任就是企业在创造利润、对股东利益负责的同时，还要承担对员工、消费者、社区和环境的社会责任，包括遵守商业道德、安全

① 浙江在线：《沈爱琴：关于在〈公司法〉中增加“企业社会责任”内容的议案》，2007 年 3 月 11 日，http：//zjnews. zjol. com. cn/05zjnews/system/2007/03/11/008235885. shtml。

生产、职业健康、维护劳动者的合法权益、保护环境、支持慈善事业、捐助社会公益、保护弱势群体等。随着国家进一步贯彻落实科学发展观、建设和谐社会的战略部署，生态环境、市场秩序、生活质量等问题日益成为社会公众关注的焦点，社会公众迫切要求和期待广大企业能够提高社会责任，努力促进经济、社会的和谐协调发展。

我国自从加入世界贸易组织以来，已逐步成为全球化浪潮的重要组成部分。作为全球资本与产业链中的一环，国际社会日趋关注的“企业社会责任”活动越来越直接影响到我国经济社会的发展。据国家有关部门统计，1997~2005 年，先后已经有 8000 多家中国企业接受过国际跨国公司关于社会责任的调查。

从国际、国内两方面看，“企业社会责任”都越来越重要，这不但对建设和谐社会和企业发展具有战略意义，同时对树立中国在国际社会中的形象具有重要意义。

现行《公司法》总则第五条规定“公司从事经营活动，必须遵守法律、行政法规，遵守社会公德、商业道德，诚实守信，接受政府和社会公众的监督，承担社会责任。公司的合法权益受法律保护，不受侵犯”。对企业应承担的社会责任表述规定过于简单，与科学发展观和和谐社会对企业社会责任的要求有很大的差距。为此我们提出以下建议：

第一，将《公司法》总则第五条修改为“公司从事经营活动，必须遵守法律、行政法规，遵守社会公德、商业道德，诚实守信，接受政府和社会公众的监督。公司的合法权益受法律保护，不受侵犯”。

第二，在《公司法》总则中加入一条“公司须切实承担起安全生产、保护环境、职业健康、维护劳动者的合法权益等社会责任内容”。

3.《物权法》

我国自 1993 年开始起草物权法，历经全国人大七次审议，听取部分全国人大代表、基层群众、专家学者、中央有关部门等各方面的意见，十届全国人大五次会议对草案进行了认真审议。2007 年 3 月 16 日，第十届全国人民代表大会第五次会议审议通过了《中华人民共和国物权法》，这是我国首次从法律上明确保护私人财产。《物权法》分为总则、所有权、用益物权、担保物权、占有五编，共19章247条，于2007年10月1日起施行。

《物权法》规定："国家、集体、私人的物权和其他权利人的物权受法律保护，任何单位和个人不得侵犯。"对国家、集体和私人的物权实行平等保护，是物权法的一大亮点。《物权法》坚持了《民法》的基本原则，即平等原则，包括主体地位平等和保护平等。只有主体平等，市场经济才能运行。平等保护包括国有财产、集体财产和个人财产在国家经济生活中的地位和作用平等。

《物权法》的颁布和实施，是我国从法律上明确保护私人财产的一项重要举措，体现了宪法精神，体现了对不同物权主体实行平等保护的原则，既尊重了国有财产，也保障了城市富裕人群和农村贫困人口的利益，对于推动我国物权制度的构筑和完善、推进经济改革和建设法治国家都具有里程碑式的重大意义。

党的十八届四中全会指出"健全以公平为核心原则的产权保护制度，加强对各种所有制经济组织和自然人财产权的保护，清理有违公平的法律法规条款"。2016年11月，中共中央、国务院颁发《关于完善产权保护制度依法保护产权的意见》，明确了平等保护、全面保护、依法保护、共同参与、标本兼治五项原则，要求加强各种所有制经济产权保护，完善平等保护产权的法律制度，妥善处理历史形成的产权案件，严格规范涉案财产处置的法律程序，审慎把握处理产权和经济纠纷的司法政策，完善政府守信践诺机制和财产征收征用制度，加大知识产权保护力度，健全增加城乡居民财产性收入的各项制度，营造全社会重视和支持产权保护的良好环境。

（二）公平竞争领域立法

1. 促进有序竞争

中国1978年底实行改革开放后，引入市场机制搞活经济，也就意味着引入市场竞争，竞争不再被认为是异己的东西。以党的十四届三中全会通过《关于建立社会主义市场经济体制若干问题的决定》为标志，我国正式确立社会主义市场经济的改革方向和基本内容，竞争逐渐成为社会经济活动的内在机制。1993年《中共中央关于建立社会主义市场经济体制若干问题的决定》明确指出，“创造平等竞争环境，形成统一、开放、竞争、有序的大市场”。2015 年，《中共中央国务院关于推进价格机制改革的若干意见》发布，在党的文件中第一次明确提出，“逐步确立竞争政策的基础性地位”。可见，形成公平竞争的环境、确立竞争政策的基础性地位，是建设统一开放、竞争有序的市场体系，建立和完善社会主义市场经济体制的重要内容。

在这期间，一系列规范市场竞争的法律政策相继出台。1980 年 10 月 17 日，国务院发布《关于开展和保护社会主义竞争的暂行规定》；1981 年 7 月 15 日，国务院发布《关于制止商品流通中不正之风的通知》；1986 年 6 月 5 日，国务院办公厅发布《关于严禁在社会经济活动中牟取非法利益的通知》；1982 年 8 月 23 日通过了《中华人民共和国商标法》；1984 年 3 月 12 日通过了《中华人民共和国专利法》；1993 年通过了《中华人民共和国反不正当竞争法》；1998 年通过了《中华人民共和国价格法》；1999 年通过了《中华人民共和国招标投标法》等。这些法律规范从根本上维护了我国市场经济的有序发展。2016 年 6 月，国务院印发了《关于在市场体系建设中建立公平竞争审查制度的意见》（国发〔2016〕34 号），要求建立公平竞争审查制度，并逐步清理废除已有的妨碍公平竞争的规定和做法。

2. 《反垄断法》

《反垄断法》被市场经济国家誉为“经济基本法”，在市场经济法律体系中占有重要地位。《反垄断法》的出台对于制止垄断行为、保护公平竞争、规范市场经济秩序、保障市场经济健康发展、完善社会主义市场经济体制，具有十分重要的意义。2007 年 8 月 30 日，《中华人民共和国反垄断法》在第十届全国人民代表大会常务委员会第二十九次会议获得通过，自 2008 年 8 月 1 日起施行。《反垄断法》的出台体现了市场经济的本质要求，有利于打破基础领域的体制性障碍，推动行业竞争，促进优化资源配置，保护消费者的利益，有利于中国经济应对全球化的挑战，在中国市场经济和市场法制的发展史上具有里程碑式的意义。此外，《反垄断法》的出台，是我国加入 WTO 以后，与国际经济制度接轨的一个重大举措。这部法律的出台，有利于抑制跨国垄断势力，打击跨国企业操纵市场价格、产品质量和滥用市场支配地位等限制竞争的行为。有利于防范外资并购所带来的垄断，促进内外资的平等竞争。自 2008 年《反垄断法》实施以来，10 年来我国依法打击垄断行为，查处垄断协议案163件和滥用市场支配地位案54件，累计罚款金额超过110亿元人民币；审结滥用行政权力排除、限制竞争案183件；审结经营者集中案件2283件；查处未依法申报案件22件。

【延伸阅读】

中国公布十大反垄断典型案例

2018年9月6日，由国家市场监督管理总局和广东省政府联合主办的2018市场监督管理论坛在广州召开，在中国《反垄断法》出台10周年之际，市场监管总局正式发布中国反垄断与反不正当竞争行政执法十大典型案件。例如，2008年9月，可口可乐宣布以总价约179.2亿港元收购汇源果汁所有股份，引发市场强烈反应。不过，由于未通过中国《反垄断法》审查，该起重磅收购终止；2015年的高通公司滥用市场支配地位案中，高通公司因不公平高价、搭售和附加不合理交易条件等行为，被处罚60.88亿元。

十大反垄断典型案例为：

（1）禁止美国可口可乐公司收购中国汇源果汁集团有限公司案。

（2）高通公司滥用市场支配地位案。

（3）利乐公司滥用市场支配地位案。

（4）附条件批准陶氏化学与杜邦合并案。

（5）十二个省区市政府在“新居配”建设中滥用行政权力排除限制竞争案。

（6）山西电力价格垄断协议案。

（7）泸州信宝网络科技有限公司虚假宣传案。

（8）上海吉盛伟邦环球家居品牌管理有限公司佛山禅城分公司不正当有奖销售案。

（9）长春正利管业有限公司混淆案。

（10）嘉兴市洞洞拐网络科技有限公司网络不正当竞争案。

3. 反腐败和商业贿赂

我国反腐败和反商业贿赂的法律规范主要存在于以下法律文件中：2005年批准加入的《联合国反腐败公约》和2006年通过的《反洗钱法》、现行《刑法典》分则第三章“破坏社会主义市场经济秩序罪”和第九章“贪污贿赂罪”中含有的反腐败与反商业贿赂内容，《反不正当竞争法》中关于商业贿赂的规定，以及国家工商总局的前身国家工商行政管理局出台的《关于禁止商业贿赂行为的暂行规定》。此外，还有国务院国资委和监察部联合颁发的专门适用于国有及国有控股企业领导人员的《国有企业领导人员廉洁从业若干规定（试行）》。

二、劳工责任领域立法

（一）劳动者基本权益保护

我国是社会主义国家，新中国成立以来就十分重视劳动者权益保护。作为我国劳动者权益保护的基本大法，《宪法》所规定的基本人权成为我国劳动者权益的基础。新中国成立以来，我国先后颁布了四部宪法：第一部是1954年制定的；第二部是1975年制定的；第三部是1978年制定的；第四部即现行宪法，制定于1982年。我国现行《宪法》第二章规定和保障了我国公民的基本人权，明确规定了公民的权利和义务、平等雇佣等方面的权利。

改革开放后，我国出现了多种所有制形式和多种用工方式，以前针对国有企业的劳工相关法律规定明显无法覆盖现有的用工方式，导致一段时间内在外资企业、民营企业、乡镇企业等企业内部出现了劳动法律的“真空”，也出现了很多劳动者权益受侵害的现象。为保障劳动者权益，我国加快出台了一系列劳动者权益保护相关立法，如《中华人民共和国工会法》《中华人民共和国职业病防治法》《劳动保障监察条例》《企业劳动争议处理条例》《禁止使用童工规定》《女职工劳动保护规定》《关于职工工作时间的规定》《集体合同规定》《最低工资规定》《企业经济性裁员规定》《企业职工培训规定》《生产经营单位安全培训规定》《劳动防护用品规定》《劳动行政处罚若干规定》等。其中，最重要的是《劳动法》。1994年7月

5 日，第八届全国人民代表大会常务委员会第八次会议通过了《中华人民共和国劳动法》。《劳动法》对劳动合同和集体合同、工作时间和休息休假、工资、劳动安全卫生、女职工和未成年工特殊保护、职业培训、社会保险和福利、劳动争议、监督检查等方面进行了明确的规定；2008 年，《中华人民共和国劳动合同法》开始实施。新出台的《劳动合同法》规定了劳动力市场应遵守的准则，要求劳动雇佣双方签订合同，鼓励建立长期稳定的劳动关系。《劳动合同法》对劳动者提供适度的保护水平，在当前环境下起到保护弱势一方的积极作用。

（二）社会保障与社会保险

社会保障是国家和社会再分配的重要环节，是对社会成员基本生活给予保障的社会政策。社会保障是社会的稳定器，对失业、医疗、工伤等贫困和灾害方面的救助，能够解除人们的后顾之忧，缓和社会矛盾。党的十四大报告提出建立社会主义市场经济体制，明确把社会保障制度改革作为经济体制改革的四个环节之一。我国社会保障方面的法规规章主要有：《社会保险费征缴暂行条例》《失业保险条例》《国务院关于建立城镇职工基本医疗保险制定的决定》《国务院关于完善企业职工基本养老保险制度的决定》《工伤保险条例》《企业职工生育保险试行办法》《国务院关于建立统一的企业职工基本养老保险制度的决定》《企业年金试行办法》《企业年金基金管理试行办法》等。

（三）安全生产领域立法

安全生产是十分重要的社会责任议题，我国历来重视安全生产方面的立法。1979 年 5 月 24 日，原国家计划委员会、国家经济委员会、国家劳动总局发布《重申切实贯彻执行〈国务院关于加强企业生产中安全工作的几项规定〉等劳动保护法规的通知》。该通知要求，建立严格的安全生产责任制，建立和健全各项安全生产规章制度，充实安全机构，加强监督检查，加强劳动保护科学研究工作，有计划地改善劳动条件，采取有效措施，杜绝一切可以避免的事故，防止和减少尘毒危害，以保障职工的安全和健康，促进生产，为加速社会主义现代化建设做出贡献。各单位发生伤亡事故和职业病，一定要按照“三不放过”，即找不出原因不放过、本人和群众受不到教育不放过、没有制定出防范措施不放过的要求，进行严肃处理。2002年6月29日，第九届全国人民代表大会常务委员会第二十八次会议通过了《安全生产法》。安全生产相关的法律还有《矿山安全法》《消防法》《道路交通安全法》《防震减灾法》《矿产资源法》《建筑法》《煤炭法》《标准化法》等。

此外，我国相继制定和出台了一系列安全生产的相关条例和规定，主要有《生产安全事故报告和调查处理条例》《企业职工伤亡事故报告和处理规定》《安全生产许可证条例》《国务院关于特大安全事故行政责任追究的规定》《特别重大事故调查程序暂行规定》；行业领域有《铁路运输安全保护条例》《建设工程安全生产管理条例》《石油天然气管道保护条例》《烟花爆竹安全管理条例》《易制毒化学品管理条例》《关于预防煤矿生产安全事故的特别规定》《使用有毒物品作业场所劳动保护条例》《危险化学品安全管理条例》等。

三、消费者领域立法

消费者权益保护涉及产品生产、服务提供的方方面面，我国消费者领域立法既有综合性立法，也有行业性立法。我国相继颁布的《食品卫生管理条例》《工业产品质量责任条例》《产品质量法》《食品卫生法》《药品管理法》《标准化法》（产品质量标准方面）、《进出口商品检验法》《认证认可条例》《产品标识标注规定》《产品质量申诉处理办法》《食品卫生许可证管理办法》《广告法》等法律法规是我国消费者权益保护法律的重要组成部分。

1994年，《消费者权益保护法》正式颁布实施，消费者权益保护进入有法可依的时代。1996年3月15日，国家工商行政管理局颁布了《欺诈消费者行为处理办法》《欺诈消费者行为处罚办法》和《受理消费者申诉暂行办法》三大规章。《消费者权益保护法》第49条规定："经营者提供商品或者服务有欺诈行为的，应当按照消费者的要求增加赔偿其受到的损失，增加赔偿的金额为消费者购买商品的价款或者接受服务的费用的一倍。"在此前的《民法》中消费者买到假货最好的结果是按价退货，如今则可以加倍赔偿，王海的出现就与这个条款有关。

【延伸阅读】

王海打假　唤醒消费维权意识[①]

1995年，22岁的青岛青年王海在书店里偶然看到《消费者权益保护法》第49条“经营者有欺诈行为要加倍赔偿”。为了验证这一条的效力，王海亲身实践，在北京隆福大厦购买了12副假冒索尼耳机，索取双倍赔偿最终获得成功。

王海成为《消费者权益保护法》施行以来第一个依据该法第49条主张双倍赔偿的人。此后，这位职业打假者在全国范围内掀起了一股“打假”热，全国各地的“王海”如雨后春笋般涌现。

王海不经意间用自己的行动开启了中国民间消费维权时代，掀起了消费者自身权益意识的觉醒。

打假验证《消费者权益保护法》效力

1995年3月25日，是王海人生中最为重要的日子。这天以后，王海由一个人名变为一个名人，他用自己的行动开启了中国民间消费维权时代，掀起了消费者自身权益意识的觉醒。

1995年，王海在司法部一个培训中心念法律专业函授班。当时王海陪亲戚来北京考试，一天，他很偶然地在北京东城区宽街的一家法律书店，看到《消费者权益保护法》第49条：“经营者有欺诈行为要加倍赔偿。”

当时王海对这一条款是否可能实现产生了很大的怀疑。以前，我国的赔偿原则是“填平原则”，就是挖了坑，你要把它填平；而1995年《消费者权益保护法》第49条“损一赔二”的规定是对赔偿原则性的改变。

“这一条可能实现吗？”王海的兴趣被调了起来。没过几天，北京电视

① 新法制报：《王海打假　唤醒消费维权意识》，http：//jxfzb.jxnews.com.cn/system/2013/10/31/012761928.shtml。

台正好也在播放类似的节目，王海决定试试。

1995 年 3 月 25 日，王海用 170 元人民币在北京隆福大厦买下两副“索尼”耳机。一开始王海打算先通过消协解决问题，但没找到。于是，王海找到辖区工商局要求做真假鉴定。但工商局工作人员称鉴定应找质监局；当王海到质监局后，却被告知去找索尼公司。于是，王海又找到索尼公司。索尼公司口头承认耳机是假的，但拒绝出具书面证明。

经过三天的努力，王海最终搞清了耳机的真假。但经过计算，王海认为，即使结果按《消费者权益保护法》所言双倍返还，也不够抵消他为此而付出的成本，得不偿失。于是，利益的计算使得他又向前迈了一步，正是这一步促使他后来一举成名。而此刻，他也不知道自己已经创下了一件轰动全国的“壮举”，这将把他送上一条崭新的人生之路。

首次索赔未如愿

王海重新来到隆福大厦，买下商场剩下的 10 副假索尼耳机。

“当时并没有想那么多，如果能全部获得赔偿，就能抵消成本并获得一定收益。”对于后来争议颇多的知假买假动机，王海如是说。

王海再次找到工商局，要求商场赔偿。工商部门答复，他们属于行政执法部门，没有权力要求商场赔偿。当王海找到商场后，却被告知工商局正在处理中。时间过了一个多月，一直都没结果。后来，王海陪考的亲戚没考上，王海打算回青岛。临走时，王海再次找商场协商。这一次，商场给王海退了 12 副假索尼耳机的钱，还赔偿了 200 元钱。

但是，王海认为此时事情并没有得到真正的解决。“也想过打官司，如果为了官司两地奔波的话，很不方便。而且，当时我手里也没有收集到有力的书面证据。”于是，王海选择了先拿赔偿款回青岛。

6 个多月后，北京出台《消费者权益保护法》实施细则，对第 49 条中所指的“欺诈行为”进行了较为详细、明确的说明。这让王海看到了机会，他决定再去尝试一下。8 个月后，王海再次来到北京。

成“打假”获奖第一人

当王海再次找到北京隆福大厦的时候，商场如数把 12 副假索尼耳机的赔偿款给了他。历时 8 个月，王海最终没有通过诉讼，成为第一个获得双倍赔偿的人。

索赔成功给了王海极大的鼓舞。1995年前后，中国经济处于高速增长的阶段，“打假”存在很大的社会需求，也很有价值。“当时，我觉得打假是一种机会，可以尝试一下，但没觉得是什么很了不起的事情。”对于此后走上专业打假之路，王海如是说。

王海的“打假”行为在当时却引起了极大的争议。有商家将他称为“刁民”，专门买假货拿着《消费者权益保护法》做依据，要求商家加倍赔偿。但也有专家肯定他的做法，认为《消费者权益保护法》第49条的初衷就是为了打假，王海的行为无可厚非。

1995年冬，王海应邀参加中国消费者协会组织的座谈会，与会的还有政府官员、法学专家、商场老总们。座谈会上，各方代表慷慨激昂地争论着“王海是打假英雄还是‘刁民’”“是新型消费者还是钻法律空子”，并称此为“王海现象”。

王海知假买假的行为最终获得了中国保护消费者基金会的奖励。1995年12月15日，中国保护消费者基金会特地举行了新闻发布会，颁发给王海“消费者打假奖”，让其成为中国“打假”获奖第一人，并获得5000元人民币的奖励。

“王海打假”成为一种现象

“王海买假索尼耳机获双倍赔偿”是我国自《消费者权益保护法》施行以来，第一个依据该法第49条获得双倍赔偿的案件。该案是依法向商品欺诈行为开的“第一枪”，在我国消费者维权运动中具有极为重大的意义。此后，“王海打假”成为《消费者权益保护法》实施以来的一种新现象。

四、环境领域立法

（一）《环境保护法》

保护环境必须依靠法律制度的完善和规范，这不仅是环保工作的需要，也是建设法治国家的必然要求。我国在改革开放初期就提出了经济发展、社会发展和环境发展同步进行，经济效益、社会效益和环境效益协调统一的发展观和环境观。1978 年 5 月通过的《中华人民共和国宪法》指出："国家保护环境和自然资源，防治污染和其他公害。"这是中华人民共和国历史上第一次对环境保护做出的《宪法》规定，为环境法治建设和环保事业发展奠定了基础。

1979 年 9 月，第五届人大常委会通过了第一部环境保护基本法《中华人民共和国环境保护法（试行）》。《中华人民共和国环境保护法（试行）》的颁布，标志着我国环境保护事业进入法制轨道，对我国环境保护事业产生了深远影响。《中华人民共和国环境保护法（试行）》依据 1978 年《宪法》的原则规定，总结了我国环境保护的基本经验，参考国外环境法中行之有效的管理制度，对我国环境保护的基本原则、方针、任务、对象、制度和政策，保护自然环境、防治污染和其他污染的基本要求和措施，环境管理的机构和职责，科学研究和教育，以及奖励和惩罚等做了全面的规定。该法的意义在于，它不仅规定了环境影响评价，以及"三同时"和排污收费等基本法律制度，而且明确要求从国务院到省、市、县各级政府设立环境保护机构，首次在法律上明确了环境保护工作中实行环境保护部门统一监督、有关部门分工负责的环境管理体制；并第一次从法律上要求各部门和各级政府在制订国民经济和社会发展计划时，必须对环境的保护改善统筹安排并组织实施，为实现环境和经济的协调提供了法律保障。

【延伸阅读】

周恩来总理：中国环境保护事业的开创者和奠基人

1972~1978 的 7 年，中国正处于极为混乱的"文革"劫难时期，也是环境问题开始暴露，环境保护意识萌生、传播和普及的时期。当时，中国人均 GDP 只有 100 多美元，工业化还处于初期阶段，但环境污染开始在局部地区特别是城市暴露出来，污染事件陆续出现。

20 世纪五六十年代，西方世界终于迎来了经济发展的黄金时代。1970 年，美国开展了旨在保护环境的"地球日"活动。1972 年，联合国为顺应全球兴起的环保浪潮，在斯德哥尔摩召开了人类环境会议，拉开了全球环境保护运动的序幕。

1972 年，周恩来总理决定派团参加联合国人类环境会议。这是中国恢复联合国席位后，参加的第一个大型国际会议。代表团由国家计委牵头，有外交、卫生、工业、农业、水利、能源、城市、科技和地方等部门的负责人或专家参加。

1973 年 8 月，召开全国环境保护会议。中国召开第一次环境保护会议，是斯德哥尔摩会议在中国开花结果的产物。其时，各地方和有关部委负责人、工厂代表、科学界人士 300 多人参加了会议。会议通过摆环境污染事实，分析其危害，提高了对环境保护的认识。会议后期，周总理决定在人民大会堂召开万人大会，在全社会普及环境保护意识。这次会议解决了几个主要问题：一是对中国环境污染有了一个初步认识，中国不是没有污染，而是有些方面还相当突出；二是通过了中国环境保护方针，即“全面规划、合理布局、综合利用、化害为利、依靠群众、大家动手、保护环境、造福人民”；三是通过了《关于保护和改善环境的若干规定》，对十个方面的环境保护工作提出了要求，并做出了部署。

周恩来总理以他的远见卓识，敏感地意识到环境问题的严重性，以及对于未来中国的紧迫性，适时地抓住这个问题，未雨绸缪，开启了中国环境保护事业的航程。所以说，周恩来总理是中国环境保护事业的开创者和奠基人。

（二）其他环境保护立法

《环境保护法》颁布后，我国陆续制定并颁布了环境保护方面的各单项法律和标准，构成了我国环境保护的法律框架。如《中华人民共和国防沙治沙法》《中华人民共和国清洁生产促进法》《中华人民共和国水污染防治法》《中华人民共和国环境影响评价法》《中华人民共和国放射性污染防治法》《中华人民共和国森林法》《中华人民共和国草原法》《中华人民共和国渔业法》《城市绿化条例》《城市市容和环境卫生管理条例》《中华人民共和国自然保护区条例》《建设项目环境保护管理条例》《排污费征收使用管理条例》《环境标准管理办法》《环境保护行政处罚办法》《中华人民共和国野生动物保护法》《中华人民共和国野生植物保护条例》《森林和野生动物类型自然保护区管理办法》《中华人民共和国陆生野生动物保护实施条例》《中华人民共和国水生野生动物保护实施条例》《节约能源法》《矿产资源法》《土地管理法》《草原法》《森林法》《水法》《海洋环境保护法》《水土保持法》《防沙治沙法》《野生动物保护法》《濒危野生动植物进出口管理条例》《野生植物保护条例》《环境影响评价法》《资源税暂行条例》《排污费征收使用管理条例》《中华人民共和国可再生能源法》《中华人民共和国循环经济促进法》等法律。这些法律共同构成了我国企业环境责任发展的法律法规基础。

五、公益慈善领域立法

1998 年，我国长江、松花江流域发生了历史上罕见的洪涝灾害，在抗洪抢险、重建家园的过程中，人们踊跃捐款捐物，各种渠道捐赠共计约 115 亿元人民币。为鼓励、规范公益捐赠行为，1999 年 6 月 28 日，第九届全国人大常委会第十次会议审议通过了《中华人民共和国公益事业捐赠法》。此后，2004 年，国务院出台了《基金会管理条例》；2007 年新通过的《企业所得税法》第九条规定“企业发生的公益性捐赠支出，在年度利润总额以内的部分，准予在计算应纳税所得额时扣除”。

2016 年 3 月，第十二届全国人民代表大会第四次会议经表决通过了《中华人民共和国慈善法》。《慈善法》分为 12 章 112 条，对慈善活动进行明确划定，同时在规范慈善组织设立运营、慈善财产来源和使用、开展慈善服务、促进慈善事业发展等方面做出规定。《慈善法》是我国首部慈善领域的基础性、综合性法律，它经历长达 10 年的调研和起草，曾被喻为我国“开门立法”的典范，作为我国第一部慈善法，它的突出意义，在于系统规范了全社会的慈善行为。法律拟制定的各项规范，既针对各级政府的管理行为，也针对社会组织的运行管理与每个公民的慈善方式，是依据我国实际并借鉴国际经验，从而全面系统地确立起国家慈善事业发展所需要的现代规范。

第二节 部委层面引导社会责任发展

在我国企业社会责任的发展历程中，中央部委层面通过直接或间接发布有关促进社会责任发展的政策文件，对我国企业社会责任的发展进行方向性的规定，有效促进了企业社会责任在中国的发展。其中，2008 年 1 月，国务院国资委发布了《关于中央企业履行社会责任的指导意见》，被称为中国企业社会责任运动的“里程碑”。

一、国务院国资委对国有企业社会责任的推动

（一）国资委推动社会责任的历程

国有企业尤其是中央企业是我国国民经济的骨干力量，大多分布在关系国家安全和国民经济命脉的重要行业和关键领域，其生产经营活动涉及整个社会经济活动和人民生活的各个方面。积极履行社会责任，不仅是国有企业的使命和责任，也是政府、社会和利益相关方对国有企业的期望，国有企业承担社会责任具有十分重要的现实意义。

国务院国有资产监督管理委员会为国务院直属正部级特设机构，于 2003 年正式成立。根据国务院授权，依照《中华人民共和国公司法》等法律和行政法规履行出资人职责，指导推进国有企业改革和重组；对所监管企业国有资产的保值增值进行监督，加强国有资产的管理工作；推进国有企业的现代企业制度建设，完善公司治理结构；推动国有经济结构和布局的战略性调整。在 2003 年成立至 2007 年间，国务院国资委非常关注国有企业的社会责任，立项了多项有关企业社会责任的调研课题，并积极与国际机构进行社会责任交流。

2008 年，国务院国资委发布“一号文”《关于中央企业履行社会责任的指导意见》，这不仅是我国中央部委层面第一个关于社会责任的文件，也是

我国企业社会责任发展的重要“里程碑”。

2009 年，国务院国资委召开中央企业社会责任工作会议，会议总结交流中央企业社会责任工作的成效和经验，公布 2009 年度“中央企业优秀社会责任实践”征集活动结果，研究部署下一步中央企业社会责任工作。在会议上，时任国资委副主任黄淑和提出，中央企业在 3 年以内都要发布社会责任报告。

2011 年，国务院国资委发布《中央企业“十二五”和谐发展战略实施纲要》，提出中央企业要以可持续发展为核心，以推进企业履行社会责任为载体，大力实施和谐发展战略，努力建设诚信央企、活力央企、绿色央企、平安央企和公民央企，为做强做优中央企业、培育具有国际竞争力的世界一流企业提供强有力的支撑。

2016 年，国务院国资委印发《关于国有企业更好履行社会责任的指导意见》，提出推动国有企业履行社会责任的总体目标是：到 2020 年，国有企业形成更加成熟定型的社会责任管理体系，经济、社会、环境综合价值创造能力显著增强，社会沟通能力和运营透明度显著提升，品牌形象和社会认可度显著提高，形成一批引领行业履行社会责任、具有国际影响力、受人尊敬的优秀企业。

今年年初，国务院国有资产监督管理委员会提出将国有企业履行社会责任作为企业的一项重要工作，我对此倍受鼓舞。希望能以此为契机推动所有中国企业履行企业社会责任。事实上，国资委的决定强调了这个共识：负责任的、持续的企业行为对于其实现核心目标，包括提高创新能力、员工素质和企业声誉至关重要。积极主动地处理好环境、社会和公司治理等方面的问题，不仅为企业带来良好的经济效益，也是解决像贫困、气候变化这类世界性挑战的有效途径。

——2008 年 7 月，原联合国秘书长潘基文
在加入全球契约中国网络成员单位座谈会上的讲话

【延伸阅读】

李荣融的央企社会责任观①

会说不会做不行，会做不会说不行，乱做乱说更不行，这可能就是许多承担着重大社会责任的中央企业在当前的舆论环境下所面临的现实问题。

最近数年来，无论是在地震、雪灾、大旱救援，还是在保障石油、粮食供应稳定国内价格、进行社会捐助等工作中，中央企业总是默默地在履行着自身的社会职责，但从所谓的“与民争利”到最近的央企“地王”频发等，舆论对于央企的评价似乎总偏向批评的一方。中央企业究竟应如何履行自身的企业社会责任，这恐怕也是国资委主任李荣融思考的内容之一。

阳春三月，正值中央企业热闹地发布企业社会责任报告的集中期。上周末召开的中粮集团 2009 年社会责任发布仪式罕见地迎来了李荣融的莅临。央企表现关乎全社会稳定，李荣融坦言，他出席的目的之一就是考虑中央企业如何进一步提升履职的能力、水平并学会履职，中央企业履职不是别人说出来的，而是国家需要有这样一批企业来做。

“有些时候做的是好事，但有的时候到有的人嘴里就是坏事，但是我也说，我不怕骂，应该说很坦荡，因为我的心里就是两句话，忠诚于国家、取信于人民，公道自在人心，关键是需要我们中央企业的时候，要踏踏实实地去做。”李荣融说。

一直以来，国资委就要求中央企业履行社会责任不仅要体现在报告上，更要体现在行动中。因为，中国的中央企业有 1000 多万名职工和 400 多万名离退休人员，众多的分公司和子企业遍布全国各地，中央企业的稳定与和谐，直接关系到全社会的稳定与和谐，理应承担更大的社会责任。

① 李荣融是国资委成立后的首任主任，2010 年 8 月 24 日正式卸任。

李荣融对此总结得更为通俗："可能一说到社会责任，就会说到捐多少款，当然要捐款，但我说，中央企业第一个责任就是要做大做强。""国际金融危机中，中央企业最大的贡献就是没有一个倒下，中央企业背后有多少企业，如果一家大央企倒下，会有一片企业倒下。"李荣融说。

央企对人民必须赤胆忠心

李荣融认为，央企履行社会责任的第二点是依法经营、依法纳税，这是对社会履行承诺的具体表现。偷税漏税许多国家都有。他认为，这些人的良心是黑的，而央企对人民必须赤胆忠心。不过，中央企业通过继续做大来承担社会责任或许已经遇到了瓶颈。国资委成立六年以来，中国的中央企业取得了突飞猛进的增长，但李荣融也承认，"央企要再上一个台阶不容易"。所以，从年初以来，李荣融就要求央企做强，强在人才、强在技术、强在产品、强在创新、强在管理。特别是产品，曾经到泰国正大集团参观过的李荣融对此感触尤深。正大集团的鸡肉产品能符合欧洲的出口标准，他感慨道："质量一定要取信于人民，对人民负责，中国太需要了。"

李荣融在此次会上提出，中央企业履行责任的第三点就是要生产出优质的产品，"东西以次充好，反过来履行社会责任是不行的，我们不挂在嘴上，我们要做到行动上"。在中央企业的社会责任列表上，社会捐助曾是最为主要的内容，但有些地方"牌子举得高高的，捐了 5000 万元但半年内实际出资 2000 万元都不到"，李荣融直言，"中央企业绝不应该做这些事"。

所以，李荣融提出的第四点履职要求是，中央企业履职必须尽自己的能力帮助弱者，离开自己的能力捐款反而会对社会带来负担，离开能力讲是空话。

（《第一财经日报》2010 年 4 月 13 日第 A03 版，记者 汪时锋）

（二）国资委推动社会责任的政策文件

在国务院国资委出台的社会责任相关文件中，最重要的是 2008 年发布的《关于中央企业履行社会责任的指导意见》、2011 年发布的《中央企业

“十二五”和谐发展战略实施纲要》和2016年发布的《关于国有企业更好履行社会责任的指导意见》。

1.《关于中央企业履行社会责任的指导意见》

2008年1月，国务院国资委发布《关于中央企业履行社会责任的指导意见》被称为中国企业社会责任运动的“里程碑”。该指导意见指出，中央企业履行社会责任，是全面贯彻党的十七大精神，深入落实科学发展观的实际行动，是全社会对中央企业的广泛要求，是实现中央企业可持续发展的必然选择，是中央企业参与国际经济合作交流的客观需要。

指导意见要求，在今后一段时期内，中央企业履行社会责任要重点把握好八个方面：一是坚持依法经营诚实守信；二是不断提高持续盈利能力；三是切实提高产品质量和服务水平；四是加强资源节约和环境保护；五是推进自主创新和技术进步；六是保障生产安全；七是维护职工合法权益；八是参与社会公益事业。

【延伸阅读】

国资委负责人就《关于中央企业履行社会责任的指导意见》答记者问

国务院国资委日前发布了《关于中央企业履行社会责任的指导意见》（以下简称《指导意见》），国务院国资委有关负责人就《指导意见》的有关情况回答了记者提问。

记者：《指导意见》对企业社会责任是怎样定义的，和国际上的企业社会责任概念是否一致？

国资委负责人：各个国际组织对企业社会责任的定义各有侧重。联合国在《全球契约》中要求跨国公司重视人权、劳工标准、环境保护和反腐败，以克服全球化进程带来的负面影响。欧盟则把社会责任定义为“公司在自愿的基础上把对社会和环境的关切整合到它们的经营运作以及它们与其利益相关者的互动中”。世界银行提出，企业社会责任是企业与关键利益相关者的关系、价值观、遵纪守法以及尊重人、社区和环境有关的政策和实践的集合，是企业为改善利益相关者的生活质量而贡献于可持续发展的一种承诺。世界经济论坛认为，作为企业公民的社会责任包括四个方面：一是好的公司治理和道德标准，二是对人的责任，三是对环境的责任，四是对社会发展的广义贡献。国际标准化组织认为，社会责任是指一个组织在开展任何活动时都要负责任地考虑对社会和环境的影响，其活动应当满足社会和可持续发展的需要，符合社会道德标准，不与法律和政府间的协议相抵触，且全面贯穿到该组织开展的活动之中。从这些定义中我们可以看出，国际组织对社会责任的认识，既有共同认可的内涵，也有不同的侧重和差异。

中央企业履行社会责任，既要与国际接轨，又要结合我国国情和企业实际，体现出自己的特色。我们认为，中央企业履行社会责任可以概括为三个方面：

第一，法律规范的自觉遵守。国家制定的环境保护、资源节约、安全生产、职工权益保障、消费者权益保护、市场经济秩序等法律规范，全社会都应该共同遵守，这是经济社会健康稳定协调发展的基本保障。自觉遵守法律规范，是中央企业必须履行的社会责任，是必尽责任。

第二，企业价值的充分体现。企业的价值体现在多个方面，对股东要给予回报，对消费者要提供优质的产品和服务，对职工要创造更好的劳动、生活和发展条件，对自然环境要给予更好的保护，对国家和社会要创造财富、提供就业岗位、缴纳税收等。充分体现企业价值，是中央企业基本的社会责任，是应尽责任。

第三，道德伦理的高尚追求。讲操守、重品行，保持高尚的道德伦理追求，是中华民族的传统美德。企业在遵守法律规范、体现企业价值的基础上，还应该对社会承担更大的义务，要有善心、有善意、有善举，热心参与社会公益事业。模范实践对道德伦理的高尚追求，是中央企业在自愿基础上履行的社会责任，是应尽责任。

记者：请问为什么《指导意见》强调中央企业要做履行社会责任的表率？

国资委负责人：中央企业要做履行社会责任的表率，是公有制经济在国民经济中的主体地位所决定的，是国有经济发挥主导作用所要求的，也是大企业在国际经济技术合作中发挥领头羊作用所需要的。党中央、国务院和全社会对此寄予了殷切希望。

一是中央企业是国有经济的骨干和中坚，要求中央企业发挥在履行社会责任中的表率作用。党的十七大提出了全面建设小康社会奋斗目标的新要求。中央企业是国有经济的骨干和中坚，是公有制经济的集中体现，这就要求中央企业在市场主体层面体现国家意志，发挥在履行社会责任方面的表率作用，贯彻落实科学发展观，转变发展方式，为实现小康社会建设新目标、构建社会主义和谐社会做贡献。

二是中央企业大多处于关系国家安全和国民经济命脉的重要行业和关键领域，需要发挥在履行社会责任中的表率作用。中央企业大多处在军工、石油石化、通信、电力、矿业、冶金、机械、交通运输等重要行业和领域，在支撑、引导和带动经济社会发展中发挥着不可替代的重要作用。发挥国有经济的主导作用，客观上要求中央企业积极建设资源节约型、环境友好型企业，做积极履行社会责任的表率，并通过自身的模范示范作用，更好地发挥影响力和带动力，促进企业与社会、环境的全面协调可持续发展。

三是中央企业是我国参与国际经济交流合作的领头羊，客观要求中央企业发挥在履行社会责任方面的表率作用。随着经济全球化的深化和发展，国际经济竞争日趋激烈。近年来，中央企业已经形成和发展了一批具有较强实力、在国际上有影响力的大企业大集团，是我国参与国际经济交流合作的重要力量。要具有与国际大公司同台竞技的素质和水平，就必须履行社会责任，在国际市场上树立负责任的中国大企业形象，培育和形成新的竞争优势，为提升我国综合国力做出积极贡献。

所以，我们在《指导意见》中要求，中央企业要“成为依法经营、诚实守信的表率，节约资源、保护环境的表率，以人为本、创建和谐企业的表率，努力成为国家经济的栋梁和全社会企业的榜样”。

记者：请问《指导意见》提出的中央企业履行社会责任的三项原则是出于什么考虑？

国资委负责人：《指导意见》提出，首先要坚持履行社会责任与促进企业改革发展相结合。这是因为，完善公司治理结构是企业履行社会责任的体制保障。良好的经济效益，是企业履行社会责任的物质基础。加快企业改革发展，是企业履行社会责任的必要前提。要深入贯彻落实党的十七大精神，继续深化国有企业改革，建立健全现代企业制度，优化国有经济布局结构，提高国有经济活力、控制力、影响力。所以，我们提出要把履行社会责任作为提升企业管理水平、增强企业综合竞争力的重要内容，继续深化企业改革，转变发展方式，实现又好又快发展。

坚持履行社会责任要与企业实际相适应。企业履行社会责任要与国家经济社会发展水平相一致，与民族文化传统相融合，与企业发展实际相协调。中央企业履行社会责任，必须立足我国国情，立足企业实际，突出重点，分步推进，力求取得社会责任工作实实在在的效果。

坚持履行社会责任还要与创建和谐企业相统一。中央企业已经广泛开展的创建和谐企业活动，与履行社会责任的要求是一致的。中央企业要把履行社会责任与创建和谐企业结合起来，把保障企业安全生产、维护职工合法权益放在重要位置，营造和谐劳动关系，帮助职工解决实际问题，促进职工全面发展，实现企业与职工、企业与社会的和谐发展。

（资料来源：国资委研究室，发布时间：2008 年 1 月 4 日）

2.《中央企业“十二五”和谐发展战略实施纲要》

2011 年 9 月，国资委发布《中央企业“十二五”和谐发展战略实施纲要》（见表 2-1），标志着中央企业社会责任工作上升为发展战略层面，也成为了“十二五”央企开展社会责任工作的纲领。

表 2-1 《中央企业“十二五”和谐发展战略实施纲要》内容

围绕一个核心	以可持续发展为核心
实现三个目标	到“十二五”末，央企在经济、社会、环境方面的综合价值创造能力，社会沟通能力、运营透明度，品牌美誉度和影响力三方面的目标
推进五个建设	建设诚信央企、绿色央企、平安央企、活力央企和责任央企

续表

落实20项措施	**建设诚信央企：** 确保依法合规经营 维护各类投资者合法权益 维护消费者权益 与合作伙伴共赢发展 加强反腐倡廉建设 **建设绿色央企：** 模范推进节能减排 大力发展循环经济 积极保护生态环境 **建设平安央企：** 加强安全生产管理 切实抓好企业稳定工作 认真解决历史遗留问题 **建设活力央企：** 创新企业内部机制 深化职工民主管理 促进职工全面发展 创建先进企业文化 **建设责任央企：** 模范落实国家宏观调控政策 在特殊时期和关键时刻发挥顶梁柱作用 积极参与社会公益事业 加强与利益相关方沟通 切实做好新闻宣传工作

3.《关于国有企业更好履行社会责任的指导意见》

2016年7月，国资委印发《关于国有企业更好履行社会责任的指导意见》。该意见指出国有企业履行社会责任要重点把握好的三个原则是：坚持以可持续发展为核心，坚持社会责任与企业改革发展相结合，坚持社会责任与企业运营相融合。提出推动国有企业履行社会责任的总体目标是：到2020年，国有企业形成更加成熟稳定的社会责任管理体系，经济、社会、环境综合价值创造能力显著增强，社会沟通能力和运营透明度显著提升，品牌形象和社会认可度显著提高，形成一批引领行业履行社会责任、具有国际影响力、受人尊敬的优秀企业。这是继2008年发布《关于中央企业履行社会责任的指导意见》，促进国有企业履行社会责任的又一里程碑事件。

（三）国资委推动社会责任的组织体系

为进一步加强对中央企业社会责任工作的指导，推动中央企业更好地履行社会责任，国务院国资委于2012年6月成立中央企业社会责任指导委员会。

国务院国有资产监督管理委员会办公厅文件①
国资厅发研究〔2012〕49号

关于成立国资委中央企业社会责任指导委员会的通知

各中央企业、委内各厅局：

为进一步加强对中央企业社会责任工作的指导，推动中央企业更好地履行社会责任，决定成立国资委中央企业社会责任指导委员会（以下简称指导委员会）。现将有关事项通知如下：

一、指导委员会的主要职责

在国资委和国资委党委领导下，认真贯彻落实党中央、国务院关于企业履行社会责任的有关精神，研究审议国资委及中央企业社会责任工作的重大问题和事项；研究制定国资委推进社会责任工作的政策措施；研究制定国资委推进中央企业社会责任工作的战略、规划和年度计划；指导中央企业建立完善社会责任工作体制和制度。

二、指导委员会的组成

主　任：邵　宁　国资委副主任

副主任：彭华岗　国资委研究局局长

① 资料来源：国务院国资委网站，http：//www.sasac.gov.cn/n2588030/n2588939/c4297362/content.html。

成　员：楚序平　国资委研究局副局长

刘玉岐　国资委规划发展局副局长

廖家生　国资委财务监督与考核评价局副局长

李燕斌　国资委企业分配局副局长

段晓锋　国资委综合局副局长

韩　天　国资委宣传工作局副局长

张相红　国资委群众工作局副局长

三、工作机构及职责

指导委员会下设办公室，办公室设在研究局。指导委员会办公室的主要职责是贯彻落实国资委和国资委党委关于中央企业社会责任工作的各项部署和指导委员会的各项工作要求，负责指导推动中央企业社会责任日常工作。办公室主任由彭华岗同志兼任。

国务院国有资产监督管理委员会办公厅

二〇一二年五月十八日

二、商务部对企业社会责任的推动

商务部是率先在中国关注和推动企业社会责任的中央部委之一，也是较早出台社会责任促进政策的中央部委之一。

2007 年 6 月，中国商务部与瑞典外交部共同签署了《关于企业社会责任合作的谅解备忘录》。

2008 年 4 月，中国商务部与瑞典驻华使馆在北京共同举办了第一期中瑞企业社会责任培训班。时任中国商务部部长陈德铭和瑞典贸易大臣比约林共同出席开班仪式并讲话。首批 50 位来自中国中央有关部门、地方商务部门的负责人和行业协会、进出口商会的主管人员参加了培训。

2008 年 11 月，商务部和瑞典驻华使馆共同组织企业社会责任考察团，访问了瑞典投资促进署和斯堪尼亚、宜家、利乐、H&M 以及华为瑞典公司等，了解瑞典企业社会责任的推进经验。

2009 年 9 月 9 日，商务部在“跨国公司企业社会责任研讨会”上，以征求意见的形式发布了《外资投资企业履行社会责任指导性意见》。

【延伸阅读】

中瑞企业社会责任合作

2007 年 6 月，在时任中国国家主席胡锦涛访问瑞典期间，中国与瑞典共同签署了《关于企业社会责任合作的谅解备忘录》。2008 年，为落实《关于企业社会责任合作的谅解备忘录》，中瑞双方共同建立并开通了中瑞企业社会责任合作网（www. csr. gov. cn），重点介绍企业社会责任的理念、内涵和发展趋势，宣传有关法律法规和标准，开展中瑞企业社会责任经验交流与对话，展示中瑞企业社会责任合作成果；并举办了第一期中瑞企业社会责任培训班。

2009 年 7 月，在召开中瑞经贸联委会第十七次会议期间，时任中国商务部副部长高虎城与瑞典国务秘书韦斯兰德签署了《成立中瑞企业社会责任合作工作组的谅解备忘录》。

2010 年 3 月，在时任中国国家副主席习近平访问瑞典期间，时任中国商务部副部长高虎城与瑞典国务秘书韦斯兰德共同签署了《中瑞企业社会责任合作中长期规划》。

2015 年 9 月 9 日，中国商务部副部长王受文与瑞典企业与创新大臣米卡尔·达姆伯格（Mikael Damberg）共同签署了《中国商务部与瑞典外交部关于继续开展企业社会责任合作的谅解备忘录》，扩大了两国在企业社会责任问题上的合作范围，新增了采购、垃圾和污水处理、商业中的人权、透明及可持续投资领域。

随着我国“走出去”规模的扩大，尤其是“一带一路”倡议的实施，商务部更加注重引导外商投资企业规范运营和“走出去”企业在海外可持续发展。为指导中国企业进一步规范对外投资合作活动中的环境保护行为，及时识别和防范环境风险，引导企业积极履行环境保护社会责任，树立中国企业良好的对外形象，支持东道国的可持续发展，2013 年商务部联合环境保护部共同发布了《对外投资合作环境保护指南》；修订《境外投资管理办法》要求企业遵守投资目的地法律法规、尊重当地风俗习惯、履行社会责任。此外，由商务部主管的中国对外承包工程商会、中国五矿化工进出口商会、中国外商投资企业协会等行业组织将推动会员企业履行社会责任作为商会服务的重要内容，在行业内开展了一系列社会责任的建设和推动工作，如《中国对外矿业投资行业社会责任指引》《中国对外承包工程行业社会责任指引》《中国外商投资企业社会责任报告编写指南》等。

三、全国工商联对民营企业社会责任的引导

中国工商业联合会（简称工商联）是中国共产党领导的以非公有制企业和非公有制经济人士为主体，具有统战性、经济性、民间性有机统一基本特征的人民团体和商会组织，是党和政府联系非公有制经济人士的桥梁纽带，是政府管理和服务非公有制经济的助手，是中国人民政治协商会议的重要组成部分。工商联是民营企业履行社会责任的重要支撑，一方面，倡导广大非公有制经济人士自觉做爱国敬业、守法经营、创业创新、回报社会的表率和践行清新型政商关系的典范；另一方面，帮助民营企业适应把握经济发展新常态，贯彻新发展理念，自觉投身供给侧结构性改革，实现企业可持续发展。

为引导、支持民营企业履行社会责任，工商联通过开展调研与培训、出台履行社会责任的指导意见、引导民营企业联合行动等多种措施，积极搭建民营企业履行社会责任的平台。2013 年，全国工商联首次开展了民营企业社会责任调研，并在调研的基础上编写、出版了第一本《中国民营企业社会责任研究报告》，全面展示了我国民营企业社会责任履行现状和典型实践。2015 年，全国工商联在对 12000 多家规模以上民营企业社会责任实践与绩效调研的基础上出版了第一本《民营企业社会责任蓝皮书》。2015 年 9 月 21 日，全国工商联与国务院扶贫开发领导小组办公室和中国光彩事业促进会共同启动了“万企帮万村”精准扶贫行动，发起民营企业履行社会责任的联合行动。此外，各地方工商联积极搭建民营企业履行社会责任平台。如 2010 年河南省工商联批准成立了全国工商联系统内第一家社会责任机构——河南省企业社会责任促进中心。中心成立后，通过开展社会责任

调研评估、社会责任培训、社会责任论坛沙龙等形式，有效促进了河南省民营企业履行社会责任；2013 年 12 月 25 日，由河南省工商联和中心联合起草并归口的《民营企业社会责任评价与管理指南》（河南省地方标准 DB41/T 876-2013）正式实施，这也是国内首个民营企业社会责任省级地方政府标准；此外，中心还承担了全国工商联民营企业社会责任调研及研究报告编写的执行工作。广东省工商联、苏州市工商联分别发布了《广东民营企业社会责任报告》《2017 苏州民营企业社会责任报告汇编》，有效展示了民营企业履行社会责任的良好形象。

四、其他中央部委对企业社会责任的推动

除国务院国资委、商务部、全国工商联等积极推动企业履行社会责任外，国家质量监督检验检疫总局、工业和信息化部、国家工商总局等积极出台政策鼓励企业承担社会责任。2014 年，国家工商总局发布《网络交易平台经营者履行社会责任指引》，明确网络交易平台经营者履行社会责任的主要内容；2015 年 6 月 2 日，国家质量监督检验检疫总局、国家标准化管理委员会正式批准发布了三项国家标准：GB/T 36000-2015《社会责任指南》、GB/T 36001-2015《社会责任报告编写指南》和 GB/T 36002-2015《社会责任绩效分类指引》。在工业和信息化部的指导下，2016 年，SJ/T 16000-2016《电子信息行业社会责任指南》发布，这是工信部批准的第一个企业社会责任的行业标准；在工业和信息化部指导下，中国工业经济联合会充分发挥协会职能，辅助工信部推动企业履行社会责任，通过集中发布社会责任报告、开展社会责任绩效评价等工作，搭建推动工业企业和信息产业履行社会责任的平台。中国工业经济联合会相继发布了《中国工业企业社会责任管理指南（2015）》和《中国工业协会社会责任指南实施手册》等标准。2016 年 1 月，中国工业经济联合会企业社会责任促进中心正式成立。

2017 年 12 月，国家发展改革委员会、商务部、人民银行、外交部和全国工商联对外发布《民营企业境外投资经营行为规范》。该规范主要从五个方面对民营企业境外投资经营活动进行了引导和规范：一是完善经营管理体系。民营企业要建立健全境外投资决策、授权管理、财务管理等内部规

章制度。二是依法合规诚信经营。民营企业及其境外分支机构要认真履行国内外相关手续，开展公平竞争，诚信经营。三是切实履行社会责任。鼓励民营企业在境外投资过程中热心公益事业，增进文化交流，树立服务社会的良好企业形象。四是注重资源环境保护。倡导民营企业提高资源节约、环境保护意识，遵守东道国环保法规，履行环保责任和相关法律义务。五是加强境外风险防控。民营企业要加强全面风险防控，建立健全应急处置机制，完善境外安全保障措施，做好安全事故处理。

随着“一带一路”倡议的推广，2017 年 5 月，环境保护部、外交部、发展改革委员会、商务部联合发布了《关于推进绿色“一带一路”建设的指导意见》，提出在“一带一路”建设中突出生态文明理念，推动绿色发展，加强生态环境保护，共同建设绿色丝绸之路。

2016 年 3 月，全国人大通过的“十三五”规划纲要明确提出要“建立绿色金融体系，发展绿色信贷、绿色债券，设立绿色发展基金”。2016 年 8 月 31 日，中国人民银行、财政部、国家发展改革委、环境保护部、银监会、证监会、保监会印发了《关于构建绿色金融体系的指导意见》，大力推动绿色金融体系建设（见表 2-2）。

表 2-2　2012~2016 年以来我国出台的绿色金融相关文件

年　份	政策文件名	颁布机构
2012	《绿色信贷指引》	中国银行业监督管理委员会
2013	《中国银行业绿色信贷共同承诺》	29 家银行签署
2013	《关于开展环境污染强制责任保险试点工作的指导意见》	环保部、保监会
2014	《关于加快发展现代保险服务业的若干意见》	国务院
2014	设立中国银行业协会绿色信贷业务专业委员会	银行业金融机构共同发起
2015	《生态文明体制改革总体方案》中明确提出“建立绿色金融体系”	中共中央、国务院
2015	能效信贷指引	中国银监会
2015	《关于在银行间债券市场发行绿色金融债券有关事宜的公告》	中国人民银行

续表

年　份	政策文件名	颁布机构
2015	《中国绿色债券支持项目目录（2015 年版）》	人民银行 39 号公告
2015	《政府投资基金暂行管理办法》	财政部
2016	《关于构建绿色金融体系的指导意见》	中国人民银行、财政部、发展改革委、环境保护部、银监会、证监会、保监会

第三节　地方政府推动社会责任发展

在党和国家对企业社会责任的号召，以及在中央部委的示范下，近年来，地方政府积极推动企业社会责任，通过出台社会责任政策、搭建企业履责平台、开展社会责任评估和评价等工作，有效促进了所在辖区内企业社会责任的发展。

一、地方政府出台的社会责任政策

地方政府推动企业社会责任，旨在通过引导企业履行社会责任，加强对地方企业履行社会责任的监督、引导和评价，为地方企业履行社会责任创造良好环境。据不完全统计，北京市、上海市、浙江省、江苏省、广东省、山东省、湖南省、河北省、贵州省、河南省、陕西省、福建省、广西壮族自治区、重庆市、四川省、山西省等省级政府均出台了企业社会责任相关政策（见表 2-3），其中浙江省建立了覆盖省—市—区（县）的三级社会责任政策体系。

表 2-3 地方政府出台的社会责任政策文件

省 份	年 份	政策文件名称
北京市	2016	《关于市属国企履行社会责任的指导意见》
上海市	2016	《关于本市国有企业更好履行社会责任的若干意见》
	2012	《上海市文明单位社会责任报告指导手册（试行）》
	2013	《上海市文明单位社会责任报告指导手册（修订版）》
	2007	《上海银监局上海银行业金融机构企业社会责任指引》
	2007	《关于推动浦东新区建立企业社会责任体系的意见和浦东新区社会责任导则》
	2007	《浦东新区推进企业履行社会责任的若干意见》
	2007	《浦东新区推进建立企业社会责任体系三年行动纲要（2007~2009）》
	2011	《浦东新区推进建立企业社会责任体系三年行动纲要（2011~2013）》
	2011	《浦东新区推进企业履行社会责任的若干意见（修订稿）》
浙江省	2008	《浙江省人民政府关于推动企业积极履行社会责任的若干意见》
	2012	《浙江省经济和信息化委员会关于推动全省工业企业积极开展社会责任建设的若干意见》
	2010	浙江省银监局《浙江银行业金融机构履行企业社会责任指导意见》
	2009	《杭州市关于加强企业社会责任建设的意见》
	2010	《杭州市企业社会责任评价体系》
	2014	杭州市地方标准规范《企业社会责任评价规范》
	2014	杭州市委、市政府《关于进一步深化企业社会责任建设工作的意见》
	2014	杭州市企业社会责任建设暨发展和谐劳动关系工作领导小组办公室《杭州市企业社会责任建设促进办法》
	2008	《宁波市和谐企业（社会责任）评价指标体系》
	2011	《宁波市企业信用监管和社会责任评价办法》
	2012	宁波市地方标准《宁波市企业社会责任评价准则》
	2013	《宁波市最具社会责任企业奖评选管理办法（试行）》
	2008	《义乌市企业社会责任标准评判指标体系》

续表

省份	年份	政策文件名称
浙江省	2009	《义乌市企业社会责任评证实施办法》
	2008	《嘉兴市人民政府关于推动企业积极履行社会责任的若干意见》
	2014	《嘉兴市南湖区人民政府关于推动企业积极履行社会责任的若干意见》
	2013	《绍兴市经信委关于推动工业企业积极开展社会责任建设的若干意见》
	2014	《绍兴市柯桥区经济和信息化局关于推动工业企业积极开展社会责任建设的若干意见》
	2017	《绍兴市越城区经济和信息化局关于推进我区工业企业社会责任建设工作方案》
	2013	《丽水市经济和信息化委员会关于加强全市工业企业社会责任建设的若干意见》
	2017	《永康市关于推动企业积极履行社会责任的若干意见》
	2014	《海盐县人民政府关于推进企业积极履行社会责任的若干意见》
江苏省	2017	《江苏省企业社会责任建设指导意见》
	2017	《江苏省企业社会责任建设试点示范实施方案》
	2017	《江苏省企业社会责任评价基本指南》
	2008	《无锡市人民政府新区管理委员会关于推进企业履行社会责任的若干意见》
	2008	《无锡新区企业社会责任导则》
	2009	《无锡新区履行企业社会责任评价体系（试行）》
	2008	《无锡新区企业社会责任体系建设三年（2008~2010 年）行动纲要》
	2004	《常州企业社会责任标准》
	2005	《常州企业社会责任标准实施意见》
	2017	《苏州工业园区企业社会责任评估体系》
广东省	2007	《中共深圳市委深圳市人民政府关于进一步推进企业履行社会责任的意见》
	2015	《关于进一步促进企业社会责任建设的意见》
	2015	《企业社会责任要求》
	2015	《企业社会责任评价指南》

续表

省　份	年　份	政策文件名称
山东省	2011	《关于省管企业履行社会责任的指导意见》
	2014	《企业社会责任报告编写指南》
	2014	《企业社会责任指标体系》
	2008	《烟台经济技术开发区企业社会责任考核评价体系实施意见（试行）》
	2010	《威海经济技术开发区关于建立企业履行社会责任激励约束机制的试行意见》
湖南省	2012	《长沙市人民政府关于加强企业社会责任建设的意见》
	2013	《长沙市企业社会责任评价试行办法》
	2013	《长沙市岳麓区人民政府办公室关于加强企业社会责任建设的意见》
河北省	2016	《河北省促进企业履行社会责任的指导意见》
	2009	《石家庄市人民政府关于促进企业履行社会责任的指导意见（试行）》
贵州省	2017	《贵州省促进企业履行社会责任的指导意见》
河南省	2013	《民营企业社会责任评价与管理指南》
陕西省	2012	《关于省属企业履行社会责任的指导意见》
福建省	2011	《厦门市属国有企业履行社会责任的指导意见》
广西壮族自治区	2015	《关于全区国有企业更好履行社会责任的指导意见》
重庆市	2012	《重庆市电子信息产业重点企业社会责任考核评估办法（试行）》
四川省	2008	四川省银监局《四川省银行业金融机构履行社会责任指导意见》
山西省	2007	山西省银监局《山西银行业金融机构履行社会责任指导意见》

二、上海市推动企业社会责任情况介绍

（一）社会责任政策文件

作为现代市场经济较发达的地区，上海市政府非常重视企业社会责任，并出台了一系列促进社会责任发展的政策文件。

2007 年 4 月 9 日，上海银监局关于印发《上海银行业金融机构企业社会责任指引》，这是中国首部地方银监部门发布的银行企业社会责任指引。明确指出银行业金融机构应主动践行市场主体应尽的社会责任，维护股东、员工、金融消费者等利益相关者的合法权益，促进经济、社会与环境的可持续发展；银行业机构应于每年 6 月底前向监管部门提交上一年度的企业社会责任报告。该指引认为银行业机构的企业社会责任至少应包括以下 7 个方面：

（1）维护股东合法权益，公平对待所有股东；

（2）以人为本，重视和保护员工的合法权益；

（3）诚信经营，维护金融消费者合法权益；

（4）反不正当竞争，反商业贿赂，反洗钱，营造良好市场竞争秩序；

（5）节约资源，保护和改善自然生态环境；

（6）改善社区金融服务，促进社区发展；

（7）关心社会发展，支持社会公益事业。

2008 年 3 月 6 日，上海市建筑施工行业协会发布《关于施工企业履行社会责任的指导意见》，该指导意见提出了上海市建筑施工企业应承担的 5 条主要责任内容和 3 条实施措施，其中将“依法经营诚实守信，遵守行业自律规则，正确处理与分包商、供应商等合作方及利益相关方的关系，不采用非正当手段谋取利益，杜绝经营活动中的腐败行为”等列为主要内容。

2008 年 11 月 25 日，上海市质监局发文通知（沪质技监标〔2008〕589 号），认定《企业社会责任》正式通过成为上海市地方标准，编号为 DB 31/421-2008，并将于 2009 年 1 月 1 日起实施，这是我国首个企业社会责任方面的省级地方标准。

2009 年 6 月，上海市期货同业公会发布《上海地区期货公司社会责任工作指引》，鼓励上海期货经营机构根据该指引制定社会责任发展规划，明确社会责任目标、定位和行动准则。将期货公司的企业社会责任分为促进社会经济发展、利益相关者权益保护、公共利益维护和环境保护四大类别，并提出“鼓励期货公司于每年 6 月底前向社会和市场发布上一年度社会责任报告。鼓励通过网站、报纸等媒体渠道，增强透明度，公开披露期货公司的社会责任报告”。

2009 年 9 月 1 日，上海市建筑施工行业协会印发《上海建筑施工行业企业社会责任导则（试行）》，并编制《上海建筑施工行业企业社会责任评价标准与自我评价表》。

2012 年 2 月，上海市政府发布了《上海市文明单位社会责任报告指导手册（试行）》。该指导手册在明确了报告编制原则、边界、编写流程、报告结构、报告评价与管理的同时，对企业、事业、机关、社团四种不同类型文明单位的五大社会责任内容做了规定。

2016 年，上海市国资委发布《关于本市国有企业更好履行社会责任的若干意见》。该若干意见提出了国有企业履行社会责任的总体要求和四个方面基本原则，即坚持深化改革、发展优先，坚持以人为本、和谐共赢，坚持立足实际、突出重点，坚持融入文化、制度治企。该若干意见明确了国有企业履行社会责任的主要目标：到 2020 年，市管国有企业及所属重要核心企业定期发布社会责任报告、形成企业履行社会责任考核评价的制度化安排。国有企业社会责任体系进一步完善，经济、社会、环境综合价值创造能力进一步增强，品牌形象、文明程度和社会认可度进一步提高，形成一批模范履行社会责任、具有国际影响力、受人尊敬的优秀企业。

2017 年 4 月，上海市商务委员会委托上海交通大学凯原法学院编制了《海外投资企业社会责任指引》，该指引覆盖了全球 6 大地区、48 个重点国别和海外投资排名靠前的 6 个主要行业，旨在为上海企业更好地对接国际规则，推动产业升级、可持续发展和借助于内在治理推动海外投资营商法治化提供翔实、全面的指引。

（二）社会责任促进活动

除出台社会责任政策文件外，上海市积极开展社会责任沟通交流、奖项评选、会议论坛等，为企业履行社会责任搭建平台。2006 年 10 月 17 日，上海中小企业国际合作协会与瑞典驻中国大使馆、瑞典商会等在上海联合举办“中瑞企业社会责任研讨会”；2007 年 7 月 25 日，上海市外经贸委和上海市外商投资企业协会共同举办“2007 上海外商投资企业履行社会责任、共建社会和谐交流暨‘双优’先进企业表彰会”，687 家企业获“双优”先进企业表彰；2008 年 7 月 4 日，上海社会科学院世界经济研究所召开“上海社会科学院建院 50 周年系列学术活动——跨国公司与企业社会责任学术研讨会”；2008 年 11 月 6~7 日，上海市科协举办“科技社团的社会责任”国际论坛；2014 年 10 月 27 日，上海市文明办、市国资委党委在建工集团举办“上海文明单位社会责任白皮书发布会暨上海市国资委系统企业诚信建设与社会责任论坛”，上海全市 3336 家文明单位均提交社会责任报告，实现了全覆盖。

随着“一带一路”倡议的实施和中国企业“走出去”的加速，2017 年和 2018 年上海市商务委员会举办了“海外经营企业社会责任管理培训班”。

（三）浦东新区社会责任促进措施

2005 年 6 月，国务院批准上海浦东新区进行综合配套改革试点。浦东新区根据国务院的要求，积极推动综合配套改革各项进程，并把建立企业社会责任体系作为综合配套改革的重要内容之一。2007 年 5 月，浦东新区建立由新区经委、环保市容局、劳动保障局、总工会及相关单位和企业等多方参与的新区企业社会责任体系联席会议制度，设立“浦东新区建立企业社会责任体系联席会议办公室”，设在新区经委。企业社会责任办公室的主要工作是协调新区企业社会责任推进工作，组织制订并实施新区推进企业履行社会责任计划，搭建新区建立企业社会责任体系的信息平台，受理企业社会责任达标评估申报并组织评估，受理达标企业享受有关扶持政策的申请等日常工作。

2007 年 7 月，浦东新区召开了建立企业社会责任体系的推进大会，在会上发布了三个重要文件《浦东新区企业社会责任导则》《浦东新区推行企业履行社会责任的若干意见》以及《浦东新区建立企业社会责任体系的三年行动纲要 2007~2009 年》，纲要明确了浦东新区推进建立企业社会责任体系的工作目标：力争达到各类诚信标准示范企业 1000 家；达到企业社会责任标准企业超过 200 家；发布企业社会责任报告企业 300 家；三年内每万元 GDP 能耗降低 15%。

《浦东新区推行企业履行社会责任的若干意见》是上海市人大作出浦东综改相关文件可先行先试决定后，浦东新区政府制订的第一个规范性文件。该意见指出，浦东可对达到企业社会责任标准的企业予以相应的扶持，相关政策可以叠加和整合。在财政支持方面，被认定为达标的企业，分别给予一次性奖励和优先给予科技发展基金的资助；被认定为达标的中小企业，在贷款担保、技改贴息等方面给予优先考虑；在政府采购方面，被认定为达标的企业，政府可优先采购其产品和服务。同时，通过建立奖惩机制，一方面，设立“浦东新区企业社会责任奖”，让履行社会责任好的企业获得更多的支持和市场机会，提升竞争力和品牌形象；另一方面，探索建立各部门联动的联合诚信体系和信息发布平台，通过整合劳保、环保、海关、检验检疫、外汇、工商、税务、财政等16个部门的诚信资源，形成统一的诚信体系，建立企业联合诚信档案，及时曝光、处罚记录不良的企业，加大违规处罚力度。

三、浙江省推动企业社会责任情况介绍

（一）社会责任政策文件

作为民营经济大省，浙江省高度重视企业社会责任工作，建立了覆盖省—市—区（县）的三级社会责任政策体系。2006年4月，浙江省皮革行业协会发布了《浙江省皮革行业社会责任公约》；2009年4月，浙江省注册会计师发布了《浙江省注册会计师资产评估行业履行社会责任倡议书》。

2008年2月，浙江省政府下发《浙江省人民政府关于推动企业积极履行社会责任的若干意见》。这是中国第一个由省级政府出台的推进企业履行社会责任的政策性文件。该意见指出浙江省将成立由省经贸委为召集单位、省有关部门参加的省企业社会责任建设联席会议制度。

2008年3月，浙江省出台了《企业履行社会责任推动计划》，决定通过政策引导，推动企业积极履行社会责任。计划指出，将在高新技术产业、装备制造业、传统优势产业、现代服务业等行业，选择一批不同规模的企业作为省开展企业社会责任建设试点单位。金融单位要对积极履行社会责任的企业予以优先支持，财政等部门在安排有关项目财政补助资金时要给予重点支持，其他有关部门也要将企业履行社会责任状况作为依法审批办理相关业务的重要依据。同时，严肃查处损害员工、消费者、社会公共利益以及扰乱市场经济秩序的违法行为，加大对缺乏信用、污染环境、破坏生态、浪费资源、危害安全等行为的惩处力度。根据浙江省政府给出的指标，到2010年，浙江全省慈善捐款达到全省生产总值的1%左右。

2010年，浙江省银监局《浙江银行业金融机构履行企业社会责任指导意见》指出，“银行业机构应建立适当的内外部评估机制，定期评估企业社会责任的履行情况，不断改进履行企业社会责任的方式。监管部门鼓励有

条件的法人银行业机构通过网站等渠道，公开披露企业社会责任报告”。

2012年，浙江省经济和信息化委员会发布《关于推动全省工业企业积极开展社会责任建设的若干意见》，提出企业社会责任建设的重点内容包括科学发展、诚信经营、善待员工、安全生产、节能环保、社会公益和推进社会责任管理。此外，绍兴市经信委、绍兴市柯桥区经济和信息化局、绍兴市越城区经济和信息化局、丽水市经济和信息化委员会等也出台了促进工业企业履行社会责任的指导意见。

除省级层面出台社会责任政策文件外，杭州市、宁波市、义乌市、嘉兴市、绍兴市、丽水市、永康市、海盐县等市区县也出台了相应的社会责任促进政策。

（二）社会责任促进活动

浙江省政府以及市区县通过设立社会责任专业机构、举办社会责任会议和论坛、开展社会责任试点等措施，积极推动企业社会责任发展。

早在2005年，浙江省宁波市私企协会就启动了“宁波市万家私营企业社会责任工程”，倡导私营企业把个人富裕与全体人民共同富裕结合起来，把遵循市场规则与社会主义精神文明建设结合起来，倡导企业在赚取利润的同时，主动履行对环境、社会和利益相关者的责任。

2008年6月，浙江省工业经济研究所、浙江省技术创新服务中心、浙江大学政府与企业研究所联合组成“浙江省企业社会责任课题组”，并编纂出版《浙江省企业社会责任案例》。

2009年2月26日，由浙江省经济贸易委员会、省工业经济联合会、省企业联合会、省企业家协会等主办的“2009浙江省企业社会责任高层论坛”在浙江大学隆重举行。会上，与会单位共同倡议成立“浙江省企业社会责任促进会”。2016年，浙江省企业社会责任促进会正式成立，是一个全省性、非营利性、联合性的社会组织；协会接受浙江省民政厅的监督管理和浙江省经信委的业务指导。

（三）杭州市社会责任促进措施

2009年10月23日，中共杭州市委、杭州市人民政府发布《关于加强企业社会责任建设的意见》，明确了社会责任十个方面的内容，并提出了六大方面的措施；明确提出建立杭州市企业社会责任建设领导小组，下设办公室，办公室设在杭州市总工会；此外，还提出“要建立企业社会责任报告制度。定期发布企业社会责任报告或可持续发展报告，公布企业履行社会责任的现状、规划和措施，及时了解利益相关者的意见和建议，主动接受社会监督”。

2009年1月和3月，杭州市委、市政府分两批分别表彰了7098家社会责任建设先进企业。2009年10月23日，杭州市委、市政府发布的《关于加强企业社会责任建设的意见》明确提出设立“最佳社会责任奖”，奖励履行社会责任表现突出、表现优异的企业。

2010年9月，浙江省杭州市出台了《杭州市企业社会责任评价体系》。根据该评价体系要求，企业担负市场责任、环境责任、用工责任、公益责任四大类社会责任，体系涵盖的评价范围广泛，有产品质量、环保减排、清洁节能、依法用工、安全生产、职业健康等11个一级指标，合同保险、工资、工时、制度法规等30个二级指标，劳动合同签订率、劳动合同履行程度、社会保险参保率等100个三级指标。企业社会责任评估每两年一次，由第三方机构依照体系标准评估企业社会责任履行情况，评估结果分优、良、合格、基本合格和不合格五个等级。

2014年，杭州市《企业社会责任评价规范》地方标准通过浙江省质量技术监督局备案审查后正式发布，这标志着杭州企业社会责任建设进入规范化、标准化的新阶段。该规范由市总工会、市标准化研究院、浙江大学公共管理学院联合起草，历时1年多，由总则、建设业和服务业三个板块组成。

2014年，杭州市委、市政府发布《关于进一步深化企业社会责任建设工作的意见》，提出社会责任建设的主要目标是：企业社会责任建设理念进一步深化，“党政主导、企业主体、各方联动、工会力推”的工作机制进一步健全，激励约束机制进一步加强，“杭州标准”被企业和社会普遍接纳，企业社会责任建设实践和管理水平进一步提升；到2017年底，中小微企业积极参与企业社会责任建设，规模以上企业普遍参与社会责任建设，60%以上参与评估企业达到C级以上标准，企业社会责任建设实践成为“幸福和谐”杭州的新名片。

四、深圳市推动企业社会责任情况介绍

改革开放近40年，中国最引人瞩目的实践是经济特区。全世界超过

4000个经济特区中，头号成功典范莫过于“深圳奇迹”。深圳作为改革开放的排头兵、先行地、实验区，始终站在改革开放的最前沿。在促进企业履行社会责任方面，深圳依然走在中国的前列。

2005年，深圳市劳动保障局联合深圳市委政研室、中央党校社会发展研究中心向深圳市政府提交了《深圳应力促企业履行社会责任》的研究报告。报告认为，无论从进一步实施开放型经济发展战略，保持出口优势，还是从化解诸多社会矛盾的角度，深圳都应当力促企业履行社会责任。

在2006年初的深圳两会期间，不少代表、委员提出了议案、提案，要求加强企业社会责任建设。其中，民革深圳市委会提出了《深圳率先建立企业社会责任体系的建议》的提案。在两会期间，多名工商界的人大代表和政协委员还召开座谈会，发表了《加强企业社会责任，共建和谐深圳》的倡议书，承诺履行社会责任，并呼吁政府营造良好环境，加强企业社会责任建设。

【延伸阅读】

《加强企业社会责任，共建和谐深圳》五点倡议

第一，常怀感恩之心。深圳企业的发展得益于改革开放，得益于政府和社会各界的理解支持。要常怀感恩之心，尽自己所能回报社会，做一个负责任的企业公民。要建立良好的企业价值观，遵守法律、社会规则和国际标准，防范腐败和贿赂，倡导社会公认的商业道德和行为准则。

第二，努力发展企业，不断提高自主创新能力，诚信经营，依法纳税，合法经营，公平竞争，严格自律，树立企业良好形象。守信用，讲信誉，重信义，接受社会各界的监督。

第三，关爱员工，建设和谐企业，保障就业机会均等和薪酬公平，为员工提供安全、健康的工作环境和生活环境，提供技能培训和职业发展机会。尊重员工人格，保障员工合法权益，关爱员工，促进劳资关系的和谐稳定。

第四，爱护环境，保护生态，维护环境质量，共同应对突发灾害和保护生态平衡，使用清洁能源，降低生产过程中的污染和浪费，减少企业的生产经营活动对生态环境的影响。努力发展循环经济。

第五，积极参与社会慈善事业。慈善事业的发展是一个社会文明和进步的重要标志，特别需要企业家的热情参与。这是整个社会对企业家寄予的道德期望，也是深圳企业家义不容辞的责任。尽所能推动慈善事业的发展，配合政府和慈善组织在灾害救助、扶贫济困、安老助孤、支教助学等领域做出贡献，并为医疗、教育、文化等公共服务领域提供力所能及的智力、物力和财力支持。

2007 年 5 月，中共深圳市委、深圳市人民政府发布了《中共深圳市委深圳市人民政府关于进一步推进企业履行社会责任的意见》，为进一步推进企业履行社会责任提供全面、系统的政策支持，并在此基础上制定《深圳市企业社会责任评价准则》，率先建立推进企业履行社会责任的制度框架。制度框架主要包括八大机制：一是企业责任观的宣传教育机制；二是运用法律手段推进企业履行社会责任的机制；三是促使企业完善内部社会责任管理的机制；四是推动企业社会责任标准化建设的机制；五是建立企业社会责任信息披露和评价机制；六是推进企业履行社会责任的激励机制；七是充分发挥不同社会主体作用的社会参与机制；八是推进企业履行社会责任的政府工作机制。此外，意见还明确提出成立深圳市推进企业履行社会责任工作委员会，并指出委员会由市领导牵头，市委、市政府相关部门，市人大、市政协有关专委会，有关人民团体、社会组织、部分专家和各区组成；委员会负责统筹规划推进企业履行社会责任工作，研究制定相关政策，指导、协调、监督全市相关工作。各级政府应明确各项推进企业履行社会责任工作的主管部门和协管部门，明确各部门的职责，建立共同监管机制。

2015 年，中共深圳市委办公厅、深圳市人民政府办公厅印发了《关于进一步促进企业社会责任建设的意见》的通知，指出建立健全促进企业履行社会责任的体制机制，构建深圳市企业社会责任评价管理工作体系，促进企业与社会共同发展，力争到 2020 年，基本实现“三增强、三提升”目标，即全市企业履行社会责任的自觉性、积极性明显增强，企业良好影响力明显增强，企业与员工、消费者、合作者、生态环境、社区的和谐度明显增强；企业诚信经营程度明显提升，企业依法治理水平明显提升，企业社会形象、核心竞争力和可持续发展能力明显提升。

2015 年，深圳发布了《企业社会责任要求》和《企业社会责任评价指南》两份地方标准，为深圳市企业社会责任建设和第三方企业社会责任评价提供了依据。标准的核心内容与国际标准 ISO 26000 保持一致，并融入了深圳地方经济社会发展特点的元素，是国内首个以地方标准的形式发布的企业社会责任标准。2015 年 7 月起，深圳启动了企业社会责任评价工作，坚持“企业自愿”原则，政府部门不参与具体评价，鼓励和委托第三方机构组织实施，引导具有公信力的社会第三方评价机构进行等级评价，最大限度地实现评价的科学、公平、透明。首批申请评价的有 103 家企业，最终获得星级评价的企业有 33 家三星级、50 家二星级、6 家一星级。

【延伸阅读】

中国慈善第一展

作为“中国慈善第一展”，中国慈展会自 2012 年起已在深圳成功举办五届，覆盖了 31 个省、自治区、直辖市以及港澳台地区，为推动慈善事业创新发展、助力打赢扶贫攻坚战和全面建设小康社会发挥了突出作用。

五届以来，慈展会累计展示了 54 个慈善城市的创新探索，吸引了 6877 家社会组织和 553 家企业参展，展示推介近 3 万个品牌慈善项目，实现项目对接 2185 个，对接金额达 324. 53 亿元，开展 120 余场研讨会议和互动沙龙活动，激发了业界对慈善领域热点议题的深入研讨，有力推动了慈善事业的创新发展。

2018 年，第六届中国慈展会由民政部、国务院扶贫办、全国工商联、广东省政府、深圳市政府、中慈联等共同主办。展会共设立 4 个专区、9 个主题展区。展会期间将举办高端会议、信息发布、项目路演等系列活动，面向各地尤其是深度贫困地区征集扶贫项目需求，对贫困地区特别是深度贫困地区的扶贫项目进行重点展示和推介，动员和引导社会各界力量向深度贫困地区倾斜，实现扶贫项目与资源精准、高效对接。

【延伸阅读】

深圳市企业社会责任促进会简介

成立时间：2012 年 7 月 27 日

批准文号：社证字　第 00881 号

批准机构：深圳市民政局

主管单位：深圳市人民政府相关职能部门

社团性质：性质是由深圳市支持、推动企业社会责任的企业、社会组织及相关专家、学者自愿组成的地方性、联合性、非营利性社会组织。

社团宗旨：遵守宪法、法律、法规和国家政策，遵守社会道德风尚，按照国家和深圳市企业社会责任建设方针，发挥好桥梁纽带作用，引导会员企业自觉履行社会责任，强化内部社会责任管理，促进企业健康、持续发展，做大做强，为构建和谐社会作贡献。

业务范围：

（1）收集整理相关信息，为会员、为社会各界提供相关信息服务；

（2）组织开展相关公益宣传活动，向企业和市民宣传社会责任理念，增强企业社会责任感，提高全社会责任意识；

（3）开展社会调查，加强理论研讨，为会员践行社会责任提供理论依据，为政府相关部门制定政策法规提供参考；

（4）为会员提供讲座、培训、考察等服务，引导和帮助企业开展社会责任的规范管理，促进企业社会责任工作实现自检、自律；

（5）举办相关论坛、经验交流会、展览会等，扩大会员对外交流，提升企业社会责任理念；

（6）协助、配合国家及市政府有关部门，引入、研究先进的企业社会责任评价体系，开展符合深圳实际和国际标准的企业社会责任评价及认证工作；

（7）维护会员合法权益，反映会员企业诉求，促进企业与政府有关部门的沟通交流；

（8）搭建信息交流的平台，组织编印内部交流刊物，为会员提供学习、交流、宣传的载体；

（9）承接政府有关部门委托的符合本会宗旨的其他工作任务。

工作成效：

促进会自成立以来，已完成了配合国家财政部、国家质检总局授权中国合格评定国家认可中心组建的“全国企业社会责任认证制度研究”课题组在深圳开展的企业社会责任调研、培训和试认证工作；建立了CSR咨询专家队伍；举办了多场企业社会责任经验交流会和《企业社会责任“查厂”的应对》《企业社会责任基础》《企业社会责任管理体系建立与运行》《企业社会责任风险的防范与应对》《企业社会责任战略规划与运营》《企业社会责任报告的编写》以及《劳动者权益保护》等讲座和培训班。并与深圳市社会工作委员会、深圳市市场监管局、深圳市标准技术研究院等单位完成了《关于进一步促进企业社会责任建设的意见》和《企业社会责任要求》《企业社会责任评价指南》“深圳标准”的研制和发布工作；在深圳市企业社会责任建设联席会议办公室的指导下，开展了企业社会责任标准的宣讲、培训以及企业社会责任评价等。

第三章

搭台：行业引领四十年

明者因时而变，知者随世而制。孔子曰：“麻冕，礼也，今也纯，俭，吾从众。”故圣人上贤不离古，顺俗而不偏宜。

——汉·桓宽《盐铁论》

第一节　中国行业协会与企业社会责任

行业协会是指介于政府、企业之间并为其服务、咨询、沟通、监督、自律、协调的社会中介组织。行业协会代表着本行业全体企业的共同利益，并承担着行业监督与协调的功能，是推动企业社会责任发展的重要力量之一。

一、行业协会发展历程

根据我国社会组织管理办法，行业协会属于社团法人，是中国民间组织社会团体的一种，是非营利性机构。新中国成立初期至改革开放前，中国不存在真正意义上的行业协会，因为所有民间组织被“行政吸纳”成为政府机构的一个组成部分；改革开放后，中央和各地政府逐步转变政府职能，推动政府职能向行业协会和商会转移、委托和授权以及购买服务等一系列改革，行业协会得以迅速发展。据统计，行业协会从20世纪80年代不足1000个发展到2014年底的近7万个，每年以10%~15%的速度增长，成为各类社会团体中数量最多、增速最快的社会组织。在这种情况下成长起来的行业协会被赋予行业协调、行业代表、行业自律、行业服务等职能。政府希望行业协会通过理念倡导、制定行规行约、网络联合、加强供应链责任管理以及惩罚措施等手段来树立整个行业的生产守则，以规范和约束会员企业的行为，促使企业履行相应的社会责任。

党的十八届三中全会通过的《共中央关于全面深化改革若干重大问题的决定》提出，全面深化改革的总目标是完善和发展中国特色社会主义制度，推进国家治理体系和治理能力现代化。这标志着我国在解决社会问题方面将改变过去由政府主导自上而下的管理方式，逐步构建一个以政府为主导、多元治理主体共同参与社会协同的治理格局。由于行业协会是联系政府与企业之间的桥梁和纽带，将成为政府、企业之外推动企业可持续发展的重要力量。

一般来说，行业协会的职能主要包括四个方面：

（1）行业服务。为协会会员提供市场信息服务，提供或发布行业发展研究、行业统计分析和行业政策规范等方面的资料；为企业提供技术咨询、教育和培训服务、法律援助等服务；向企业提供或发布组织或举办会展招商、商务考察、产品推介等活动；开展国内外经济技术交流和合作，从产供销各个环节为行业开拓市场服务。

（2）行业自律。依据协会章程或行规行约，制定本行业质量规范和服务标准，协调本行业企业之间的经营行为；监督会员单位依法经营，对违反协会章程和行业法律法规、达不到行业质量规范和服务标准、损害消费者合法权益、参与不正当竞争、影响行业形象的会员，采取警告、业内批评、通告、开除会员资格等惩戒措施，并及时向行业主管部门报告；对会员企业的产品和服务质量、竞争手段、经营作风进行行业评定，维护行业信誉，维护公平竞争秩序。

（3）维护权益。代表会员企业，维护会员的正当权益，向政府特别是行业主管部门反映企业和行业的要求；代表行业内的企业进行反倾销、反垄断、反补贴等调查，或向政府提出调查申请；代表行业企业参与有关行业发展、行业改革以及与行业利益相关的政府决策论证，提出有关经济政策和立法的建议，参加政府举办的有关听证会。

（4）行业协调。作为政府与企业之间的桥梁，向政府传达企业的共同要求，同时协助政府制定和实施行业发展规划、产业政策、行政法规和有关法律；对本行业的基本情况进行统计、分析，并发布结果；展开对本国行业国内外发展情况的基础调查，研究本行业面临的问题，提出建议、出版刊物，供企业和政府参考；协调会员与会员，会员与行业内非会员，会员与其他行业经营者、消费者及其他社会组织的关系。

2007 年 5 月 13 日，国务院办公厅发布《关于加快推进行业协会商会改革和发展的若干意见》。该意见指出，行业协会改革发展的总体要求是：坚持市场化方向、坚持政会分开、坚持统筹协调、坚持依法监管。意见要求，一是要积极拓展行业协会的职能，充分发挥桥梁和纽带作用、加强行业自律、切实履行好服务企业的宗旨、积极帮助企业开拓国际市场；二是要大力推进行业协会的体制机制改革，实行政会分开，改革和完善监管方式，调整、优化结构和布局；三是要加强行业协会的自身建设和规范管理，健全法人治理结构，深化劳动人事制度改革，规范收费行为，加强财务管理，加强对外交流管理；四是要完善促进行业协会发展的政策措施，落实社会保障制度，完善税收政策，建立健全法律法规体系，加强和改进工作指导。

二、行业协会与社会责任发展

行业协会作为平台，有助于推动企业社会责任的发展。根据行业协会承担的功能，行业协会主要从以下几个方面推动企业社会责任的发展。

（1）制定企业社会责任标准和规范。企业社会责任具有一定的标准性和规范性，同时，不同行业的社会责任关键议题并不相同。行业协会通过制定本行业的社会责任标准、指南或倡议，引导行业内企业在行业自律、环保节约、安全生产、构建和谐劳资关系以及参与社会救助和公益慈善事业等方面自觉履行社会责任。同时，行业协会可以组织对行业内企业的社会责任表现进行评估，对社会责任表现良好的企业进行表彰，对达不到行业社会责任规范或标准、损害消费者合法权益、参与不正当竞争、影响行业形象的企业，采取警告、业内匹配或开除会员资格等惩戒措施。

（2）为行业内企业提供社会责任相关服务。行业协会可以通过会员服务为行业内企业提供一系列社会责任服务，包括但不限于：①为行业内企业提供社会责任咨询、培训和教育服务；②开展行业社会责任专题研究和行业统计分析、行业政策规范等方面的资料；③组织行业内企业开展社会责任交流与考察等；④举办行业社会责任会议、论坛。

（3）维护行业内企业工确的权益。当企业出现社会责任危机时，企业往往会受到强烈的制度压力、利益相关方的压力。这些压力往往是施加于整个行业的，而不仅仅是某个企业。这意味着 CSR 成为企业面对的一个社会、政治和经济问题，而不仅仅是一个单纯的经济问题。在这种情形下，企业通过行业协会这一集体行动比自身单独行动更为有效。这时，行业协会可以代表行业向政府主管部门和社会反映行业的社会责任情况，协调企业与政府、社会的关系。

（4）协调行业内与行业外的企业社会责任关系。行业内的企业社会责任往往涉及供应链社会责任管理，需要从长远可持续发展的视角协调行业内不同规模、不同发展阶段的企业，共同履行社会责任；此外，行业协会还要代表整个行业向政府汇报行业履行社会责任的整体情况，协助政府制定和实施行业发展规划、产业政策。

【延伸阅读】

中国电子工业标准化技术协会社会责任工作委员会介绍

当前，在全球可持续发展的理念共识下，企业社会责任正受到国际社会越来越多的关注，越来越多的企业在自身发展的同时，关注环境保护、节能降耗、劳工和与社区和谐共处等问题，积极投身于履行社会责任。电子信息产业是我国战略性、基础性和先导性支柱产业，对于推动我国国民经济和社会发展起着举足轻重的作用。近年来，电子信息产业发展迅猛，企业履行社会责任也逐渐成为社会的焦点议题。电子信息行业开展企业社会责任建设，就是要促进电子信息行业科学全面可持续地发展。

行业协会是引导和推动企业履行社会责任的重要平台和力量。中国电子工业标准化技术协会（以下简称：中电标协）长期以来致力于促进电子信息行业标准化相关工作的开展和社会责任相关标准的研究和推广工作。2011 年，中电标协顺应行业发展的需要，响应企业的呼吁，筹建了中国电子工业标准化技术协会社会责任工作委员会（Committee on Social Responsibility of the Chinese Electronics Standardization Association，以下简称：中电标协社责委），旨在进一步推进电子信息行业社会责任工作，为电子信息行业开展社会责任工作，研究、制定和推广社会责任标准和相关应用工具以及企业履行社会责任等搭建全方位的建设、服务和交流平台。

一、社会责任工作委员会的属性和发展战略

中国电子工业标准化技术协会社会责任工作委员会隶属于中国电子工

业标准化技术协会，是中电标协推进社会责任工作的分支机构，也是我国第一个获民政部批准的专门从事社会责任工作的机构，秘书处设在北京。

中电标协社责委将建立和完善行业性的社会责任标准体系、实施体系和推广体系，进一步提升中国电子信息企业的社会责任意识，强化社会责任管理能力。具体目标包括：研究和建立符合我国电子信息企业发展实际的社会责任准则体系，研究开发相关的实施措施和工具体系，利用行业平台吸引行业企业参与实施和推广，并深入开展行业社会责任政策研究、行业内外经验交流和国际合作。

在初步建立电子信息行业的社会责任推进机制并初步完成在行业内的规模推广以后，中电标协社责委可发挥电子行业对上下游行业的带动和辐射作用，将电子信息行业的社会责任机制引入其他相关行业，形成全供应链、多行业联动的社会责任推进局面，最终实现全价值链社会责任战略。

二、中电标协社责委的工作领域和工作目标

（1）准则制定：根据电子信息产业发展的实际需要，在国家相关政府部门和中电标协的领导下，在充分进行企业调研的基础上，分析研究国内外各主要的社会责任管理体系、标准、倡议和实践，社责委将组织全国范围内相关行业组织、企业、院校、研究机构等制定我国电子信息行业社会责任准则或标准，建立行业性的社会责任规范体系及其实施机制，包括具体的咨询和服务方案。

（2）工具开发：根据制定的社会责任规范体系和实施机制的要求，社责委将按照相关规定和技术工作程序，组织研究开发电子信息行业社会责任准则实施的配套应用工具，包括评估和培训工具、管理咨询与解决方案工具、沟通和交流工具以及推广和宣传工具等。相关工具的研究和开发将是社责委的长期工作和主要工作。

（3）行业推广：根据工信部和中电标协的有关要求，社责委将有组织、有步骤、持续地推广实施制定出的社会责任规范体系。力争在若干年内将行业社会责任规范体系推广涵盖行业的主要分布地区和重点园区。

（4）政策研究：根据国家和行业发展的需要，按照有关部门的要求和部属，社责委将组织研究队伍，深入研究与行业社会责任建设和可持续发展密切相关的问题和趋势，并在此基础上向有关政府部门和政策机构提供政策建议和咨询意见。

（5）人才培养：根据行业发展的需要和企业的需求，为行业和企业培养社会责任研究、管理和咨询的专门人才。这既包括为参加协会社会责任工作的企业和园区培养社会责任管理、审核和评估人员，也包括强化协会自身队伍建设，建设一支立足于行业层面，能够服务企业的专业型社会责任工作队伍。

（6）国际合作：根据社会责任工作的内在要求和战略规划，并在工信部和中电标协指导下，社责委将加强与国际相关标准化机构的合作和交流，积极开展以社会责任工作为抓手的国际交流和行业外交。重点工作目标包括：与国际品牌、采购商就供应链社会责任的合作和共建机制进行对话和合作，与国际上相关的社会责任标准和倡议（如 EICC 等）研究体系合作和融合，积极参与行业相关的社会责任国际标准化工作，与其他国家的产业组织就社会责任工作进行对话等。

2018 年 9 月 12 日，由工业和信息化部指导，中国电子工业标准化技术协会和中国电子技术标准化研究院联合主办，中电标协社责委、《WTO经济导刊》杂志社承办的第六届中国电子信息行业社会责任年会在北京隆重召开。会议宣传解读工信部社会责任相关政策，总结电子信息行业社会责任年度工作，发布了《电子信息行业社会责任管理体系》标准，集中发布电子信息企业社会责任报告。会议还表彰了社会责任价值创新企业、优秀 CSR 职业经理人和电子信息行业社会责任治理水平评测 50强。中国电子科技集团有限公司、苹果电脑贸易（上海）有限公司、英特尔（中国）公司、德州仪器半导体技术（上海）有限公司、超威半导体（中国）有限公司、松下电器（中国）有限公司、宁德新能源科技有限公司、杭州海康威视数字技术股份有限公司、百度在线网络技术（北京）有限公司 9 家企业获得责任价值创新企业称号；中国电子科技集团有限公司任健男等 10 人获得优秀 CSR 职业经理人称号；中国电子科技集团有限公司等 50 家企业获得电子信息行业社会责任治理水平评测 50 强称号。

第二节 行业协会推动社会责任发展介绍

行业协会是我国推动企业社会责任发展的重要力量。自 2005 年以来，以中国纺织工业联合会、中国工业经济联合会、中国对外承包工程商会等为代表的行业协会通过制定和发布社会责任政策文件、开展社会责任培训、举办行业社会责任会议和论坛等，极大地推动了我国企业社会责任的发展。

一、行业协会出台的社会责任政策

在我国，大部分社会责任相关的标准、指南、评价办法都是由行业协会制定和出台的。据不完全统计，自 2005 年以来，我国行业协会共制定和出台社会责任相关政策文件近 40 项（见表 3-1）。

表 3-1 我国行业协会制定的社会责任政策文件

行业协会	年 份	政策文件
中国工业经济联合会	2008	《中国工业企业及工业协会社会责任指南（第一版）》，2010 年发布第二版
	2013	《中国工业企业社会责任评价指标体系（试行）》
	2013	《中国工业企业履行社会责任星级评价组织管理办法（试行）》
	2014	《首届中国工业企业履行社会责任星级评价实施办法》
	2015	《中国工业企业社会责任管理指南》
	2016	《社会责任星级企业 CIC-STARS 标识管理办法（征求意见稿）》
中国纺织工业联合会	2005	《CSC 9000T 中国纺织企业社会责任管理体系（总则及细则）》
	2008	《CSC 9000T 中国纺织服装企业社会责任管理体系总则及细则（2008 年版）》
	2018	《CSC 9000T 纺织服务企业社会责任管理体系（2018 年版）》

续表

行业协会	年份	政策文件
中国外商投资企业协会	2017	《中国外商投资企业社会责任报告编写指南（CEFI-CSR 1.0）》
中国对外承包工程商会	2012	《中国对外承包工程行业社会责任指引》
	2012	《中国对外承包工程企业社会责任绩效评价管理办法》
	2015	《中国对外承包工程企业社会责任绩效评价管理办法（2015 修订稿）》
	2017	《中国企业境外可持续基础设施项目指引》
中国建筑业协会	2013	《关于建筑业企业履行社会责任的指导意见》
	2018	《建筑业企业社会责任评价标准（T/CCIAT 0002-2018）》
中国五矿化工进出口商会	2014	《中国对外矿业投资社会责任指引》
	2015	《中国负责任矿产供应链尽责管理指南》
中国水泥协会	2018	《水泥企业社会责任准则》
		《水泥企业社会责任报告编写指南》
		《水泥企业社会责任评价指标体系》
中国银行业协会	2009	《中国银行业金融机构企业社会责任指引》
中国企业评价协会、清华大学社会科学学院	2014	《中国企业社会责任评价准则》
中国煤炭工业协会	2015	《中国煤炭企业社会责任指南》
中国电子工业标准化技术协会	2013	《中国电子信息行业社会责任指南（2012 年版）》
	2016	《电子信息行业社会责任指南（SJ/T 16000-2016）》
中国通信企业协会	2016	《中国信息通行业企业社会责任管理体系（2016 年版）》
中国林产工业协会	2017	《中国林产工业协会企业社会责任报告编写指南（团体标准）》
中国乳制品工业协会	2016	《乳制品企业社会责任指南》
中国期货行业协会	2017	《关于期货行业履行脱贫攻坚社会责任的意见》
中国茶叶流通协会	2012	《中国茶产业可持续发展指南》
中国农业国际交流协会	2014	《境外农业投资良好经营及社会责任公约》

续表

行业协会	年　份	政策文件
中小企业合作发展促进中心、中小企业全国理事会	2013	《中国中小企业社会责任指南》
上海市经济团体联合会	2011	上海市经团联《企业社会责任指南》（1.0 版）
山西省工业经济联合会	2008	《山西省工业企业社会责任指南》
广东省房地产行业协会	2011	《广东省房地产企业社会责任指引（2011 年版）》
陕西省工业经济联合会	2009	《陕西省工业企业社会责任指南》
安徽省工业经济联合会	2013	《安徽省工业企业社会责任指南》
四川省工业经济联合会	2016	《四川企业履行社会责任评价指标体系》

二、中国纺织工业联合会推进社会责任情况介绍

（一）中国纺织工业联合会简介

1949 年 10 月，纺织工业部设立；1993 年 3 月撤销，为国务院直属事业单位；1998 年 3 月，中国纺织总会改组为国家纺织工业局，由国家经济贸易委员会管理；2001 年 2 月，国家纺织工业局撤销，中国纺织工业协会成立，纺织行业自此进入了由社会中介组织进行服务、协调的行业自律的新阶段。2011 年 11 月，中国纺织工业协会更名为中国纺织工业联合会。

中国纺织工业联合会（China National Textile And Apparel Council，CNTAC）是全国性的纺织行业组织，主要成员是有法人资格的纺织行业协会及其他法人实体，为实现会员共同意愿开展活动的综合性、非营利性的社团法人和自律性的行业中介组织。中国纺织工业联合会以对棉纺织、毛纺织、麻纺织、丝绸、针织、长丝织造、印染、家用纺织、产业用纺织、服装、化纤、纺机 12 个产业服务为工作重心，充分发挥各成员单位综合协调作用，积极开展行业服务工作。

中国纺织工业联合会的主要任务有：

调查研究国内外纺织服装行业现状及发展趋势，提出有关经济技术和

立法方面的意见和建议。

制定行规行约，规范行业行为，建立行业自律机制，维护行业利益。

在纺织行业发展战略、发展规划、产业政策及结构调整、技术进步、品牌建设、市场开拓等方面开展工作。

综合协调纺织各行业之间的经济技术关系，促进行业结构调整和产业升级，推动横向经济联合与协作。

进行行业统计，收集、分析、发布行业信息，依法开展统计调查，开展行业电子商务信息活动。

组织开展行业对外经济技术协作与交流。

参与研究制定纺织行业中长期科技发展战略，参与制订、修订行业标准，并组织贯彻实施。

开展行业商贸、科技、投资、人才、管理等各种推介活动。

编辑出版纺织服装类出版物。

组织培训各类纺织专业人才。

组织发展本行业的公益事业。

承担政府和有关部门委托的各项任务。

（二）推动社会责任历程和措施

中国纺织工业联合会推动社会责任工作，与世界贸易走向以及中国经济发展环境息息相关。2001 年，中国加入世界贸易组织，以更加开放、透明、负责任的态度参与到国际经济秩序的构建中。中国纺织工业受益于这一世界性的制度红利，为了响应这一趋势，中国纺织工业联合会（时称中国纺织工业协会）于 2005 年正式成立社会责任建设推广委员会，下设社会责任办公室作为常设执行机构。作为中国第一个推动社会责任工作制度化的行业组织，开创了中国行业社会责任实践的先河，同时也为世界纺织贸易和经济发展做出贡献。

1. 中国纺织工业联合会社会责任办公室

中国纺织工业联合会社会责任办公室成立于 2005 年 5 月，是中国纺织工业联合会社会责任建设推广委员会（RSCA）的执行机构，也是中国第一个国家级的社会责任常设机构。

（1）愿景。办公室秉承“建立符合国情的企业社会责任体系，协助企

业改善管理，增强企业核心竞争力，引导行业可持续发展”的宗旨，通过建立和完善行业社会责任公共平台，提供社会责任专业服务协助成员企业、合作伙伴及其他利益相关方实现各自的社会责任目标，最终实现“提升企业文明，共建和谐社会，引导行业融入全球经济”的愿景。

(2) 职能与服务。

依据中国法律、国际公约和行业特点运作并改进 CSC 9000T 中国纺织服装企业社会责任管理体系。

为企业提供 CSC 9000T 社会责任管理绩效评估并出具绩效评估报告，针对企业需求组织培训、咨询，帮助企业建立、保持符合 CSC 9000T 要求的社会责任管理体系。

建立纺织服装企业社会责任资源库和管理绩效数据库，搭建纺织服装供应链社会责任信息共享平台和商务决策支持系统。

为纺织服装企业依据《中国纺织服装企业社会责任报告纲要》(CSR-GATEs) 开展社会责任绩效信息披露提供专业支持，并通过委托验证和鉴证等保证信息披露的质量。

策划、实施论坛、公开课以及调研项目，普及、推广社会责任理念和最佳实践。

为政府部门、社会机构、工会组织、其他行业组织和国际纺织服装供应链利益相关方提供社会责任和供应链相关议题的咨询和研究。

与教育和科研机构合作进行社会责任领域的教育和研究。

2. 推动社会责任的历程

表 3-2　中国纺织工业联合会推动社会责任的历程

年　份	事　件
2005	3 月 22 日，140 家中国纺织服装企业联合发出《关于进一步加强企业社会责任》的倡议，倡导推动企业社会责任，支持中国纺织工业协会推出自律性的行业社会责任守则
	5 月 31 日，中国纺织工业协会社会责任建设推广委员会成立，CSC 9000T 中国纺织企业社会责任管理体系（总则及细则）正式发布

续表

年 份	事 件
2006	3月28日，CSC 9000T中国纺织企业社会责任管理体系实施指导文件发布，CSC 9000T十家企业试点项目启动
	4月1日，中国纺织工业协会、荷兰阿姆斯特丹大学、山东大学等合作开展的“提高中国纺织品行业环境和社会责任项目”启动
	4月29日，国家发改委、劳动和社会保障部等十部委联合发布《关于加快纺织结构调整促进产业升级若干意见的通知》，指出“鼓励纺织行业推动企业社会责任管理体系（CSC 9000T），推进落实企业社会责任”
	6月13日，国家发展和改革委员会发布了《纺织工业“十一五”发展纲要》，指出“推动并完善中国纺织企业社会责任管理体系（CSC 9000T）建设，落实企业社会责任”
	7月26日，财政部、国家发展和改革委员会、商务部联合发布的《关于促进我国纺织行业转变外贸增长方式，支持纺织企业“走出去”相关政策的通知》指出，“支持在纺织行业开展企业社会责任管理体系建设，制定和完善纺织企业社会责任标准，并开展在国内外的推广、实施”
	12月12日，首届中国纺织服装行业社会责任年会召开，《2006中国纺织服装行业社会责任年度报告》发布
2007	3月31日，中国纺织工业协会企业社会责任建设推广委员会颁发首批CSC 9000T评估师、培训师资格证书，这标志着中国纺织行业社会责任的建设推广工作进入了更加科学、全面、高速和标准化操作的新阶段
	4月3日，国家发改委对2007年纺织行业标准项目计划予以公示，CSC 9000T中国纺织企业社会责任管理体系被列入行业标准计划
	5月18日，中国纺织工业协会与欧洲外贸协会在北京签署社会责任建设合作协议
	5月26日~7月11日，CSC 9000T中国纺织企业社会责任管理体系“10+100+1000”项目启动仪式暨普及培训活动分别在濮院、虎门、石狮、深沪、平湖、海宁、开平、金坛及中山四省九个产业集群举行，国家发改委、中国纺织工业协会、相关地方政府、行业协会及相关企业、媒体等代表2700多人、900多家企业、100多家（次）媒体参与
	12月18日，中国纺织工业协会在京召开2007中国纺织服装行业社会责任年会，推出中国纺织企业社会责任管理体系CSC 9000T推广建设的“200·8”计划

续表

年 份	事 件
2008	6月18日，中国纺织工业协会在京召开发布会，隆重推出《中国纺织服装企业社会责任报告纲要》（CSR-GATEs）及《2007中国纺织服装行业社会责任年度报告》，标志着社会责任报告制度在行业层面和企业层面均正式确立
	8月，中国纺织工业协会加入联合国全球契约组织，成为中国第一个加入该倡议的产业组织
	11月7日，中国纺织工业协会在北京组织召开了“CSC 9000T 中国纺织服装企业社会责任管理体系（2008年版）论证会”，论证组专家一致认为该体系达到了公开发表和实际应用的要求
	11月18日，中国纺织工业协会与欧洲外贸协会（FTA）在北京召开“中欧供应链社会责任峰会”暨“2008中国纺织服装行业社会责任年会”，双方在此次峰会上签署了《中国纺织工业协会与欧洲外贸协会供应链合作宣言》
2009	4月，《中国纺织服装企业社会责任报告验证准则》（CSR-VRAI）和《中国纺织服装企业社会责任报告指标定义与评估指引》（CSR-IDEAS）开发完成，中国业界自主开发的第一个社会责任报告验证体系正式建立
2011	8月5日，中国纺织工业协会与社会责任国际（SAI）在北京正式签署合作协议，以促进纺织行业社会责任推广的国际化和社会责任实施的本地化
2012	1月19日，工业和信息化部正式发布《纺织工业“十二五”发展规划》，该规划强调“加强行业自律，加大中国纺织服装行业社会责任管理体系（CSC 9000T）推广力度”
	2月20日，社会责任体系合作中国顾问委员会（MAC）第一次会议在北京召开，包括CSC 9000T、BSCI、SA 8000、WRAP和SOLIDARIDAD在内的五个体系之间的融合性合作正式启动
2014	2月，中国纺织工业联合会与中小企业合作发展促进中心在北京签署了共同开展中小企业社会责任建设的合作备忘录
	12月5日，由中国纺织工业联合会、荷兰总领馆、禾众基金会共同开展的“荷兰在华企业可持续供应链发展平台项目”启动会暨首次研讨会在浙江省杭州市召开

续表

年份	事件
2015	3月5日，由中国纺织工业联合会、联合国妇女署、商务社会责任国际协会共同开展的“浙江省纺织服装行业促进女性平等就业计划”项目启动仪式在浙江省杭州市举行
2016	5月13日，中国纺织工业联合会与ZDHC基金会达成了战略合作，以推进纺织供应链的绿色发展
	5月13日，中国纺织工业联合会启动“供应链化学品管理创新2020行动纲要”计划
	5月14日，中国纺织工业联合会与中国轻纺城共同开展“大数据促进纺织产业集群治理创新与可持续发展”合作项目
2017	5月6日，由中国纺织工业联合会举办的“国际可持续时尚品牌采购沙龙暨国际快时尚品牌采购对接会”在浙江省绍兴市柯桥区举行

3. 重大成就

自成立以来，中国纺织工业联合会积极与国际劳工组织、联合国工业发展组织、联合国妇女署、联合国儿童基金会、联合国全球契约、世界经济论坛、经济合作组织、欧洲外贸协会等机构开展多层次对话、交流与合作，在推动中国企业社会责任发展方面取得了多项“第一”：

中国第一个常设性的社会责任推广机构（2005年至今）；

中国第一个社会责任行为准则和管理体系（2005年）；

中国第一个非企业组织社会责任报告及行业社会责任报告（2006年）；

中国第一个与国际社会责任标准体系之间的互认推进协议（2007年）；

中国第一个企业社会责任报告指导文件及报告验证系统（2008年）；

中国第一个加入全球契约的产业组织（2008年）；

中国第一个同行业社会责任报告发布平台（2009年至今）；

中国第一个社会责任多体系合作与协调平台MAC（2012年）；

中国第一个行业层面的在线可持续发展报告编制和发布平台（2014年）；

中国第一个跨供应链环境足迹信息交换与合作机制（2015年）。

4. CSC 9000T 简介

中国纺织工业联合会于2005年5月率先推出中国纺织企业社会责任管理体系（Corporate Sustainability Compact 9000 for Textile and Apparel Industry，

CSC 9000T）总则及细则，成为中国第一个成功推出行业自律性社会责任行为准则和社会责任管理体系的先行者和实践者。CSC 9000T 的根本思想是贯彻以人为本，全面协调，可持续的科学发展观，加强行业自律，促进产业升级与社会和谐发展。在 CSC 9000T 的推广中，中国纺织工业协会着重于传输社会责任理念，协助企业查找相关社会责任问题，针对问题建立社会责任管理制度，以制度解决问题，回避相关社会责任风险。其客观结果是员工工作条件得到改善，劳动生产率提高，企业凝聚力增强，这一切发挥关键作用的是企业管理制度得到有效提升，从而使企业由过去对社会责任的消极应对转变为积极行动。

在国家发改委等有关部门的支持下，中国纺织工业协会于 2006 年 12 月 12 日正式启动纺织产业集群中国纺织企业社会责任管理体系 CSC 9000T“10+100+1000”项目，即在十个左右纺织服装产业集群内选择百家骨干企业，建立中国纺织企业社会责任管理体系 CSC 9000T，对上千家中小纺织服装企业进行社会责任培训，并在项目实施过程中，为各产业集群骨干企业及中小纺织服装企业培养 1500 名左右企业社会责任管理人员。

2017 年 12 月 7 日，《CSC 9000T 中国纺织服装企业社会责任管理体系》（2018 版）在北京隆重发布。新版管理体系要求企业从自身产品、服务和业务关系出发，以行为准则中的要求为基准充分识别社会责任风险和机遇，并通过尽责管理将风险和机遇的应对纳入管理体系和业务过程，做到管理体系与社会责任议题的有机融合，从而实现管理能力和社会责任绩效的持续、协同改进。

三、中国工业经济联合会推进社会责任情况介绍

（一）中国工业经济联合会简介

中国工业经济联合会（China Federation of Industrial Economics，CFIE，以下简称中国工经联）是经国务院批准成立，民政部注册登记的全国性社会团体。

1988 年，中国工经联是在原国家经济委员会的基础上在机构改革时成立，当时称中国工业经济协会，原国家经济委员会主任吕东同志担任会长。1998

年，经国务院领导同意、有关部门批准，更名为中国工业经济联合会，原航空航天工业部部长林宗棠同志担任会长。2003 年，第十届全国政协副主席、中国工程院院长徐匡迪同志担任会长。2011 年，经中共中央批准，工业和信息化部原部长、全国政协常委、经济委员会副主任李毅中同志担任第五届全国理事会会长，第十届全国人大常委会副委员长顾秀莲和第十届全国政协副主席、中国工程院第六届主席团名誉主席徐匡迪同志担任名誉会长。

中国工经联是全国工业行业协会的联合组织，拥有全国性工业行业协会会员单位 178 家。主要工作有：按照“顺应形势、找准定位、转变职能、创新服务”的工作方针，围绕“新型智库、产业协同、国际合作”的战略定位，将自身打造成国内外具有影响力的新型智库，积极推进中国工业化的进程，推进工业的科技创新与转型升级；通过调查研究，向政府反映行业、地区、企业的情况和意见，为政府决策提供建议；通过“智库+联盟+展会+基金+园区”五位一体的联动模式，大力推进产业协同；开展同世界各国及地区的工商协会交流与合作，努力推进“一带一路”建设与产业合作；整合各类资源，利用多种形式和平台，为会员提供优质服务。

截至 2017 年底，全国 25 个省、区、市成立了工业经济联合会，与中国工经联协调配合，形成了工经联全国工作网络。中国工经联与联合国知识产权组织、联合国工业发展组织、经济合作与发展组织、全球契约组织、美国商会、欧盟驻华使团、欧洲工业和雇主联合会、德国工业联合会、德国阿登纳基金会、德国汉堡商会、英国工业联合会、法国企业运动联盟、荷兰国家贸易促进中心、芬兰新地省、新西兰工业联合会、巴西工业联合会、日本经济团体联合会、韩国工业联合会、中国香港中华总商会、中国台湾工商协进会、中国工程院、中国社科院等国内外知名组织和机构建立了密切联系，开展了广泛的、形式多样的合作。

（二）推动社会责任历程和措施

2007 年，在传统工业经济发展方式亟待转变的背景下，中国工经联主席团会讨论认为，企业社会责任与科学发展观、构建社会主义和谐社会的内在要求具有一致性，有助于转变发展方式，实现行业企业的健康发展和经济、社会、环境的可持续发展。为此，决定立足于中国国情和工业行业实际，在与国际标准接轨的基础上，制定中国工业行业的社会责任指南，并进一步从理念普及、信息披露和监督评价等多方面推进企业履责，并发挥自身力量，推动形成政府、行业、企业、社会“四位一体、多元共促”的格局。

1. 制定工业企业社会责任系列指南

2008年和2010年，中国工经联会同中国煤炭、机械、钢铁、石化、轻工、纺织、建材、有色、电力、矿业10家全国性工业行业协会制定并发布了第一版《中国工业企业及工业协会社会责任指南》和第二版《中国工业企业及工业协会社会责任指南2.0》，以期建立符合中国基本国情和发展水平的工业领域社会责任指导准则。2012年，中国工经联进一步组织制订《中国工业企业社会责任指南实施手册》《中国工业协会社会责任指南实施手册》，为企业、协会开展社会责任实践提供更加具体、更具操作性的参考。

2. 搭建中国工业领域社会责任报告集中发布平台

“中国工业行业企业社会责任报告发布会”是由中国工经联主办的国内工业领域社会责任报告集中发布平台，旨在为中国工业行业企业提供社会责任展示和交流平台，构建企业履责的长效推进机制，推动形成政府、行业、企业、社会“四位一体、多元共促”的协同推进格局，促进经济、社会、环境的全面协调可持续发展。2009年起，在国家发展改革委、工业和信息化部、民政部、人力资源和社会保障部、环境保护部、商务部、国务院国资委、国家质量监督检验检疫总局、国家安全生产监督管理总局等有关部委的指导下，中国工经联每年召开一届“中国工业经济行业企业社会责任报告发布会”，搭建起中国工业领域社会责任报告集中发布平台。时任国务院副总理张德江在2010年发布会上发表了题为《深入贯彻落实科学发展观 全面履行企业社会责任》的书面讲话，并对发布会给予高度肯定。发布会自2009年起每年举办一届，已有近730家（次）中央企业、地方国有骨干企业、外资企业和优秀民营企业在该平台发布了社会责任报告。

> 引导和推进企业肩负起社会责任，是经济社会发展的需要，也是企业自身发展的需要。中国工业经济联合会积极倡导此项工作，并联合发布《责任指南》，具有十分重要的意义。
>
> ——时任国务院副总理 张德江，2010年

3. 探索并开展企业社会责任星级评价

“星级评价”是中国工业领域首个对企业社会责任管理水平、实践绩效进行全面、综合评价的活动。2012 年起，中国工经联开始研究制定《中国工业企业社会责任评价指标体系》，以期推进工业企业社会责任自我评估和外部评价，实现履责绩效监督，促进工业企业社会责任的持续改进。目前，中国工经联已创新性研发了《中国工业企业社会责任评价指标体系》《中国工业企业履行社会责任星级评价组织管理办法》《2014 首届中国工业企业履行社会责任星级评价实施办法》《中国工业企业履行社会责任星级评价申报书》和《中国工业企业履行社会责任星级评价评分办法》等“星级评价”的制度文件。2014 年，中国工经联联合有关政府部门、全国性工业协会、省区市工经联及有关单位共同实施星级评价，对参评企业 2013 年度的社会责任价值观与战略、社会责任推进管理、经济、环境、社会影响和履责创新六方面进行综合评价，评出“2014 首届中国工业企业履责星级榜”，并授予上榜企业“2013 年度中国工业行业履行社会责任星级企业”称号。履责星级榜上榜企业，是参评企业中履行社会责任的先进企业，具有典型意义，代表行业内先进的管理水平和履责水平，是资源节约、环境友好，具有良好经济、环境、社会效益的企业。连续两年上榜的企业可向中国工经联申请使用“社会责任星级企业 CIC-STARS”标识。

4. 开展社会责任专题研究

2009 年起，中国工经联受工信部委托，组织开展了《关于制定〈推进企业社会责任建设指导意见〉的前期研究》《研究并试点推进企业社会责任建设研究》，起草了《工业和信息化部关于推进企业社会责任建设的指导意见》及《起草说明》。通过咨询服务工作，使政府相关部门进一步了解了工业行业企业社会责任发展情况、特点和问题，掌握了地方工信部门推进行业企业社会责任的现状、需求和建议，借鉴了国内外政府部门推进行业企业社会责任基本做法和成效，为扎实推进工业行业企业履责发挥了积极的作用。

5. 发布社会责任倡议及可持续发展倡议

2010 年 10 月，中国工经联联合中国 114 家行业协会在全国行业协会改革发展经验交流会上发布了《行业协会社会责任倡议书》。旨在呼吁行业协会加强自律，推动行业协会及会员企业履责，促进行业持续健康发展。2017

年1月18日，由中国工经联主办的“2017中国企业可持续发展大会”在北京召开，会上中国工经联发布了“中国企业可持续发展倡议”。

【延伸阅读】

中国企业可持续发展倡议

可持续发展已成为在全球范围获得广泛共识的时代主题。2015年，我国政府提出了“创新、协调、绿色、开放、共享”五大发展理念，联合国发布了《2030年可持续发展议程》及17项可持续发展目标。2016年，我国制定发布了《中国落实2030年可持续发展议程国别方案》，明确提出全面推进落实2030年可持续发展议程的任务要求。这些都充分表明了我国在致力全面建成小康社会和实现“两个百年”伟大目标的进程中，努力实现全面协调可持续发展的坚定决心。

作为社会经济活动的主体，企业通过负责任的决策和活动，有效管理自身运营所产生的经济、社会和环境影响，处理好与利益相关方的关系，将增强竞争力与满足经济社会发展需求相协调，实现企业和社会的共赢发展，是经济社会实现可持续发展的基本要求，也是企业自身可持续发展的内在需要。

进入21世纪，中国的企业社会责任已经取得了长足的进步。社会责任理念逐渐深入人心，一些企业积极开展以企业社会责任报告为主要方式的信息披露，有效促进了企业透明度的提升；还有一些企业通过加强社会责任管理提升了经营业绩，实现了更大的社会价值，也获得了更多的商业机会。同时，企业实践也证明只有将社会责任理念和方法全面融入企业运营才能真正提升企业竞争力和可持续发展能力。如果不能将企业社会责任融入战略并切实落实到业务运营中，或者以慈善公益代替甚至掩饰企业的社会和环境影响，将会使企业社会责任偏离正确的发展方向，也会将企业置于更大的风险之中。

基于此，我们倡议所有中国企业和行业组织与我们一道，以负责任的行动，共同为实现可持续发展目标而努力。同时，我们也呼吁政府部门和社会各界支持我们的努力，共同创造有利于企业和社会可持续发展的社会生态系统。

（1）融入战略与运营。树立责任理念，将社会责任融入企业发展战略、管理体系和全部运营活动当中。通过负责任的管理运营，协调履行好经济、社会、环境三大责任，增强可持续发展能力。

（2）坚持以人为本。充分尊重员工、消费者、社区居民等的权利，建立健全社会沟通和参与机制，在企业生产运营的全过程中将保障人的安全健康与公平发展机会放到重要地位，促进企业与人的全面协调发展。

（3）坚持绿色发展。客观评估生产经营活动对环境和生态的影响，将环境影响纳入企业生产经营全过程及产品和服务的全生命周期管理，加强节能减排，促进循环经济发展，为建设生态文明社会做出积极贡献。

（4）坚持创新发展。结合企业自身特点并以负责任的创新理念，将技术创新、管理创新与商业模式创新等与解决经济社会发展和环境保护的重大问题相结合，统筹兼顾企业盈利与经济社会可持续发展的需求，提升企业的综合价值创造能力。

（5）坚持包容发展。尊重利益相关方的关切和利益，践行公平运营，促进产业链中责任与利益的共担共享，关注并积极参与社区发展，促进企业与社会的共赢共享发展。

（6）坚持开放发展。不断提高企业经营透明度，坚持开放、包容、互鉴的理念，加强与国内外有关各方的沟通与合作，共同营造负责任经营的社会生态环境。

6. 成立工业企业社会责任智库

2015年，为贯彻落实党的十八届三中全会决定提出的“加强中国特色新型智库建设，建立健全决策咨询制度”要求，顺应行业协会改革的新形势，为深入推进中国工业企业社会责任工作提供智力支持，中国工业经济联合会决定成立“中国工业经济联合会中国工业企业社会责任研究智库”（以下简称智库）。智库按照平等、开放的互联网思维和模式，以项目为载体，以任务为纽带，广泛联络企业社会责任工作领域的专家学者和企业的实际工作者，实现智力资源的互联互通，形成共建共管的高端新型智库。截至 2018 年 10 月，目前累计有来自政府、高校、研究机构、行业组织、媒体以及企业的 107 位专家加入智库。

7. 开展社会责任国际交流合作

近两年来，中国工经联采取“请进来、走出去”的做法，积极开展国际交流合作，与联合国全球契约、法国里尔世界论坛组委会、意大利企业社会责任管理者网络、西班牙 Foretica 社会责任中心、中德贸易可持续发展与企业行为规范项目等建立起了长期友好的合作关系。一方面积极宣传中国政府及行业企业社会责任的实践、做法和成效，树立负责任的中国工业行业企业形象；另一方面了解和掌握国际社会责任发展动态和趋势，借鉴其成功经验，为推进我国工业行业企业社会责任建设拓宽思路。

【篇章阅读】

中国的行业社会责任与可持续发展标准：从哪里来，到哪里去？

大家好！非常高兴有这个机会跟大家聊聊今天新发布的标准《电子信息行业社会责任指南》。但我也想把题目稍微放大一点儿，从这个标准出发讲讲整个中国企业社会责任发展中的一个重要推动力，就是行业规范和行业标准。

首先，让我简单地为大家介绍一下新标准的框架。它其实是一个很传统或者说很经典的社会责任指南，在治理框架之下涵盖一些相关的议题，涉及市场竞争行为、环境保护、员工权益以及社区关系四个大类的九个议题。当然作为行业组织，中国电子工业标准化技术协会（以下简称“电标协”）发布的指南充分照顾到了行业特点，所以这些议题里包括一个非常新颖的议题，就是虚拟社区管理。这个可能为行业组织开展社会责任工作提供了一个亮点。

当然，在这个方面也有一些争议。不久之前，一个社会责任领域的专家在聊到行业标准和指南的时候，认为企业社会责任的议题就应该是

IS 26000 中的那七条，而国内行业组织做的指南和标准在议题上经常“胡来”。我倒认为这其实是一种创新。例如，在今天这个指南里把虚拟社区放在第一级标题，这表明这个议题对于这个行业来说具有特别的重要性。

那么，我们必须回答的第一个问题就是：为什么要有行业规范和行业标准？或者说电标协为什么要做今天这个标准。以我这些年来参与行业组织社会责任建设的经验来看，我觉得原因主要有三点。

第一个原因就是固化共识。同一个行业的企业在社会责任工作中其实希望有一个得到尽量多同行认可的共同基础，这样的话在做社会责任工作的时候就可以有纵横两个维度的比较，作为提升的参照，所以在行业层面固化企业社会责任在议题范围和履责绩效方面的共识就显得非常重要了。我记得十余年前纺织工业联合会在开发中国第一个社会责任行业标准的时候，一个最重要的契机就是，很多企业向协会反映说它们面对的来自客户的标准太多了，它们需要有一个统一的底线标准，希望行业协会能够来做这件事。而这也是很多其他行业性指南和标准产生和存在的根本原因之一，就像今天发布的指南中明确指出的，这个标准是“电子信息行业在社会责任领域的共同认知和行动框架”。

行业组织制定行业社会责任指南或标准的第二个原因，我认为是自我赋能。到现在这个阶段，很多行业组织已经意识到它们应该做的事情之一就是引导行业企业负责任、可持续地发展。在行业组织意识到这一点之后，就做到了“自省”。然后它们可能就会开始想怎么做这件事，这就开始了一个“自学”的过程。通过自学，行业组织就会知道企业社会责任和可持续发展是怎么回事，也就会意识到需要教会行业内的企业认识和履行社会责任，这样，它们就开始做标准和指南，而这就是一个“自为”的过程。之后，行业组织可能会通过各种措施来完善自身的社会责任工作机制和能力，进而使行业能够不断地完善自身，我相信这就是一个行业“自立”于整个价值链和整个世界的过程。所以，我觉得行业组织制定行业社会责任指南或标准就是行业组织自我赋能的过程，它们通过这个过程提升自己引领整个行业可持续发展的能力，而这个能力不通过彻底的觉醒是很难获得的。电标协今天发布指南标准，可以说是

“自为”的一个重要标志，同时也是“自立”的起点。

第三个原因，或者说出发点就是标准的竞争与合作。今天，大家看到 EICC（电子行业公民联盟）、BSCI（商界社会责任倡议）跟电标协一起握手言欢，这背后有标准的竞争，也有标准的合作。当年，纺织行业推出我国第一个社会责任标准的时候，一个重要的推动力也是中国土地上来自海外的标准实在太多了，有跨国企业的标准也有国外行业组织和民间组织的标准，因此确实有必要在社会责任标准领域发出一个中国自己的声音。标准推出以后，我们才有力地推动了相关标准在国内的合作。今天，我们看到电子行业的几个国内外标准之间的合作，这是值得欣慰的好事。但是我想，没有竞争就没有合作，没有合作也没有竞争。所以，电标协今天发布的指南承认，“本标准没有穷尽社会责任方面所有可能的要求，组织可根据自身实际能力和发展需要适用更为严格的社会责任行为要求或者补充适用其他的社会责任行为要求”。但是我们只有保持标准在行业内独有的特点和地位，同时发挥出标准真正的影响力，才可能与其他国外标准进行竞争并做到互补。

下面我再来说说社会责任和可持续发展行业规范与标准的发展轨迹，我总结为四个梯度。首先，从时间梯度来看，过去 11 年来，中国的行业社会责任标准和规范经历了从无到有、从有到多的发展阶段。从无到有的突破是纺织行业做出来的，之后多年以来，我们最重要的工作之一就是把我们的行业经验向其他行业推广，这使得很多行业不断地开始自省自学，自己行动，自立起来。从有到多来说，根据我的统计，目前至少已有 20 个行业组织都有了相关的标准和规范，我亲自参与的就不下十个，就像今天这个标准，我就是主要的起草人之一。

第二个梯度是产业梯度，从“二”到“一”，从“二”到“三”。我们发现，行业社会责任规范与标准的发展大体上是从第二产业开始的，就是工业，具体来说就是制造业，包括纺织、电子等制造业。然后就发展到了“一”，就是农林业。我们发现大宗商品相关的标准，如林业、棉花和茶业等相关的标准接着制造业产生出来。之后是从“一”到“三”，而这个“三”，也就是服务业，是我们的短板。大家可能会问为什么会这样？我觉得最重要的原因是市场推动力的大小。第二产业的制造业，如纺织、电子为什么跑到前面呢？这是因为我们面对的是整个国际市场，而国际市场上客户和消费者的推动力是很大的，如在欧美国家，消费者在获悉社会责任丑闻后，会去苹果门店门前示威，或者去H&M的门店讨个说法。这使得纺织服装、电子这些行业供应链上的各方很快行动起来。那么为什么餐饮行业没有社会责任标准和规范呢？因为它们天天面对的是中国的消费者，而中国消费者对社会责任的推动力被很多种因素所限制，没有发展和表现出来。

从规范内容和标准的关注范围上，我们发现第三个梯度就是从劳资关系到供应链，之后再从供应链到价值链。最早，纺织行业的标准就关注一件事，怎么样解决劳动者保护的问题。后来我们发现问题供应链碰到的问题不光有劳工的问题，还有竞争的问题、环保的问题。所以我们后来对这个标准做出了两次修订。这个过程中坚持的就是全价值链思维，不光关注产品制造过程，还关注前端和后端，前端就是投资，后端就是消费。这才是完整的社会责任。我们相信，只有这样，才不可能出现责任的漏洞和空白。我们说，一个工厂的社会责任管好了，社会责任是不是就真正实现了呢？我的回答是，如果整个价值链没有系统性的社会责任工作，这个做好的工厂就可能是一个假象。社会责任只有在整个价值链上贯通之后，负责任的企业才可能在每一个角落存在下去。

当然，最后还有一个区域梯度，就是从国内发端，向海外拓展。例如，五矿化工商会最近专门制定了指导“走出去”的企业履责的行业指南，对外承包工程商会也在考虑制定海外履责的指导性文件。可见，以前都是供应链上的国外企业要求我们中国的企业在国内如何做好，现在则是我们的行业组织告诉我们的企业在国外如何做好。而且，值得一提的是，一些中国行业新近制定的行业性社会责任规范和标准本身就定位于向国际性标准和全球标准发展的愿景，极有可能从它们中成长出我国第一批具有国际和全球适用性的社会责任标准。

下面，我来谈谈我国行业社会责任规范和标准的特点。总结起来，我觉得这些行业性社会责任规范和标准越来越体现出更高的开放性、更强的参与性、更大的引领性和更好的适应性。

首先说说开放性。所有参与今天发布的这个标准制定的企业、行业组织、社会组织还有媒体总共有 61 家，分为几个不同的参与程度，如编制单位、参与编制的主要单位、做出贡献的单位。这个开放性是相当强的。当年纺织行业在做第一个社会责任标准的时候，基本上靠几个专家来做，而现在这个电子行业标准的参与性、开放性就大了很多，这种开放性在十年前是无法想象的。

当然，开放性还有一个很重要的作用，那就是，只有开放性才能确立标准和规范的合法性。所谓合法性不是说做这个事的时候有没有违法，而是说它能不能代表行业的利益和期望，并被行业所接受。如果不开放，那么这个标准和规范就缺乏“群众基础”，行业的行动就缺乏合法性，所以合法性的基础是开放性。

那么，标准能否真正吸纳相关方的利益和期望，就取决于参与性。电标协指南的参与性充分体现在这个标准的制定过程之中，包括成立工作组及专家编制队伍，召开两次工作组的专题会议讨论标准议题，之后又在各地组织六场专门的意见征询会，向将近 100 家企业和组织征求到了将近 300 条意见，接着召开了两次专门讨论收集到的意见的专题研讨会，之后再召开标准审查会，最后才是由所有社责委成员单位函审表决，大家一致同意报批标准。所以，参与的程度取决于严格的标准制定流程，我认为这也保障了程序上的合法性。

刚才我们说，开放性是保障标准主体的合法性，而参与性是保障它程序的合法性。我想强调一点，如果行业组织无法充分而全面地建立起标准的合法性，那么自然而然这个标准就无法在行业企业中被采纳，这是一个根本性问题。

再说说引领性。所谓引领性就是标准能走在行业发展趋势的前沿，走在企业社会责任问题的前沿。例如，今天发布的这个标准按照国家关于制定标准的基本准则，不仅参考了 ISO 26000、GB/T 36000 等一般性的社会责任标准，同时也参考。了工经联、中纺联等有成熟经验的行业组织的准则和指南。而最重要的一点则是，在起草这个标准的过程中，电标协所确立的基本原则就是引领行业，立足我国制造强国和网络强国战略大局，坚持问题导向和发展导向，体现公众关注的重点和电子信息行业的特点。只有这样做起来，才能够让企业知道行业组织在为我思考问题，在为我提供解决方案。

最后来说说适宜性。我用“天时地利人和”来说明适宜性的重要性，是说行业社会责任标准或规范上要适宜国家的发展战略，下要适宜行业和企业的现实状况和实际需求，中间则要适宜利益相关方的期望。只有这些都做到了，才能称为适宜。例如，以我们今天发布的这个标准来看，电子信息行业的社会责任建设是工信部社会责任工作的重点，所以工信部的领导今天也在这里，这就是天时。同时，这个时期也是电子信息行业社会责任工作的多事之秋。昨天，电信诈骗女大学生致其自杀的嫌疑犯终于被抓到了。为这种诈骗提供基础信息服务的企业，虽然可能没有法律责任，但是道义上的责任是无法逃脱的。

再就是地利，我想第一个要求就是企业确确实实需要解决方案，需要我们的标准能够落地，给它们实际帮助。今天这个标准与其他很多行业的标准一样，立足于能力建设，立足于促进电子信息产业提升内生竞争力，立足于减少内在风险和供应链风险。

说到人和，这里有两层意思，一个是众多利益相关方参与标准的制定，另一个则是标准适用主体的普遍性。例如，这里强调一点，今天发布的这个标准不光适用于企业，它还适用于行业内的其他组织，如电子企业成立的研究院，以及很多非营利机构，如企业基金会，这些都应该考虑自身的社会责任。所以，这个标准的适用对象不光是企业，还包括全行业的各类组织。

当然，行业社会责任标准或规范的发展有问题，也有挑战。下面我简单说说我们现在面临的问题和挑战。第一个问题就是：多不多？刚才我说国家层面的行业社会责任标准或规范大约有20个，加上地方性的将近50个，那么，多乎哉？我认为不多。借用首富的话说，我们先从一亿元做起。什么意思呢？其实，太多的行业还处于社会责任的空白状态。不说别的，大家就看看现在各位桌子上放着的三样东西：矿泉水、纸张和陶瓷杯子，这三种产品都没有行业性的社会责任标准，而这三样是大家此时此刻密切接触的东西。所以我说这多吗？不多。很多行业还游离于社会责任之外。

但是话说回来，根据我的研究，世界上行业性社会责任标准和规范最多的国家就是我们国家。这意味着下一个问题，就是有无整合的必要。当我做这些东西越做越多的时候，我发现最后写来写去都是套路，很多行业性社会责任标准和规范只要把行业的特点挖掘出来，其他内容是大同小异的。这就意味着我们可能真的需要进行一些整合。例如，我知道除了电子信息行业今天发布的标准，通信企业协会也在做它们的标准，这两家的标准我都是主要起草人，所以在做的过程中，我们就想尽办法让这两家的标准不一样，但实际上，确确实实有太多东西在这两个行业是共通的。还有就是供应链上的整合，这意味着不同行业的行业组织可以同时在供应链上下游进行合作。去年我促成了一件让我觉得骄傲的事情，就是电标协和五矿商会在冲突矿物的问题上的对话与合作。在这个问题上，它们是真正的上下游，也真的可以合作。

第三个问题是影响力。今天我们大家聚集一堂，看到行业组织做了很多事情，电标协也在发挥自己的影响力。但我认为，从内部和外部来看，我们绝大多数行业标准的影响力都是极度欠缺的。一些行业组织主要的行业社会责任工作仍然只停留在纸面和会议室，还没有真正走到企业的实际需求中去，这是很多行业组织面临的问题。有时候可能是因为组织定位比较高，无法一头扎到企业中去，有时候则可能是因为行业组织的能力有限使它无法真正开展社会责任工作。

但是，如果我们做不到在行业内部有影响力，那么外部的影响力就更无法实现。例如，如果我们要与 EICC 合作开展标准互认，我们用什么来谈？我们实际上只有一样东西可以谈，那就是我们在行业中的影响力。除此之外，没有任何东西能让 EICC、BSCI 与我们称兄道弟。如果我们把行业影响力做出来，那么这种与国际性标准的合作最终也能达到。

而标准的影响力与它们的可信度或采信度互为因果。今天，很多电子信息行业的企业都在这里，涵盖了这个行业很多的产品类别和业态，我想，大家一定也在考虑如何使用这个标准。这就提出了企业如何采信标准的问题。是在社会责任报告中写一下我们参考了哪个标准，还是使用这个标准去考虑如何管理好企业的经营。所以，可信度不是行业组织自己做出来的，而是由企业给予的，是需要行业组织争取来的。当然，只有各位企业真正按照这个标准的要求去做，我们的标准也才能真正产生可信度，所以这是一个互动、互为因果的过程。

最后我想谈谈中国社会责任标准“走出去”的问题。今天我们看到电标协与EICC和BSCI的合作，建立了行业相关标准的国际网络。这件事情非常好，这是我们“走出去”的台阶。但是我想，我们自己的标准在“走出去”之前，必须从现在开始练好内功。而所谓练好内功，还是要回到刚才说的培养可信度和发挥影响力。这两点做好之后，才能在“走出去”之后不至于迷路。

我其实刚才也已经说了很多解决方案，但归根到底最重要的事情只有一件，那就是行业组织自身的能力。如果行业组织自身能力不足，那社会责任工作就会面临很多困难。所以我的建议就是行业组织还是要把自身的能力建设抓起来，在帮企业做社会责任能力建设的时候，好好想想我们自身欠缺哪些能力，然后我们需要别人怎么帮助我们。

以上就是我对现在中国行业社会责任标准和规范发展的一些看法和思考，不对之处请大家指正。谢谢！

（作者：梁晓晖，中国纺织工业联合会社会责任办公室首席研究员）

第四章

实践：企业履责四十年

穷则变，变则通，通则久。

——《周易·系辞下》

第一节 国企改革与责任担当

国有企业是国民经济的命脉和重要支柱，国有企业改革也是中国经济体制改革的中心环节。在改革开放 40 年国有企业改革过程中，国有企业的社会责任发生了重大变化，由承担“办社会”职能到责任“滑坡”，再到成为中国企业社会责任的引领者，国有企业的责任内涵和责任担当均发生了重大变化。

一、改革开放前国企的“社会责任”

我国国有企业的建立是与新中国的建立同时起步的，到 1956 年社会主义改造完成时，我国传统国有企业已经大规模建立起来。在计划经济体制下，国有企业不仅资本归国家所有，而且还由国家直接经营。所以，国有企业也被称为国营企业①。此时的国有企业成为国家和政府的附属物，政府管控社会的部分职能通过转嫁给企业来实现，称为“企业办社会”，国有企业承担对员工从摇篮到坟墓的“一条龙”服务。在这一阶段，国有企业不会主动承担社会责任，而是将社会责任视为一种政治任务。

由于我国是社会主义国家，改革开放前我国政府制定的部分国营企业管理条例或指定意见中有部分条款涉及企业社会责任，如 1961 年出台的《国营工业企业工作条例（草案）》。这些措施在一定程度上规范了国家与企业的关系，为实现国民经济的稳定发展做出了一定贡献。但是，从根本上讲，国家与企业的关系仍然没有得到改变。不过，从另一侧面看，那时的国营企业不仅承担了生产的责任，还承担了员工的衣食住行、生老病死，甚至子女的上学、就业等。在这种体制下，国营企业的社会责任侧重于社会管理和服务。

---

① 1992 年 10 月中共第十四次全国代表大会报告上，首次将“国营企业”改为“国有企业”。

【延伸阅读】

《国营工业企业工作条例（草案）》中的社会责任因素

1961 年，为总结国营工业企业的管理经验，党中央起草了《国营工业企业工作条例（草案）》（以下简称《条例》），虽然《条例》是在很短的时间内草拟出来的，其中也涉及了一些社会责任的内容和因素。

一、关于工会和职工代表大会

关于民主管理、工会和职工代表大会制度，《条例》第五条明确指出，“必须吸收广大职工参加管理，广泛开展生产的、政治的和学习技术、文化的群众运动，依靠群众、办好企业”；“每个企业，都必须认真实行职工代表大会制度”；“每个企业，都必须健全工会和共青团的组织，加强它们的工作，充分发挥它们的积极作用”。

《条例》第五十八条指出，“每个企业，都必须加强工会工作。企业中工会的主要任务是：发动和组织职工积极生产，提高职工的思想政治觉悟和文化技术水平，及时反映职工的意见和要求，维护职工的民主权利，改善职工的生活福利。应当使工会真正成为党在企业中联系群众的有力助手，真正成为吸引全体职工参加企业管理的群众组织，真正成为共产主义的学校”。

《条例》第六十条指出，“企业的职工代表大会制，是吸收广大职工群众参加企业管理和监督行政的重要制度”；“企业各级的职工代表大会和职工大会，要讨论和解决企业管理工作中的重要问题，要讨论和解决职工群众最关心的问题，要保证大会决议的实行，切实避免形式主义”；“企业各级的职工代表大会和职工大会，有权对企业的任何领导人员提出批评，有权向上级建议处分、撤换某些严重失职、作风恶劣的领导人员，并且有权越级控告”；“职工代表大会的代表，实行常任制，每年改选一次。企业的职工代表大会，每年至少开会四次。在代表大会闭会期间，要按照生产单位或者工作单位组织代表小组，经常反映职工群众的意见，督促和检查大会决议的执行”；“企业各级的职工代表大会和职工大会，必须按期由工会召开，不能以干部扩大会议代替。职工代表大会在闭会期间，日常工作由工会主持”。

二、关于职业健康与安全

关于职业健康与安全，《条例》第二十条指出，“企业必须实行安全生产制度，认真做好劳动保护工作，改善劳动防护设施，教育工人严格执行安全操作规程，切实避免工伤事故”；“做好劳动保护用品的供应、分配和管理工作。对于高温、高空、井下作业和有害身体健康的工种的工人，在劳动保护方面应当享受的各项待遇，必须切实保证；需要定期轮换工作的职工，必须按期轮换”；“切实保护职工的健康，定期进行健康检查，逐步减少、努力消灭职工中的职业病”；“认真实行劳逸结合，不许随便加班加点。要坚决精简会议，取消不必要的业余集体活动，使职工有足够的睡眠、休息、学习、娱乐和从事家务活动的时间”；“分配给女工的工作，要切实照顾女工的生理特点，不适宜由女工做的工作，不要让女工去做。要特别注意女工在经期、孕期、产期、哺乳期的劳动保护”。

三、关于职工生活

关于职工生活，《条例》涉及较多，且都是“企业办社会”的内容。如第三十一条规定，“组织职工家属，利用住宅周围的空闲土地，种植蔬菜，饲养家禽、家畜，所有收入都归个人所有”；“根据需要和可能，有计划地修建职工宿舍。在人员精减以后，可以对职工宿舍进行合理调剂。要加强职工宿舍的修缮和管理工作”；“积极改善职工个人的、家庭的和食堂的卫生条件”；“对于生活困难的职工，经过群众评议和企业工会批准，给予适当的补助”；“积极办好企业的哺乳室、托儿所、卫生所、澡堂、理发室和文化娱乐等集体福利事业”。

四、关于节约资源

关于节约资源，《条例》第三十四条规定，“企业必须合理利用和严格节约原料、材料、燃料，不许大材小用，优材劣用。能够回收利用的物资，要实行退旧领新制度。要合理利用废料。使用新的材料，采用代用材料，都必须经过反复试验和科学鉴定，重要的要经过国家有关主管部门批准”。

二、“放权让利”与国企经济责任

1978 年中共十一届三中全会后，国有企业进入了“放权让利”的改革过程。这个改革时期从改革开放之初一直到十四届三中全会，提出的国企改革目标是建立现代企业制度，贯穿 20 世纪 80 年代和 90 年代初，大体上持续了 15 年左右的时间。这一时期，国企改革的主要任务是对企业放权让利，增强企业活力，让国有企业能够逐步适应商品化的市场环境，完成企业化改造，提振国有企业的经济责任。国有企业改革的主要内容先后有扩大自主权阶段（1978~1984 年）、推行经营承包制阶段（1984~1989 年）和转换企业经营机制阶段（1989~1992 年）。

这一阶段出台的部分国有企业改革文件有：《中共中央关于经济体制改革的决定》（1984 年）、《关于实行工业经济责任制的若干意见》（1981 年）、《关于进一步扩大国有工业企业自主权的暂行规定》（1984 年）、《关于深化企业改革、增强企业活力的若干规定》（1986 年）、《全民所有制工业企业承包经营责任制暂行条例》（1988 年）、《中华人民共和国全民所有制工业企业法》（1988 年）、《国务院关于进一步增强国营大中型企业活力的通知》（1991 年）等。从这一阶段出台的政策文件可以看出，国家对国有企业的主要期望是承担经济责任。如 1981 年出台《关于实行工业经济责任制的若干意见》后，工业经济责任制在全国得到了迅速推广，到 1982 年底，全国有 80%的预算内国营工业企业实行了经济责任制，商业系统也达到 35%；1991 年国务院出台的《关于进一步增强国营大中型企业活力的通知》指出，国营大中型企业是社会主义现代化建设的支柱和骨干，是国家财政收入的重要来源。增强其活力，是经济体制改革的中心环节和实现我国经济发展战略目标的关键，直接关系到我国经济的发展和社会主义制度的巩固。在强调经济责任的同时，国有企业仍然承担着社会管理和服务的功能，“企业办社会”的现象并未得到显著改善。

三、建立现代企业制度与国企责任滑坡

1992 年 10 月，党的十四大召开，会议正式确立了经济体制改革的目标

是建立社会主义市场经济体制。1993 年，中共十四届三中全会通过了《关于建立社会主义市场经济体制若干问题的决定》，明确提出建设产权清晰、权责明确、政企分开、管理科学的现代企业制度是我国国有企业改革的方向。建立现代企业制度，除要调整国有经济布局和结构外，还要提升国有经济的运行效率，改变国有经济经营质量良莠不齐的现状。这一阶段，国家明确提出剥离国有企业的社会职能，并通过减员来增效，出现了大面积的“下岗潮”。

1993 年十四届三中全会以后，国有企业改革实践转向以建立现代企业制度为主。1994 年 11 月，国务院批准了 100 家企业开始现代企业制度试点，另外还有 2343 家地方企业进行试点。到 1997 年，100 家中有 93 家转为公司制企业，其中多元股东持股的公司制企业有 17 家；地方试点企业中 1989 家企业转为公司制企业，其中 540 家转为股份有限公司、540 家转为有限责任公司、909 家转为国有独资公司，这些公司制企业中 71.9%的企业组建了董事会，63%的企业成立了监事会，总经理由董事会聘任的占 61%。在 1994~1997 年这个时期，除了积极推进公司股份制改造、建立现代企业制度外，国家还启动了一系列改革措施，包括积极推进试点城市国有企业兼并破产，分离企业办社会职能，“减员增效”、实施下岗职工再就业工程。自 1997 年开始，面对日益严重的国有企业亏损问题，中央实施国有企业三年脱困的改革攻坚战，进一步深化养老、失业、医疗等社会保障制度改革并推进下岗职工再就业。

在国有企业建立现代企业制度的过程中，国有企业的社会责任开始出现滑坡，劳动争议事件明显上升。根据《1994 年劳动事业发展年度公报》，1994 年全国各级劳动争议仲裁委员会共受理劳动争议案件 19098 件，比上年增加 6740 件、增长 54.5%。其中，国有企业 8763 件，占总数的 45.9%。

此外，国企改革带来了下岗职工权益保护问题。自 1994 年开始，国有企业开始推进现代化改革，逐步分离企业办社会职能、“减员增效”，国有企业下岗职工逐步增多（见图 4-1），1997 年之后，国企下岗职工每年达 600 万人以上（见图 4-2）。但由于当时社会保障体系不完善，保障水平低，不能保证下岗职工的基本生活，社会问题日益突出。另外，国有企业开始股份制改革和走向资本市场，迫于经营利润的压力，被迫“甩包袱”，大规模减员。如中国石化股份2000年10月在纽约、中国香港、伦敦上市后向投资者做出了四项承诺：高增长、高回报、降低成本、深化改革，五年内股份公司减员10万人。

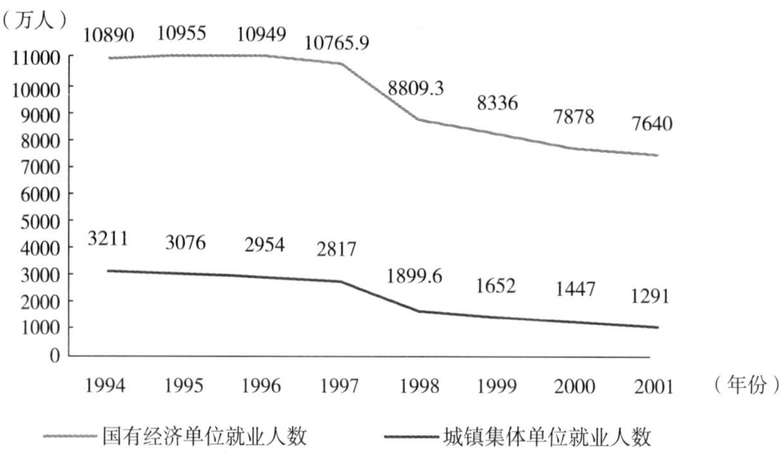

图4-1 1994~2001年国有经济单位和城镇集体单位就业人数

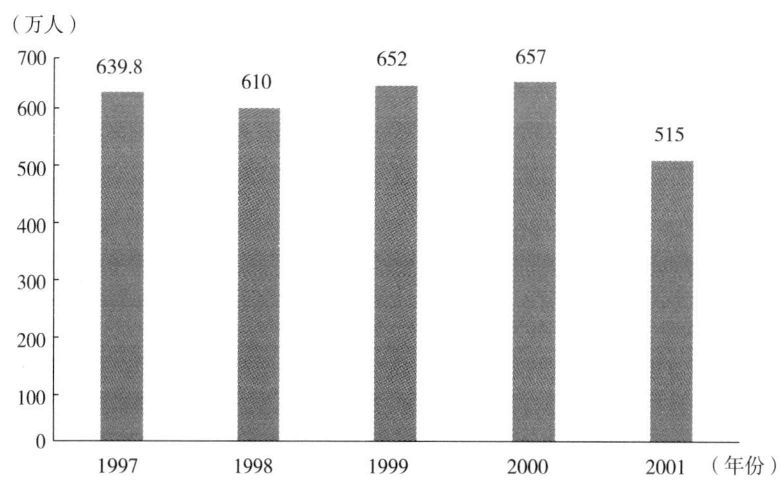

图4-2 1997~2001年国有企业每年下岗职工人数

资料来源：根据劳动和社会保障事业发展年度统计公报整理。

四、国企做强做大与引领社会责任发展

2002 年 10 月，中共十六大提出了毫不动摇地巩固和发展公有制经济、毫不动摇地支持和引导非公有制经济，强调继续调整国有经济布局和改革国有经济管理体制，这一时期国有企业获得了巨大的发展，同时社会也开始争议国企的垄断地位。

这一阶段国企改革最大的事件是国资委的成立。2003 年 3 月，国务院成立国资委，集合了原中央企业工委、财政部、国家经贸委、国家计委等部委对国有企业的管理职能，接手管理总量 17.84 万亿元的国有资产、15.9 万家国有及国有工商控股企业，其中，国资委直接管理的中央直属企业为 196 家，是为“中央军”，且绝大多数为“国退民进”后的垄断型企业。到 2006 年底，从中央到地市全部组建了国有资产监督管理机构，出台了 1200 多个相关监管规章和条例，涉及企业产权管理、企业资产和财务监督、企业负责人业绩考核和选聘薪酬制度、法律事务管理等各个方面。时任国资委主任李荣融宣称，国资委的目标是到 2010 年，将“中央军”调整和重组到 80~100 家，其中 30~50 家具有国际竞争力。

此外，国有经济布局和结构调整取得积极进展。一批特大型国有企业重组部分资产在国外上市，通过主辅分离和改制推进了一大批大中型企业重组。2006 年底，国务院国资委出台《关于推进国有资本调整和国有企业重组的指导意见》，明确了中央企业集中的关键领域和重组目标。中共十七大进一步明确通过公司制股份制改革优化国有经济布局，随后国有企业进一步集中。到 2006 年，全国国有工商企业数量为 11.9 万家，已经比 1998 年减少了一半。中央企业的数量已经从 2003 年的 196 家降低到 2012 年的 112 家。

在国有企业做大做强的同时，社会上开始出现对国企的垄断地位、国企的服务质量的争议。自 2006 年开始，国务院国资委开始关注国有企业的社会责任。2007 年，国务院国资委开展了一次面向全体中央企业的社会责任调研，对国有企业履行社会责任的现状及问题进行了摸底。2008 年，国务院国资委发布“一号文”《关于中央企业履行社会责任的指导意见》，不仅是我国中央部委层面第一个关于社会责任的文件，也是我国企业社会责

任发展的重要“里程碑”；2009年，国资委要求中央企业在3年以内都要发布社会责任报告；2011年，国务院国资委发布《中央企业“十二五”和谐发展战略实施纲要》，提出中央企业要以可持续发展为核心，以推进企业履行社会责任为载体，大力实施和谐发展战略，努力建设诚信央企、活力央企、绿色央企、平安央企和公民央企，为做强做优中央企业、培育具有国际竞争力的世界一流企业提供强有力的支撑。自此，国有企业尤其是中央企业成为我国企业社会责任的“第一军团”。

【延伸阅读】

垄断央企掀起“社会责任热”企业叫屈百姓不满意[1]

（2008年）8月27日，中石油公布的中报显示，上半年净利润536亿元，比去年同期锐降三成多。值得关注的是，雇员薪酬却上涨了近两成。利润不涨工资涨，中石油的这一信息披露引来了社会的诟病。

像中石油这样的央企，在资源垄断方面具有他人无法企及的优势，垄断产生的超额利润成就了行业的高收入。怪不得很多人指责：这是对国家和公民利益的掠夺。在百姓看来，其员工的收入和福利已经远高于社会平均水平了，首先要做的是把利润回报补贴到百姓身上，履行更多的社会责任。

联想到央企目前掀起的“社会责任热”，在前不久国资委召开的中央企业社会责任工作经验交流会上，听到的都是中石油、国家电网、中国移动、中远等央企在履行企业社会责任方面做得如何不错，记者倒有些困惑了：现实生活中百姓为什么感觉不到，甚至还有与民争利的感觉？

为啥企业叫屈百姓却不满意？

中国社会科学院经济研究所微观经济研究室主任韩朝华研究员一针见血地指出，都是垄断惹的祸。垄断央企的高工资和高福利已成为当前中

① 人民网，http：//finance. people. com. cn/GB/7882502. html。

国收入分配差距拉大的一个因素之一。百姓对此看在眼里，心里难免不平。而且部分央企凭借行政保护获取巨额垄断利润，掩盖了其内部的浪费和低效率，有什么可叫屈的。

在中国社会科学院经济研究所宏观室主任张晓晶研究员看来，正因为央企处于垄断地位，才很容易对消费者的利益形成侵害。如中国移动就很明显，老百姓总觉得话费收得高了，或者套餐里面有陷阱。

前不久《中国青年报》进行的一项满意度调查也验证了这一点。调查显示的公众十大不满意，其中有四项是针对中国移动的，如手机月租费、擅自开通服务收费、手机漫游费、手机双向接听费。

“其实，前段时间中国移动在抗震救灾中的公众评价排名第二，还是很不错的。但《中国青年报》这次进行的满意度调查确实让它灰头土脸。”中国社会科学院经济学部企业社会责任研究中心主任钟宏武博士在接受记者采访时如是说。他本人跟央企接触很多，他认为一些央企的社会责任运动还是搞得有声有色的，只是有些是能讲的，有些是不能讲的。但百姓不知道，百姓只看结果，这就出现了企业叫屈而百姓还感觉它们在与民争利的现象。具体分析原因有三：一是公众的要求很高。央企全都是公众服务企业、资源垄断企业。公众对它们的要求是高于其他企业的，实际上这些企业多多少少有做得不合理、不到位的地方。二是它们宣传过多，给人感觉可能动机有问题。三是客观的约束条件特别多。公众对企业的要求永远都是利己的，当然是越便宜越好，服务质量越高越好。但这一类企业国家会进行管制，所受到的约束实际上比一般的市场化企业要多得多，但公众只看结果，对企业运营过程中遇到的多重约束考虑得很少。

央企之所以把社会责任放在这么高的一个位置，钟宏武认为，一个根本原因就是当前企业自我评价和公众评价存在着重大差异。

这一观点得到了韩朝华的认同，他认为，企业热心此事是近几年的处境使然，想努力改善社会形象。因为近年来社会各界对部分央企享有的行政垄断地位提出了广泛的批评，央企的整体形象下降，而企业社会责任运动带来了一套新的说法和活动形式，正好满足部分央企以全新的方式改善自身社会形象的内在需要。

"实事求是地讲，像发表企业社会责任宣言、设立相关的组织机构，乃至在履行企业社会责任的名义下进行一些社会公益活动、提供一些慈善捐赠等，还不能算是真正到位的社会责任履行。"韩朝华对记者分析说，今天这么做了，可以说它履行了一定的社会责任，但明天不这样做了，社会能把它怎么样？如果某种对企业无益但对社会有益的事情不是企业必须做的，而是企业愿做就做，不愿做就不做，那就谈不上是什么责任，而是企业的慈善行为。现在集中出现于央企中的企业社会责任热，基本上还没有超出这样的性质范围。百姓以务实为本，只有当自己的切身利益确实因企业的社会责任运动而得到了明显、持久的改善时，他们才会相信企业的宣言，并认可这样的企业行为。

根本在于打破垄断

"对于央企来讲，首先是如何打破垄断，在一个相对公平的竞争环境中为社会提供服务。只有做到这一点，百姓才不会有与民争利的感觉。"张晓晶指出，现阶段要完全打破央企的垄断又是不现实的。但政府不能一方面纵容企业垄断，另一方面再让企业通过履行社会责任来做某种"补偿"，这是非市场的作法。他认为，强调央企的社会责任是个好事情，但也要有一个度，不能回到"企业办社会"的老路上去。其实这是央企的一个尴尬：一方面享受着垄断，另一方面需要为垄断承担更多的社会责任。这使得央企在成为企业方面变得不那么纯粹。因此，一方面要给央企真正做企业的权利，另一方面要坚定不移地履行《反垄断法》，通过法律法规规范央企的行为，而不是其他。这样才可能解决企业叫屈而百姓不满意的问题。

公众常常指责央企凭借行政保护获取巨额垄断利润，掩盖其内部的浪费和低效率。但钟宏武认为垄断企业的效率是没有办法来衡量的，从根本上讲它没有动力也没有标杆。垄断企业的低效率实际上也是国际上的一种通病，不是中国企业才有的。有一些做得好的国家也用非常细的指标来进行约束。但这仅仅是冰山一角，只能约束到看得见的，而还有很多是看不见的，因为存在着严重的信息不对称，企业永远都比政府厉害。从某种角度上讲，提高垄断企业的效率只是一个美好的愿望。

但一些央企忽视或无视公众的诉求确是不争的事实。举个简单的例子：

手机漫游费，本身不存在什么成本，但公众多次呼吁取消都无功而返。韩朝华认为就应该把这些企业的基本成本、收益数据亮出来，让全民看一看，你的利润究竟来自何方，过高还是合理，内部效率究竟如何，你的服务是否只能由你垄断经营，是否还能有成本更低、质量更好的其他供给者可供选择等。这些都事关全国民众的基本利益。讲企业的社会责任，首先应该在这些事关民众基本利益的方面满足公众需要。

企业尽到本分就好

企业社会责任到底是什么？

韩朝华强调不能解读为那些企业都以天下为己任，“学雷锋”，向社会作无私奉献，那是没有的事。在他看来，央企的基本社会责任就是如何使全国民众满意。而要做到这一点，首要一条就是信息公开。上市公司因要依靠社会公众投资，就需要依法向公众如实披露企业经营信息。那么央企既然归全民所有，自然就有责任使全国公众了解和监督自己的经营。因为全国人民都是央企的所有者，要求了解这些企业的基本经营状况就不算是非分之举，而是基本权利之所在。

张晓晶也认为，不要给央企太多的高帽子，或者将央企的境界设定得更高，一个基本原则就是“千金散尽还复来”，取之于社会，回报于社会。其实，央企做到自己的本分就好了。例如，环保的要求，对产品质量的要求（不生产假冒伪劣的商品），对公平价格的要求，对员工的基本责任等，这些是市场经济下一个企业应该做到的本分，是有社会的法律法规进行约束的。至于其他社会责任，包括慈善等，企业可以从自身的发展利益出发进行安排。企业想通过慈善获得社会声誉，从而实现企业更多的盈利，这本身是无可厚非的，正体现了中国目前发展阶段的特点。总之，核心是让央企做好公平竞争的企业的角色，让企业在全球化竞争中立足、发展，创造更多的就业。

如果按照这个标准来加以衡量，那移动、联通、网通、铁通等电信企业就没有尽好自己的本分，甚至应了中国的一句古话，“崽卖爷田心不痛”。因为审计署日前在对它们的审计中发现，这些企业重复投资导致资源闲置浪费。那可都是国家和人民的钱啊！

五、全面深化改革与国企社会责任

党的十八大以来，国有企业改革进入深化改革的关键期。这一时期国有企业社会责任发展具有两个明显特征：一是国有企业的地位更加重要；二是国企改革进入“分类改革”的新时期。

（一）习近平总书记关于国有企业的部分重要论述

2014 年 8 月 18 日，习近平总书记在中央深改组第四次会议上明确指出，国有企业特别是中央管理企业，在关系国家安全和国民经济命脉的主要行业和关键领域占据支配地位，是国民经济的重要支柱，在我们党执政和社会主义国家政权的经济基础中也是起支柱作用的，必须搞好。

2015 年 6 月 5 日，习近平总书记主持召开中央深改组第十三次会议并发表重要讲话，指出要把国有企业做强做优做大，不断增强国有经济活力、控制力、影响力、抗风险力。

2015 年 7 月 17 日，习近平总书记在长春召开部分省区党委主要负责同志座谈会时表示，要深化国有企业改革，完善企业治理模式和经营机制，真正确立企业市场主体地位，增强企业内在活力、市场竞争力、发展引领力。

2016 年 7 月 4 日，习近平总书记在全国国有企业改革座谈会上指示，国有企业是壮大国家综合实力、保障人民共同利益的重要力量，必须实现国有资产保值增值。

2016 年 10 月 10~11 日，习近平总书记在全国国有企业党的建设工作会议上发表重要讲话时强调，要通过加强和完善党对国有企业的领导、加强和改进国有企业党的建设，使国有企业成为党和国家最可信赖的依靠力量，成为坚决贯彻执行党中央决策部署的重要力量，成为贯彻新发展理念、全面深化改革的重要力量，成为实施“走出去”战略、“一带一路”建设等重大战略的重要力量，成为壮大综合国力、促进经济社会发展、保障和改善民生的重要力量，成为我们党赢得具有许多新的历史特点的伟大斗争胜利的重要力量。

2017 年 10 月 18 日，习近平总书记在中国共产党第十九次全国代表大会上做报告提出，加快国有经济布局优化、结构调整、战略性重组，促进国有资产保值增值，推动国有资本做强做优做大，有效防止国有资产流失。深化国有企业改革，发展混合所有制经济，培育具有全球竞争力的世界一流企业。

（二）国有企业分类改革

以中共十八大召开为标志，国企改革进入了一个“分类改革”的全新时期。根据党的十八届三中全会精神，2015 年 9 月 13 日，中共中央国务院发布《关于深化国有企业改革的指导意见》，国有企业被分为公益类，以及主业处于充分竞争行业和领域的商业类、主业处于重要行业和关键领域的商业类国有企业三类。不同类型的国有企业，将会有不同的国资监管机制、混合所有制改革方案、公司治理机制以及国有经济战略性调整方向等，这个时期的国有企业改革应该以分类为基本前提（见表 4-1）。

表 4-1 十八届三中全会以来国有企业改革的指导文件（“1+N”体系）列举

文件类别	文件名称	发布时间
“1”	《中国中央国务院关于深化国有企业改革的指导意见》	2015 年 9 月
“N”	《关于深化国有企业改革中坚持党的领导加强党的建设的若干意见》	2015 年 6 月
	《关于国有企业发展混合所有制经济的意见》	2015 年 9 月
	《贯彻落实“中共中央国务院关于落实国有企业改革指导意见”重点任务分工方案》	2015 年 10 月
	《关于鼓励和规范国有企业投资项目引入非国有资本的指导意见》	2015 年 9 月
	《关于改革和完善国有资产管理体制的若干意见》	2015 年 10 月
	《关于加强和改进企业国有资产监督防止国有资产流失的意见》	2015 年 6 月
	《关于国有企业功能界定与分类的指导意见》	2015 年 12 月
	《关于国有企业试点工作事项及分工方案》	2015 年 12 月
	《关于支持国有企业改革政策措施梳理及相关意见》	2015 年 12 月
	《贯彻落实“中共中央国务院关于深化国有企业改革的指导意见”改革举措工作计划》	2016 年 12 月
	《加快玻璃国有企业办社会职能和解决历史遗留问题工作方案》	2016 年 3 月
	《关于深化中央管理企业负责人薪酬制度改革的意见》	2014 年 11 月

续表

文件类别	文件名称	发布时间
"N"	《关于合理确定并严格规范中央企业负责人履职待遇、业务支出的意见》	2014 年 9 月
	《国务院办公厅关于进一步完善国有企业法人治理结构的指导意见》	2017 年 4 月
	《国务院国资委已管资本为主推荐职能转变方案》	2017 年 4 月

资料来源：余菁、黄群慧：《新时期全面深化国有企业改革的进展、问题与建议》，《中共中央党校学报》2017 年 10 月。

【延伸阅读】

分类推进国有企业改革

（四）划分国有企业不同类别。根据国有资本的战略定位和发展目标，结合不同国有企业在经济社会发展中的作用、现状和发展需要，将国有企业分为商业类和公益类。通过界定功能、划分类别，实行分类改革、分类发展、分类监管、分类定责、分类考核，提高改革的针对性、监管的有效性、考核评价的科学性，推动国有企业同市场经济深入融合，促进国有企业经济效益和社会效益有机统一。按照谁出资谁分类的原则，由履行出资人职责的机构负责制定所出资企业的功能界定和分类方案，报本级政府批准。各地区可结合实际，划分并动态调整本地区国有企业功能类别。

……

（六）推进公益类国有企业改革。公益类国有企业以保障民生、服务社会、提供公共产品和服务为主要目标，引入市场机制，提高公共服务效率和能力。这类企业可以采取国有独资形式，具备条件的也可以推行投资主体多元化，还可以通过购买服务、特许经营、委托代理等方式，鼓励非国有企业参与经营。对公益类国有企业，重点考核成本控制、产品服务质量、营运效率和保障能力，根据企业不同特点有区别地考核经营业绩指标和国有资产保值增值情况，考核中要引入社会评价。

——中共中央、国务院关于深化国有企业改革的指导意见

2015 年 8 月 24 日

第二节 民企发展与责任创新

改革开放40年来，中国民营经济从无到有，逐步发展壮大，对国民经济和社会发展的贡献逐步加大。截至2017年底，我国民营企业数量有2726.3万家，个体工商户6579.4万户，注册资本超过165万亿元。民营经济对国家财政收入的贡献占比超过50%；GDP和固定资产投资、对外直接投资占比均超过60%；企业技术创新和新产品占比超过70%；城镇就业占比超过80%，全国城镇就业数4.25亿人，非公有制企业就业数3.4亿人，对新增就业的占比贡献超过90%。在服务国家战略、创造经济价值、促进社会发展、保护生态环境等方面，民营企业都做出了突出贡献。

一、民营企业健康发展与政治地位逐步提升

（一）民营企业在夹缝中求生存

1978年党的十一届三中全会后，我国个体经济和乡镇集体经济逐步发展起来。1982年颁布的《宪法》，第一次承认个体经济的合法地位，明确了“国家保护个体经济的合法权利和权益”，从而使个体经济在中国的重生有了法律保障。1984年4月13日，大连市复员军人姜维所创办的光彩企业获准登记，改革开放后全国第一家私营企业诞生。

作为改革开放新产物的乡镇企业也是中国民营企业的一大来源。1984年3月2日，国务院正式发出通知，将社队企业改称为“乡镇企业”，作为一个新的、独立的企业形态，乡镇企业第一次浮出了水面。据有关资料显示，当年中国的乡镇企业实际已发展到165万家，拥有劳动力3848万人。而到两年后的1986年底，乡镇企业的总数已经发展到1515万家，拥有劳动力近8000万人，向国家缴纳税金170亿元，实现总产值3300亿元，占全国总产值的20%。

随着私营经济的发展壮大，党和国家对私营经济的作用和政治地位有了新的认识。1988 年 3 月 25 日~4 月 13 日，第七届全国人民代表大会第一次会议在北京召开，《中华人民共和国宪法（修正案）》获得通过。在此次通过的《中华人民共和国宪法（修正案）》中，在第十一条中增加了如下规定："国家允许私营经济在法律规定的范围内存在和发展。私营经济是社会主义公有制经济的补充。国家保护私营经济的合法的权利和利益，对私营经济实行引导、监督和管理。"至此，《中华人民共和国宪法》确认了事实上早已存在的私营经济，并赋予了私营经济以合法地位，中国社会主义现代化建设时期对私营经济的基本政策也由此确立。

在私营经济入宪后，国务院于 1988 年 6 月 15 日发布了《中华人民共和国私营企业暂行条例》，自 1988 年 7 月 1 日起施行。《中华人民共和国私营企业暂行条例》在总则中明确："本条例所称私营企业是指企业资产属于私人所有、雇工 8 人以上的营利性经济组织。"此后，经营者可以以私营企业身份进行工商登记。条例还明确了私营企业的经营范围，私营企业的权利和义务，私营企业的劳动管理、财务和税收等，并把私营企业划分为独资、合伙和有限责任公司三种。此外，国务院有关部门还就私营企业的货款、税收、财务管理，劳动管理等制定了部门规章，规范私营企业行为，为私营经济的发展创造了一个较好的法制环境，为各种企业营造公平的竞争环境起到了积极的促进作用。

（二）"南方谈话"后民营企业快速发展

1992 年邓小平"南方谈话"后，私营经济迎来了第二次高速发展期。之后，私营经济的政治地位稳步提升。

1999 年 3 月 5~15 日，第九届全国人民代表大会第七次会议在北京举行。会议通过了《中华人民共和国宪法（修正案）》，其中第十六条规定："在法律规定范围内的个体经济、私营经济等非公有制经济，是社会主义市场经济的重要组成部分。""国家保护个体经济、私营经济的合法的权利和利益。国家对个体经济、私营经济实行引导、监督和管理"。第十四条规定："国家在社会主义初级阶段，坚持公有制为主体，多种所有制经济共同发展的基本经济制度，坚持按劳分配为主体、多种分配方式并存的分配制度。"这样，私营经济的政治地位从社会主义公有制经济的补充提升为社会主义市场经济的重要组成部分，为私营经济的快速发展提供了一个长期稳定的政策预期和法律保护。

2004 年，十届全国人大二次会议在北京举行，会议通过的修改后的《中华人民共和国宪法》第十三条明确指出，“公民的合法的私有财产不受侵犯”，“国家依照法律规定保护公民的私有财产权和继承权”，“国家为了公共利益的需要，可以依照法律规定对公民的私有财产实行征收或者征用并给予补偿”。至此，国家正式把保护公民的私有财产权写入《宪法》。此次《宪法》的修改，进一步完善了私有财产保护制度，肯定了我国公民以个体的形式参与建设和发展非公有制经济的合法性，提升了私有财产保护的法律地位，有利于促进非公有制经济的健康发展。

2005 年 1 月 12 日，时任国务院总理温家宝主持召开国务院常务会议，讨论并原则通过《国务院关于鼓励支持和引导个体私营等非公有制经济发展的若干意见》。会议重申了十六大以来的“两个不动摇”：毫不动摇地支持和发展公有制经济；毫不动摇地鼓励、支持和引导非公有制经济发展。2005 年 2 月 19 日，《国务院关于鼓励支持和引导个体私营等非公有制经济济发展的若干意见》发布，这是改革开放以来第一个以中央政府的名义促进非公经济发展的政策文件，也被称为“非公 36 条”。该意见的发布，对我国非公有制经济的快速平稳健康发展产生了促进作用，对于完善社会主义市场经济体制，建设中国特色社会主义，都具有重要意义。

（三）党的十八大以来民营企业进入发展新阶段

党的十八大以来，以习近平同志为核心的党中央从统筹推进“五位一体”总体布局和协调推进“四个全面”战略布局、夺取中国特色社会主义事业新胜利的战略高度，就鼓励、支持、引导非公有制经济发展提出了一系列新思想、新论断和新举措，进一步丰富和发展了党关于非公有制经济发展的理论方针政策，成为中国特色社会主义理论体系的重要组成部分（见表 4-2）。党的十九大报告明确提出，“支持民营企业发展”和“促进非公有制经济健康发展和非公有制经济人士健康成长”。“民营企业”和“两个健康”的新提法体现了公有制经济与非公有制经济都是中国社会主义基本经济制度和社会主义市场经济重要组成部分这一党的理论创新成果，是党和国家对民营企业经济社会贡献的进一步肯定。

表 4-2　十八大以来党和国家对民营企业的重要论述

时间和场合	重要论述
2013 年 7 月 23 日，习近平在武汉市主持召开部分省市负责人座谈会上的讲话	要坚持和完善基本经济制度，增强公有制经济特别是国有经济发展活力，鼓励、支持、引导非公有制经济发展，完善财税体系，发展更高水平的开放型经济体系，不断增强经济发展微观基础的活力
2013 年 11 月，中共十八届三中全会《中共中央关于全面深化改革若干重大问题的决定》	公有制经济和非公有制经济都是社会主义市场经济的重要组成部分，都是我国经济社会发展的重要基础 公有制经济财产权不可侵犯，非公有制经济财产权同样不可侵犯。国家保护各种所有制经济产权和合法利益，保证各种所有制经济依法平等使用生产要素、公开公平公正参与市场竞争、同等受到法律保护，依法监管各种所有制经济 要坚持权利平等、机会平等、规则平等，废除对非公有制经济各种形式的不合理规定，消除各种隐性壁垒，制定非公有制企业进入特许经营领域具体办法。要鼓励非公有制企业参与国有企业改革，鼓励发展非公有资本控股的混合所有制企业，鼓励有条件的私营企业建立现代企业制度
2014 年 10 月，中共十八届四中全会	健全以公平为核心原则的产权保护制度，加强对各种所有制经济组织和自然人财产权的保护，清理有违公平的法律法规条款
2014 年 12 月，中央经济工作会议	强调“八个更加注重”，首次提出更加注重发挥企业家才能
2015 年 10 月，中共十八届五中全会	鼓励民营企业依法进入更多领域，引入非国有资本参与国有企业改革，更好激发非公有制经济活力和创造力
2015 年 11 月 23 日，习近平主持中共中央政治局第二十八次集体学习时的讲话	要坚持和完善社会主义基本经济制度，毫不动摇巩固和发展公有制经济，毫不动摇鼓励、支持、引导非公有制经济发展，推动各种所有制取长补短、相互促进、共同发展
2015 年 12 月，中央经济工作会议	企业家在推动经济发展中发挥着重要作用，要为企业家营造宽松环境，用透明的法治环境稳定预期

续表

时间和场合	重要论述
2016年3月4日，习近平在民建、工商联界委员联组会讲话	我国非公有制经济快速发展，在稳定增长、促进创新、增加就业、改善民生等方面发挥了重要作用。非公有制经济是稳定经济的重要基础，是国家税收的重要来源，是技术创新的重要主体，是金融发展的重要依托，是经济持续健康发展的重要力量 非公有制经济在我国经济社会发展中的地位和作用没有变，党和国家鼓励、支持、引导非公有制经济发展的方针政策没有变，党和国家致力于为非公有制经济发展营造良好环境和提供更多机会的方针政策没有变
2016年7月，习近平在主持召开经济形势专家座谈会的讲话	要加快培养造就国际一流的经济学家、具有国际视野的企业家
2017年政府工作报告	要激发和保护企业家精神，使企业家安心经营、放心投资
2017年4月，中央深改组第三十四次会议	企业家是经济活动的重要主体，要深度挖掘优秀企业家精神特质和典型案例，弘扬企业家精神，发挥企业家示范作用，造就优秀企业家队伍
2017年9月9日	中共中央、国务院印发《关于营造企业家健康成长环境弘扬优秀企业家精神更好发挥企业家作用的意见》
2017年10月，党的十九大报告	必须坚持和完善我国社会主义基本经济制度和分配制度，毫不动摇巩固和发展公有制经济，毫不动摇鼓励、支持、引导非公有制经济发展 要支持民营企业发展，激发各类市场主体活力，要努力实现更高质量、更有效率、更加公平、更可持续的发展 构建“亲”“清”新型政商关系，促进非公有制经济健康发展和非公有制经济人士健康成长
2018年政府工作报告	支持民营企业发展；激发和保护企业家精神，增强企业家信心，让民营企业在市场经济浪潮中尽显身手 坚持权利平等、机会平等、规则平等，全面落实支持非公有制经济发展的政策措施，认真解决民营企业反映的突出问题，坚决破除各种隐性壁垒。构建“亲”“清”新型政商关系，健全企业家参与涉企政策制定机制

2016年11月，中共中央、国务院颁发《关于完善产权保护制度依法保护产权的意见》，明确了平等保护、全面保护、依法保护、共同参与、标本兼治六项原则，要求加强各种所有制经济产权保护，完善平等保护产权的法律制度，妥善处理历史形成的产权案件，严格规范涉案财产处置的法律程序，审慎把握处理产权和经济纠纷的司法政策，完善政府守信践诺机制，完善财产征收征用制度，加大知识产权保护力度，健全增加城乡居民财产性收入的各项制度，营造全社会重视和支持产权保护的良好环境。

2017年12月，最高人民检察院下发《关于充分发挥职能作用营造保护企业家合法权益的法治环境支持企业家创新创业的通知》，要求各级检察机关紧密结合检察工作实际，综合发挥打击、预防、监督、教育、保护等检察职能，为企业家健康成长和事业发展营造宽松法治环境，切实强化企业家人身财富安全感，增强和激励企业家创新创业信心。2018年1月，最高人民法院发布《关于充分发挥审判职能作用为企业家创新创业营造良好法治环境的通知》（法〔2018〕1号），强调充分发挥审判职能作用，依法平等保护企业家合法权益，为企业家创新创业营造良好法治环境。该通知提出要依法保护企业家的人身自由和财产权利，依法保护诚实守信企业家的合法权益，依法保护企业家的知识产权，依法保护企业家的自主经营权，努力实现企业家的胜诉权益，切实纠正涉企业家产权冤错案件，不断完善保障企业家合法权益的司法政策，推动形成依法保障企业家合法权益的良好社会氛围，增强企业家依法维护权益、依法经营的意识。

二、民营企业社会责任历程

民营企业社会责任的发展历程与其政治地位的提升有密切关系。民营企业政治地位的提高是其履行社会责任、实现可持续发展的政治基础。

（一）以经济责任为主阶段

1970年9月13日，诺贝尔奖得奖人、美国经济学家米尔顿·弗里德曼在《纽约时报》刊登题为《商业的社会责任是增加利润》的文章中认为，“企业仅具有一种而且只有一种社会责任——在法律和规章制度许可的范围之内，利用它的资源从事旨在增加它的利润的活动”。改革开放初期（1978

~1992 年），全国各地的民营企业如雨后春笋般蓬勃兴起。这一阶段的民营企业第一追求的是生存，第二追求的是利润。尽管民营企业的发展客观上也在为社会提供产品和服务、向政府纳税、解决社会就业、推动经济发展，但从民营企业自身经营目标来看，这一阶段民营企业的社会责任主要是追求利润最大化。20 世纪 80 年代后期到 90 年代初期，随着企业规模的扩大，民营企业内部的人员构成也开始发生变化，虽然这时民营企业的核心管理层仍以家族或亲朋为主，但是已有越来越多的管理和技术人员开始进入民营企业，企业雇工增加、生产规模扩大、分工逐步细化。为了提高企业的盈利能力，民营企业的管理者们逐步意识到职工的重要性以及企业文化的重要性。发展壮大的民营企业家逐步意识到企业对职工的社会责任。

【延伸阅读】

张维迎：正确解读利润与企业社会责任（选摘）[①]

……

企业社会责任概念的困惑与悖论

企业社会责任概念，如同利益相关者概念一样，并不能真正让企业承担社会责任。一方面，可以想象，在逻辑上，一个职业经理人逃避责任的最好办法是什么？就是宣布对所有人都负责任。这样其实他可以不对任何人负责：如果企业亏损了，他可以说，这是为了照顾消费者的利益；反过来，商品提价的时候，他也有充分的理由，因为他不光对客户负责，还要考虑股东的利益。当然，裁员的时候，他也有道理，因为他要照顾其他利益相关者的利益。在这样的概念下，“对所有人负责”其实是对任何人都不负责。

另一方面，一个组织进行决策的时候，往往需要一个相对单一的目标。如果企业要兼顾多个目标，经常没有办法决策。例如，一个公司亏损

① 资料来源：中国经济网（北京），作者：张维迎。本文由笔者根据其 2007 年 4 月 14 日在“第十四届中国企业家成长与发展调查结果发布暨企业社会责任研讨会”的演讲整理而成。

太严重，从股东的角度看它应该关闭，但是从其他利益相关者的角度就没法关闭，因为关闭就要解雇一大批人。再如，一个企业，现在有几千名工人，欠政府几百万元的税。如果它按法律缴税的话，企业就破产了，几千名工人就失业了。但是它不缴税的话，这个企业可以做下去，工人还继续有工作。这时候，谁能告诉我们，从社会责任的角度讲，企业应该缴税，还是不缴税？我们甚至可以问一个更简单的问题：假如有一个企业，很照顾消费者，免费给社会提供产品，这是一件好事还是坏事？拿石油公司来说，如果它免费给人们提供油料，会出现什么结果？结果会导致石油过度消费，汽车增多，到处塞车，环境严重污染，石油资源很快枯竭。也就是说，如果一个企业从社会责任的概念出发，向消费者免费提供产品，实际的结果并不好。它可能是在破坏这个社会，而不是承担社会责任。

……

关于企业的目标，有一些常见的说法。例如，经济学家告诉我们，企业的目标是利润最大化；管理学家告诉我们，企业要生存和发展，最重要的是为客户创造价值；社会舆论呼吁，企业最重要的是要讲社会责任。这三者之间有没有矛盾？有人认为是矛盾的，例如，经常有人说：一个企业不能只追求利润，还要讲社会责任。这种说法隐含的意思是，利润本身是反社会责任的，或者它不是社会责任的组成部分。

但下面我想强调：一方面，在一个健全的市场制度下，企业追求利润、为客户创造价值以及承担社会责任之间，不仅不矛盾，而且是基本一致的。利润，是社会考核企业，或者说考核企业家是否能真正尽到责任的最重要指标。没有这个指标，我们没有办法判断企业行为是损害还是帮助了社会。另一方面，在一个制度缺陷比较严重的社会中，利润可能不是考核企业行为的最佳指标。这时候我们应该想办法，使这个制度变得更好，使利润能够真正反映企业和企业家对社会的贡献。而不是抛开对社会制度的变革，用说教的方式解决这个矛盾。

从利润、收入、成本说起

……

理解了上面的意思，我们再看，利润是什么？利润实际上是一个尺度，它度量企业为消费者创造的价值，高出你使用这种资源的社会成本多少。如果消费者愿意支付给你的价格，低于你使用这种资源的社会成本，你就亏损了。这时候你如何实现你的社会责任？反过来，同样的资源在我的使用下，创造的价值比任何人都大。这意味着我为社会创造了更大的价值。从这个角度看，利润本身就是企业履行社会责任的重要指标。

我们假定，在同样的市场上，使用同样的资源，一个企业创造了1000 万元的利润，另一个企业创造了 200 万元的利润。现在第二个企业把 200 万元主动捐出来了，从事公益事业了。你告诉我，这两个企业谁更尽到了社会责任？是第二个企业吗？显然不是。

……

利润是一种责任

我们设想，由 100 人组成的一个企业，先不论贡献大小，他们如何分配企业利润？一种方法是平均分配，假如每年有 2000 万元的利润，每个人拿 20 万元。但这样一来，每个人创造利润的积极性可能很小，偷懒的积极性会很大。企业出了问题，也没有人真正承担责任。

可以有另一种安排：让其中的 99 个人拿固定合同收入，剩下的 1 个人拿剩余收入。所谓剩余收入，就是销售收入去除原材料、利息、工资等之后，剩下的部分。这就是利润，拿剩余收入的人是老板，拿固定工资的人是雇员。

这种安排的好处是什么？让拿剩余收入的人更好地承担责任，并监督其他人也承担自己的责任。企业家拿剩余收入，承担的是剩余责任。雇员拿合同收入，承担的是过失责任。

换句话说，作为雇员，只要自己没犯错误，或者老板没有发现你的错误，你就没责任。而作为老板，只要你没发现别人有错误，出了问题全是你的错。可以想象，工人辛辛苦苦干了一年，只要没有犯错误，老板就得付工资，否则就是老板违约，工人可以告他。老板不能说，企业亏了，我不能付你工资了。而企业搞得不好，老板只要没有发现别人有错误，错误都是自己的。老板不可以在消费者面前说，我今年比去年辛苦多了，所以今年的利润一定要高，你们得给我多加钱。

……

利润的社会意义

进一步，我们看更宏观的图景：利润如何引导资源的有效配置。一个社会的经济状况取决于什么？所谓人尽其才，物尽其用。一个企业应该生产什么，不应该生产什么，我们怎么知道？利润是一个信号！一个行业，如果不论谁在里面干，利润都普遍比别的行业高，意味着这个行业资源少，竞争不够。企业追求利润，自然会进入这个行业，使社会资源合理流动。社会应该培养什么人才？如果技工的工资涨得很快，普通大学生的工资不涨，意味着社会缺乏技工人才，更多的人应该去学技工。利润就是起这个引导作用的。

如果不用利润衡量，工厂烧锅炉应该用石油、用煤，还是用酒精，你不知道。只有利润能告诉你，哪一种方案是正确的，哪一种方案是浪费的。如果本来应该烧煤，但你用油，结果成本很高，你的利润就会减少，或者亏损，时间一长，工厂倒闭了，浪费资源的行为自然就终止了。现在全球石油供应紧张。中国有句话，车到山前必有路。为什么？资源越稀缺，价格越高，你就得想办法开发替代能源。如果石油的价格再高，其他替代性的能源就会越来越多。创造新的能源也是靠利润机制。

我们强调自主创新，但创新能否创造社会价值，也要用利润来衡量。对科学家来说，创新最重要的是满足他的好奇心。例如，盖奥运场馆，设计师不关心成本，他只希望他的作品能在历史上留下来，成为他的丰功伟绩。但这样对社会有没有好处？不一定。只有用利润去衡量才知道。没有商业价值的创新，注定是昙花一现，或者只能成为一件展览品。

总之，一个国家的资源利用、技术进步和可持续发展，必须靠市场经济和利润机制引导。在世界上，哪些国家资源浪费最严重，技术进步最慢，环境污染最严重？不是强调“社会责任”少的国家，而是产权制度不清晰、价格信号被扭曲的国家。没有这样一个制度，我们空谈这个责任、那个责任，都是没有用的。

反过来看，社会责任这个概念最适合谁？第一，最适合政府。为什么？前面说了，企业不为消费者创造价值就没收入，但政府不创造价值也可以有收入。所以政府部门要特别强调社会责任。政府没有利润指标，我们只能用这个办法，不断鼓励它为人民服务，好好地干活。第二，非营利性组织。像大学、研究所什么的，社会没有办法直接衡量它的贡献。一个教授、研究员，做得好不好，不像一个企业老总，通过利润马上就能看出来，所以需要强调社会责任。第三，垄断性组织。为什么呢？垄断性组织的利润，不表明对社会的贡献。它赚钱很多，但不是由于它有创新，不是由于承担风险，而是因为垄断了资源。像石油、通信这些垄断性的行业，要特别讲究社会责任。

说到底，一个人或企业对社会是不是有贡献，最重要的不是看口头上的责任，而是看这种责任的可考核性。对应的英文有两个词，一个叫“Responsibility”，一个叫“Accountability”，理解这两个词很重要。如果“责任”不具有可考核性，就像前面讲的，有的人声称对所有人负责，其实他可以对谁都不负责，我们没有办法判断他是不是做了分内的事，甚至不知道一个企业是在做好事还是做坏事。计划经济下，每一个商场门口都会有一个牌子——“为人民服务”。每次宣传都会强调为人民服务，但结果又怎么样？非常糟糕。问题的关键，不是我们对人的责任强调得不够，而是我们的游戏规则，也就是制度，对人的行为没有正面激励。

……

（二）民营企业社会责任逐步扩大

1992 年邓小平南方重要讲话的发表和中国共产党的十四大，确立了社会主义市场经济体制目标模式，党的十五大第一次提出非公有制是中国市场经济的重要组成部分。政治地位的提升让民营企业开始将目标转向追求企业的长期利润和可持续发展。在外部环境发生重大改善的同时，中国民营企业也进入了制度化和正规化建设阶段。中国民营企业的社会责任也逐步跨越利润导向的阶段，开始逐步承担对股东、员工、消费者、环境、社区等不同利益相关方的责任。1994 年在全国工商联七届二次常委会上，由 10 名民营企业家联名发起的“光彩事业”，倡议和号召民营企业到老、少、边、穷地区培训人才、兴办项目、开发资源，为缩小地区差距、促进共同富裕，动一份真情、献一份爱心、作一份贡献。这一举动不仅表明，一些更具战略眼光的民营企业，正把企业承担社会责任的视野拓展到企业外部那些非直接的利益相关者，同时也标志着民营企业承担社会责任，开始从最初个别企业的善举向后来有组织的行动演进。

【延伸阅读】

企业办社会“回潮”①

9 月底，深圳比亚迪公司迎来一批尊贵的客人，这些从诺基亚总部派来的调查人员，由负责采购的副总裁亲自带队，他们来考察比亚迪是否具备成为诺基亚精密塑胶供应商的条件。让比亚迪执行董事兼副总裁夏佐全意外的是，他们除了考察比亚迪的产品品质、研发技术、交货能力等项目，似乎对比亚迪建立的亚迪村、深圳中学比亚迪学校等项目更有兴趣。

事后，夏佐全才知道，考察指标中有一个专门针对供应商在“社会责任”“人文关怀”等方面的履行情况，而这些指标对被考察企业能否达标具有“一票否决”的权力，其他做得再好，如果在这些指标上不能符合诺基亚的要求，都不可能成为诺基亚的供应商。

“我们是无心插柳。”夏佐全说，比亚迪投资亚迪村、深圳中学比亚迪学校等是作为企业员工福利的投入，实际上是与企业发展阶段息息相关的。比亚迪因此拿到摩托罗拉、诺基亚等跨国公司的订单，仅仅是“意外的惊喜”。

1999 年底，比亚迪从深圳龙岗搬到葵涌时，已经成立 4 年多，公司已经初具规模。但在龙岗时，比亚迪面临一个管理上的难题，比亚迪在龙岗的配套设施并不完备，企业员工分散居住在四个地方，当时，公司的员工人数已经增加到四五千人，如此庞大的人员流动，让比亚迪的管理者们非常头疼。

也正因此，1999 年底在深圳葵涌新工业园成立的时候，比亚迪董事长兼总裁王传福就已经开始构想，把葵涌厂区建成一个能够让员工感觉到充满温暖、气氛宽松、利于创新和安身立命的家园。最先解决的问题就

① 《IT 经理世界》，2005 年 10 月 20 日，http：//finance. sina. com. cn。

是将员工居住地进行集中，在厂区内建立了几座员工宿舍楼。随着员工人数的增长，比亚迪员工宿舍也迅速增加。

王传福最崇尚的公司模型是“军队—学校—家庭”三位一体。他认为，一个企业，一定要让职工有家的感觉，只有将他们照顾好，他们才会照顾好你的公司，进而照顾好你的利润。

目前比亚迪的员工多达47000人，建立的员工宿舍楼也很成规模，在比亚迪总部葵涌工业园，比亚迪员工宿舍楼就多达20多座。而工业园一侧就是葵涌当地最好的学校——深圳中学比亚迪学校。

在深圳，葵涌属于贫困镇。几年前高速公路没有修好之前，从比亚迪葵涌工业园到市区需要走盘山路，而葵涌当地的几所学校，都是深圳市政府的“同富裕工程”建立起来的。为了解决员工子女的入学问题，同时也为了回报社会，与当地政府、群众建立良好的关系，比亚迪决定投资学校。

“我们为建设比亚迪学校先后投资了8000多万元，最初的定位就是从高起点出发，学校的硬件设备是一流的。”夏佐全介绍说，比亚迪学校是与全国重点中学深圳中学进行合作的，该校派出从校长到年级主任等一大批教员，还引进一些外教，以保证教学质量。

现在的深圳中学比亚迪学校的学员，已经不仅仅是比亚迪员工的子弟以及当地孩子，深圳其他各地还有大量学生慕名前来。“比亚迪学校肯定是可以赚钱的，但我们绝对不会考虑利用学校来赚钱，只要它能够保证教学质量，按照市场运作的规律自己运转起来就行了”。夏佐全说。

距离比亚迪总部不远，依山而建的亚迪福利村，已经拥有500多户“村民”，作为那些在比亚迪工作5年以上的员工福利房，公司给员工购房每平方米补贴1000元；这里远离城市的喧嚣，各种配套设施齐全，从幼儿园到会所、健身房一应俱全，地下车库整齐排放着比亚迪的福莱尔小车。随着比亚迪F3的上市，车库F3的数量也会增多起来。

由于远离市区，加上比亚迪开始大举进军汽车市场，所以比亚迪非常鼓励员工购车，不但在购车方面予以优惠，每个月的车补也是一笔不小的数目。“我们的员工大部分都有一辆小汽车，可以方便地出入市区。”夏佐全高兴地说。

除了比亚迪葵涌总部之外，在深圳龙岗工业园区，比亚迪另一座亚迪村也在规划之中，比亚迪在上海的工业基地一侧，建立几座高层住宅或别墅的计划也已放在比亚迪高层人员的桌案上。此外，比亚迪还拨出专款，办起了图书馆，竖起了黑板报，办起了各类技能学习班，甚至还斥巨资建立了一座标准的体育场。在王传福的鼓励下，员工还成立了文学社、书画社、艺术团、英语协会……所有这一切，都是因为比亚迪希望员工能将公司当作一个家，要让每一个员工在比亚迪找到自己存在的价值感。

在深圳市龙岗区新开发的宝龙工业城，一座现代化的技工学校已经开学一年多了，这是由比亚迪全资建立的深圳比亚迪技工学校，学校办学条件是按国家级技工学校标准配置，占地面积 8 万平方米，建筑面积 4 万平方米。

除了向社会上输送人才之外，这个学校主要还为公司提供急需的技术人员，其专业设置和课程结构，与比亚迪技术人员缺口相对应，在全国招生培养“下得去，留得住，用得上”的面向基层、面向生产和管理的中高级技术型、实用型人才。

不论是作为员工福利建立的学校和亚迪村，还是为企业培养人才建立的技工学校，比亚迪最初的出发点都是从企业的需求出发，但现在比亚迪已经开始系统地思考公司应该负担的“社会责任”问题了。

“比亚迪拥有 47000 名员工，每年上缴利税五六亿元，涉及上游厂商上千家，下游客户数百家，如此大的企业规模，不论是对周边环境的保持，还是对员工的安全、健康，公司显然都要承担巨大的相关责任。这不是愿意不愿意的事情，而是比亚迪发展到这个阶段，必须要面对的事情。”夏佐全说。

当中国企业走向海外，适应当地的“社会责任体系”是比开拓市场、建立渠道等单纯的商业工作更加刻不容缓的首要任务。

（三）科学社会责任阶段

2002 年，党的十六大提出了到 2020 年建成完善的社会主义市场经济体制的改革目标，与此同时，党中央总结提出科学发展观和构建社会主义和谐社会的重大战略构想，这对民营企业科学认识社会责任、承担社会责任产生了巨大的促进作用。这一时期，有三个方面的重要因素推动民营企业承担社会责任进入了一个新的阶段：一是民营企业的发展不仅得到了来自于社会的认同和鼓励，同时也得到了各级政府更多的政策支持，从而强化了民营企业回馈社会的意愿；二是许多民营企业的财富积累达到了一定程度，拥有了财富和社会地位的民营企业，在追求财富增加的同时也愿意进一步地承担起对社会的责任；三是中国加入世贸组织后，国际社会关于企业承担社会责任的要求，迫使民营企业尤其是那些从事国际贸易和合作的民营企业必须承担起相应的社会责任，否则就会失去贸易或合作的机会。

2005 年 10 月，我国公布了新《公司法》，其中第五条明确规定企业要承担社会责任。新《公司法》也要求民营企业摆脱片面强调股东利益最大化的公司法理念及相应的制度安排，重新定位公司目标——变单纯营利性为强调营利性的同时兼顾社会责任。

【延伸阅读】

王健林：民营企业应承担社会责任　建议制定激励政策①

人民网北京 3 月 8 日电（人民网前方报道组）　今天上午，来自工商联界别的全国政协委员王健林在全国政协十一届一次会议第二次全体会议上发言，他认为：民营企业是我国改革开放三十年的重大成果之一，已经成为社会主义市场经济的重要组成部分，实现经济社会又好又快发展的重要力量。现在，我国民营经济的发展正处在一个新的起点上，社会责任问题历史性地提到了民营企业面前。

王健林指出，企业的社会责任从理论层面讲大致分两类：一类是强制性的，即法律政策规定必须要做的。一类是道德层面的，即主要靠企业家的道德自觉履行。

王健林委员发言的题目是《关于民营企业承担社会责任的几点建议》，全文如下：

① 人民网：《王健林：民营企业应承担社会责任　建议制定激励政策》，2008 年 3 月 8 日，http://cppcc.people.com.cn/GB/34961/116691/116694/6972725.html。

民营企业是我国改革开放三十年的重大成果之一，已经成为社会主义市场经济的重要组成部分，实现经济社会又好又快发展的重要力量。现在，我国民营经济的发展正处在一个新的起点上：民营企业数已占全国企业总数的90%以上，民营经济的总产值已经占到GDP的50%左右，民营经济的税收占全国税收总额的近一半，民营经济带动的就业已经占到新增就业的75%以上。总体而言，我国民营经济已经超越了原始、外延、粗放的“快”式发展阶段，正朝着创新、内涵、集约的“好”型目标迈进。在这种形势下，社会责任问题历史性地提到了民营企业面前。

企业的社会责任问题很重要，但对于究竟什么是企业社会责任尚缺乏共识。有人把企业承担社会责任与企业参与公益事业简单地等同起来，也有人认为，只要把企业搞好，照章纳税就等于承担了社会责任。

我认为，企业的社会责任从理论层面讲大致分两类：一类是强制性的，即法律政策规定必须要做的。一类是道德层面的，即主要靠企业家的道德自觉履行。从内涵上主要包括五个方面：一是诚信经营，为社会提供合格、优质的产品和服务，依法照章纳税，这是最基本，也是最重要的。二是和谐关系，包括企业外部合作共赢的上下游伙伴关系和企业内部关爱员工。三是保护环境、节约资源。四是慈善捐助、扶贫济困。五是传承文明，为弘扬中华优秀文化做出贡献。为人讲“人品”，经商重“商德”，企业承担社会责任就是良好的“商德”。我们必须积极倡导这种“商德”，大力弘扬这种“商德”。

民营企业生长在中国的土地上，没有党的改革开放政策，就不会有民营企业的存在和发展。更好地承担社会责任，这不仅是新时期社会对民营企业的必然要求，也是民营企业持续健康发展的必需条件。根据有关机构的分析，民营企业承担社会责任的总体情况和趋势是好的，但也存在一些不足：如满足于捐款捐物等社会责任的表层要求，忽视诚信经营、关爱员工、保护环境等社会责任的基本义务；缺乏承担社会责任的内外部制度保证；没有将社会责任内化为企业的价值观，没有把企业的发展战略与承担社会责任有机结合起来。为此建议：

第一，结合深入贯彻落实科学发展观，在民营企业中广泛开展企业社会责任的主题活动。科学发展观是我国经济社会发展的重要指导方针，但要使这一重要指导方针，扎实深入地转变为企业的自觉行动，还需要进一步加大宣传贯彻力度。通过开展履行社会责任的主题活动，有助于提高民营企业对承担社会责任重要性的认识，引导民营企业家树立正确的财富观、价值观，努力成为实现共同富裕的推动者、和谐劳动关系的构建者、生态文明建设的实践者。

第二，建立科学的企业社会责任评价体系。企业承担社会责任需要有一套较为科学的评价体系。在西方发达国家，对企业的社会责任评价已经形成了一套较为成熟的制度和标准，主要包括经济发展、社会进步、环境保护、慈善捐助四个层面。目前，我国的一些大学、研究机构已经开始着手这方面的工作，但总体而言还是初步的，还没有形成社会共同认可的评价标准。建议权威机构，特别是政府有关部门能够参与主持企业社会责任评价体系的研究和制定工作，争取能够早日形成一套既与国际惯例接轨，又符合我国国情的企业社会责任评价体系，从而推动企业努力承担社会责任。

第三，制定激励企业承担社会责任的相关政策。企业承担社会责任离不开政府的作为。我国目前的一些政策和制度，还没有真正形成对企业承担社会责任的正向激励，这在相当程度上影响了企业承担社会责任的积极性。建议政府相关部门尽早制定激励企业承担社会责任的税收政策、信贷政策、土地政策、荣誉政策。在全社会广泛形成鼓励企业承担社会责任的舆论环境、政策环境。

第四，积极构建和谐的劳动关系。对民营企业来说，构建和谐的劳动关系，是企业生存和发展的基础，也是企业承担社会责任的重要内容。一个关爱员工、有着和谐劳动关系的企业本身就是对社会和谐的重要贡献。要把员工的社会保障、待遇福利、技能培训、继续教育等内容纳入企业的发展规划中，使员工能在企业里长工资、长本事、长品德、长幸福指数。

谢谢大家！

（四）党的十八大以来民营企业社会责任进入新阶段

党的十八大以来，企业社会责任逐步纳入全面深化改革大局，民营企业承担社会责任也进入了新的阶段，民营企业积极参与精准扶贫、军民融合、“一带一路”等国家倡议，主动在中华民族伟大复兴过程中承担更多的社会责任。

2017 年 9 月，中共中央、国务院出台的《关于营造企业家健康成长环境弘扬优秀企业家精神更好发挥企业家作用的意见》将“模范遵纪守法、强化责任担当”作为意见实施的第一个原则，将履行社会责任作为企业家精神的核心内容之一。该意见结合时代特征和制度环境，用 36 个字总结了新时代优秀企业家精神，即爱国敬业、遵纪守法、艰苦奋斗、创新发展、专注品质、追求卓越、履行责任、敢于担当、服务社会。其中，企业家精神的诸多方面都对民营企业履行社会责任提出了明确的要求。另外，企业社会责任是“一把手工程”，是新时代的企业管理变革，需要企业家的高度重视和推动，需要企业家秉持责任理念，在企业内部建立一种负责任经营的企业文化，为民营企业履行社会责任提供精神动力。

党的十八届五中全会提出，到 2020 年我国现行标准下农村贫困人口实现脱贫，贫困县全部摘帽，解决区域性整体贫困。“万企帮万村”行动是民营企业担当社会责任、先富帮后富的重要体现。民营企业参与“万企帮万村”行动，既充分展现了民营企业饮水思源的强烈社会责任感，也有助于增进社会阶层间的沟通交流，化解隔阂矛盾，有助于促进人心向善，形成和谐稳定的社会风气。“万企帮万村”行动在全国工商联等各方的共同努力下，充分发挥民营企业的主观能动性，逐渐形成了产业扶贫、商贸扶贫、就业扶贫、捐赠扶贫、智力扶贫和其他扶贫方式并举的精准扶贫模式，开创了贫困地区新的经济增长点，激发了贫困户脱贫奔小康的内生动力。截至 2017 年底，共有 4.62 万家企业参与“万企帮万村”，共帮扶了 5.12 万个村，其中，产业扶贫投资约 527 亿元，公益扶贫投入约 109 亿元，就业扶贫安置就业 50 多万人，技能培训 54 万人次，共带动了 620 万建档立卡贫困人口。

“万企帮万村”精准扶贫行动，以民营企业为帮扶方，以建档立卡的贫困村为帮扶对象，以签约结对、村企共建为主要形式，力争用三到五年时间，动员全国一万家以上民营企业参与，帮助一万个以上贫困村加快脱贫进程，为打赢脱贫攻坚战、全面建成小康社会贡献力量。

——中华全国工商业联合会、国务院扶贫开发领导小组办公室和中国光彩事业促进会《“万企帮万村”精准扶贫行动方案》

2015 年 9 月 21 日

第三节 外资发展与责任引入

改革开放 40 年来，中国经济以开放为动力，倒逼改革，融入世界。外资企业（尤其是跨国公司）对整个中国经济的市场化、法治化，及企业管理的现代化和标准化起到了很大的推动作用；外资企业对提升中国的技术水平、人才素质、服务标准化等都扮演着重要作用。外资企业也是中国企业社会责任理念的引入者，对中国现代商业文明程度的提高影响深远。

一、对外开放与完善投资环境

在中国，外资企业大体可以分为三类：第一类是西方跨国公司，如可口可乐、德国大众等；第二类是华商公司，如郭台铭的富士康、郭氏家族的益海嘉里、张忠谋领导的台积电、谢国民的正大集团、魏氏兄弟的康师傅集团、李嘉诚的长和集团，还有新鸿基集团、恒隆集团；第三类是日韩在华企业，如日本松下、日本佳能、韩国三星等。改革开放初期，港台和日韩企业率先来到中国投资建厂，欧美跨国公司也开始进入中国。

1978 年 12 月 17 日，中美双方发表《中美建交联合公报》，宣布“自 1979 年 1 月 1 日起，建立大使级外交关系”。第二天，即 1978 年 12 月 18 日，可口可乐与中粮总公司达成协议，采用补偿贸易方式或其他支付方法，向中国主要城市和游览区提供可口可乐制罐及装罐、装瓶设备，在中国设专厂灌装并销售。在可口可乐与中粮签订协议的5天后，中共十一届三中全会在北京召开，中国进入改革开放的新时代。1979年1月，中美正式恢复邦交，首批瓶装可口可乐由香港地区发到北京。自此，可口可乐正式进入中国消费市场。

1980年4月10日，中国民航北京管理局与香港中国航空食品公司合资，以558万元注册资本，创建“北京航空食品公司”，港人伍淑清担任港方常务理事。国家工商局为其颁发了中外合资企业001号营业执照，这便是中国政府正式批准成立的第一家中外合资企业。

1978年10月22~29日，改革开放的总设计师邓小平访问日本，访日期间参观了日本新日铁、松下、日产等公司，并乘坐了新干线列车。1979年6月，松下幸之助访华。其间，松下与中国政府签订《技术协作第一号》协议，向上海灯泡厂提供黑白显像管成套设备。1987年，松下与北京市和电子部等下属的四家企业合资成立北京松下彩色显像管有限公司，是当时投资（248亿日元）规模最大的中日合资企业。松下之后，东芝、日立、索尼等一批日本电子企业巨头登陆中国。

【延伸阅读】

邓小平访问日本

在国内成功地掀起了“真理标准大讨论”的思想热浪之后，1978年10月22日，邓小平出访日本。在此次访问中，走访日本公司是他出行的重要事项之一。这位早年曾经留学法国，在印刷厂当过工人的中国领导人已经有半个世纪没有走进过资本主义的工厂了。这一次，他显然不仅仅是为了参观，而是在举手投足间一次次地表达出自己的深意。他先是参观了东京的新日铁公司和日产汽车公司。在日产的一个汽车厂里，他真正领略了“现代化”的生产线。在大阪考察时，他专程去了松下电器公司的茨木工厂，在那里，翘首等待他的是另一位亚洲传奇人物，松下公司创始人、被尊称为“日本经营之神”的83岁的松下幸之助。随行的新华社记者在报道中描述道：日本朋友向邓副总理介绍了松下电器公司生产各种电视机的概况。从1952年生产第一台电视机以来，截至1978年3月，这家公司已经生产了5000万台电视机。邓副总理走进生产车间，参观了电视机组装生产线，自动插件装置以及检查成品等生产工序。离开车间后，邓副总理被邀请来到一间展览室，日本朋友向邓副总理介绍了陈列在这里的双画面电视、高速传真机、汉字编排装置、录像机、录像唱片、立体声唱机以及微波炉等产品。邓副总理在讲话中说，在中国四个现代化的发展过程中，电子工业、电子仪表和自动化等都是必需的。《中日和平友好条约》的签订和生效，使两国的友好合作可以更加广阔地在多方面进行下去。邓副总理应主人的要求，在这家工厂的纪念册上题词——“中日友好前程似锦”。邓小平对松下的此次考察，给83岁高龄的松下幸之助留下深刻的印象，这促使老人开始思考松下公司的中国攻略。在第二年，松下幸之助访问中国，成为访问新中国的第一位国际级企业家，松下公司与中国政府签订了《技术协作第一号》协议，向上海灯泡厂提供黑白显像管成套设备，通过国际交流基金向北京大学、复旦大学赠送价值1.2亿日元的设备，松下公司的北京事务所随之开设。松下公司的率先进入中国，起到了巨大的示范效应，其他日本公司蜂拥而至，在其后的10年间，日本公司成为第一批中国市场的外来拓荒者。

改革开放后，为更好地吸引外资以及规范外资在华的投资和经营行为，我国政府制定了一系列关于外资在华的政策文化和法律法规，为推进对外开放保驾护航，如《中华人民共和国中外合资经营企业法》（1979年）、《中华人民共和国中外合资经营企业所得税法》（1980年）、《中华人民共和国外国企业所得税法》（1981年）、《中华人民共和国中外合资经营企业法实施条例》（1983年）、《中华人民共和国外资企业法》（1986年）、《国务院关于鼓励外商投资的规定》（1986年）、《中外合资经营企业合营各方出资的若干规定》（1988年）、《中华人民共和国中外合作经营企业法》（1988年）、《国务院关于鼓励台湾同胞投资的规定》（1988年）、《中华人民共和国台湾同胞投资保护法》（1994年）、《中华人民共和国外资银行管理条例》

（2006 年）等。其中，1979 年第五届全国人民代表大会第二次会议审议通过了我国第一部利用外资的法律《中华人民共和国中外合资经营企业法》；1986 年制定了《中华人民共和国外资企业法》；1988 年制定了《中华人民共和国中外合作经营企业法》。这三部法律构建了我国利用外商直接投资的基本法律体系。

党的十八大以来，我国加快营商环境改革，为外资企业创造更好的投资环境。2013 年，上海自贸区制订出我国第一张外商投资准入特别管理措施，即“负面清单”。2014 年，清单由 190 项调整减少至 139 项。2015 年，该清单又减至 122 项，同时扩展到上海、广东、天津、福建四个自贸试验区。2017 年，我国政府明确宣布在全国范围推行“准入前国民待遇+负面清单”管理模式，取消或放开制造业和服务业一些领域的股比限制，完善外资法律体系，强调知识产权保护，要求加快养老、建筑设计、会计审计等领域的开放。2017 年，我国高技术制造业实际使用外资 665. 9 亿元；高技术服务业实际使用外资 1846. 5 亿元；中部地区实际使用外资 561. 3 亿元；全国新设立外商投资企业 35652 家；实际使用外资 8775. 6 亿元。

【延伸阅读】

华侨、华商与中国改革开放

目前在海外的华侨华人数量达到了 6000 多万人，与意大利、英国、法国等欧洲发达国家全国的人口数量相当。华侨华人是中华民族大家庭的重要成员，也是改革开放后参与中国经济社会建设的重要力量。侨资企业是在改革开放后来中国投资最早、投资额最大的外商，不仅为中国引进了资金，还带来了先进技术和管理经验，是改革开放事业的见证者、开拓者、参与者和贡献者。在改革开放的初期，中国经济建设急需大量资金，而当时外商投资有限，广大华商率先在华投资，积极参与中国经济建设，并带动其他外商对华投资。早期华商投资主要集中于广东和福建两大侨乡，尤其是其中的经济特区。此后，华商在中国的投资由经济特区、侨乡向广大的内陆地区发展，这与中国对外开放在空间上的进程是一致的。

改革开放40年来，侨资是我国引进外资的主体，侨港澳企业约占我国外资企业总数的70%，投资占我国实际利用外资总额的60%以上。考察整个外商对华投资的历史，侨资在各个阶段都占据重要的地位。改革开放之初，侨资在中国外商直接投资中占主导地位，占比高达七成以上。1992年开始，欧美日韩外商投资开始强势增长，侨资比重有所下降。但从2006年开始，侨资份额再一次上升。2008年开始的世界金融危机使全球FDI在2008年和2009年连续大幅下降，但是中国外商直接投资几乎未受影响，这主要归功于侨商投资的强力支撑。2018年3月5日，李克强总理在第十三届全国人民代表大会第一次会议上做《政府工作报告》时指出，“海外侨胞和归侨侨眷在国家现代化建设中做出了独特贡献”。

二、外商投资与中国企业进步

外资在华企业不仅为中国经济带来了投资，更重要的是为中国带来了先进的生产技术和企业管理理念，通过本地化运营为中国培养了一大批具有先进管理理念的职业经理人。外商直接投资是跨国公司技术转让的主要渠道，通过合作生产、合资技术许可、合资技术设备入股、独资技术许可等方式，我国可以快捷地实现技术转移。除了先进技术、设备和中间产品，外资企业先进的创新理念、创新方式与路径、创新体制与机制等，都成为中国行业和企业广泛学习与借鉴的内容。21世纪以来，跨国公司加大了研发环节在中国的设置，把中国纳入其全球研发体系，中国在跨国公司技术创新体系中的地位显著提升，外资对中国技术进步的带动作用也进一步大幅增强。如宝洁中国1988年8月18日在广州成立，两个多月后第一批海飞丝洗发水下线。宝洁深刻影响了日化产业，参与了多个产品的国家标准制定，也带动了市场研究、电视广告、品牌营销在中国的发展。1991年，宝洁新工厂在广州经济开发区落成，主要设备用不锈钢加工而成，特殊设备用钛钢加工而成，配方用电子秤控制，加料顺序、生产温度、搅拌转速、搅拌时间、自动灌装、自动贴标签都由电脑操纵。工人说："过去在老厂房（合资伙伴广州肥皂厂），怕设备弄脏了衣服，现在在新厂房，怕衣服弄脏了设备。"① 类似宝洁这样的跨国公司，对中国本土的供应商、加工制造商、渠道商、相关服务商、人力资源等方方面面的外溢作用非常明显。可口可乐、IBM、大众汽车、摩托罗拉、通用电气、英特尔、微软、三星、家乐福、百胜、欧莱雅、星巴克、苹果、迪士尼，以及以"四大会计师事务所"为代表的专业服务机构，他们成为中国企业管理人才和技术人才的"黄埔军校"。

三、外资企业引入责任理念

外资企业是中国社会责任理念的引入者。20世纪90年代，"血汗工厂"运动在欧美跨国公司兴起，跨国公司纷纷制定"工厂守则"，要求供应商改善劳工环境，承担社会责任。跨国公司的社会责任运动通过供应链传入中国。例如，1993年11月深圳致丽玩具厂火灾事故发生后，一些劳工组织和跨国公司还针对中国的劳工问题，制定了专门的"工厂守则"，要求中国的出口加工企业遵守。美国国际劳工权利基金（ILRF）、全球交流组织等21个劳工组织、消费者组织或人权组织联合起草，多家跨国公司签署的《中国商业原则》宣称，"我们要确保我们在中国的商业活动尊重国际劳工组织制定的基本劳工标准、《联合国经济、社会和文化权利公约》规定的基本人权标准、中国政府签署的《公民和政治权利公约》以及中国法律"。中国加入世贸组织后，面临的供应链社会责任问题出现得更加频繁。初期，中国的生产工厂、政府、学界都将跨国公司的供应链社会责任审核视为"贸易壁垒"，但经过一段时间的观察后，中国对社会责任理念的认识更加科学了。

此外，跨国公司还将公益慈善、社区参与以及志愿服务等社会责任内容引入中国。跨国公司开展经营活动必须面对文化冲突与文化差异。文化差异对跨国公司生产经营活动的影响是全方位的。对内，随着员工国籍多元化，不同的价值观、思维习惯、行为规范、生活习俗的员工之间的融合将影响企业的管理成本和运转效率；对外，差异化的市场需求、公司的社

① 吴晓波：《激荡四十年》，中信出版社2017年版。

会形象和声誉将影响企业的市场竞争。因此，“全球思考，本地行动”成为跨国公司的经营策略。本地化是一种内涵丰富的行为策略，包括研发本地化、生产本地化、雇员本地化、产品本地化、营销本地化等方面，其中，社会关系本地化是跨国公司本地化战略的核心。企业是社会的一员，存在于特定的社会环境中。企业与政府、社区、公众等不同利益相关方的关系是企业最重要的社会资本。因此，跨国公司需要寻找一个切入点或“活动中介”，可以与不同的利益相关方形成共识，进而改善企业的社会关系。社会公益作为一种全人类普遍接受的、跨越种族和文化的“世界语言”，可以快速消除隔阂、拉近距离，促进利益相关方对企业形成情感认同和价值认同，进而促进企业的可持续发展。进入 21 世纪以来，外资在华企业为积累“社会资本”，纷纷在中国开展公益慈善活动、志愿服务活动，将这种新型的社区参与方式引入了中国。

【延伸阅读】

BP 的企业社会责任理念和在中国支持的公益活动[①]

BP 自 1973 年开始在华拓展业务，目前在一系列商业项目中累计投资超过 40 亿美元，积极参与了中国的经济建设。2003 年 10 月，BP 中国总裁德开瑞博士获得由吴仪副总理颁发的“友谊奖”，以表彰德开瑞博士以及 BP 公司为中国经济发展和进步所做出的突出贡献。

美好未来，共同创造

“美好未来，共同创造”是 BP 在中国发展的准则。在中国的生产经营活动中，BP 与政府、非政府组织、业务合作伙伴及社区的人们共同努力以将共同的追求变为现实。截至 2003 年初，BP 在中国的社区建设投资总额已超过 700 万美元，涉及以能力建设为核心的可持续发展、教育科研、环境和社区发展的诸多项目。

① 节选自人民网：《BP 的企业社会责任理念和在中国支持的公益活动》，2004 年 4 月 19 日，http：//www. people. com. cn/GB/jingji/1039/2456002. html。

在 BP 参与的社区活动中，“中国中小学绿色教育行动”堪称范例。“中国中小学绿色教育行动”是 BP 在中国最大的一项社区投资项目。这个为期七年的项目始于 1997 年 7 月，合作伙伴包括世界自然基金会和中国教育部。这个项目通过培训教育工作者，编制和试用新教材和新的教学方法，致力于能力建设。此外，通过在教材和教学方法上的创新，在中小学学生中开展环境教育，提高下一代中国人的环境意识。据教育部介绍，到 2005 年，即项目结束一年后，中国所有的 1.97 亿名中小学生都将会从该项目中受益。BP 累计为项目提供资金 150 万美元。

2003/2004 年 BP 在中国支持的主要公益活动

BP 公司一如既往地支持社会公益事业，积极发挥自己优秀企业公民的作用。2003 年，BP 在中国参与和支持了众多社会公益活动，领域涉及环境、教育、科研、清洁能源、生物多样性保护等，其中的主要活动包括：

1. 环境保护事业

2003 年 6 月 1 日，BP 杯宁波水生态摄影比赛正式启动。该赛事是为了配合今年世界环境日的主题“水——二十亿生命之所系”，由宁波市环保局、宁波华东 BP 液化石油气有限公司、宁波市摄影家协会等多方共同发起的大型公益活动，旨在全面反映宁波水生态状况，并旨在呼吁公众重视水的可持续利用意识，保护水资源，促进人类的可持续发展。

2003 年 6 月 6 日，BP 杯“人·环境·校园·珠海”征文活动在珠海落下帷幕。该赛事是由珠海碧阳化工有限公司赞助的，珠海电视台等媒体进行了相关报道。

申报 2004 年度 BP 公司动植物保护项目奖项的宣传工作。2003 年 9 月至 10 月，BP 通过大众媒体和网络等传播途径对 BP 公司动植物保护项目做出了广泛深入的宣传与动员工作，旨在鼓励中国热心动植物保护的广大大学生群体参与此奖项的申报，使他们能够开展开创性的保护调研项目，保护中国濒危动物及其栖息环境。申报截止后的统计资料表明，在全球 350 份申报 2004 年 BP 动植物保护项目奖的计划书中，有 22 份来自中国，在所有涉及的 100 多个国家和地区中数量最多。

2003 年 11 月 12 日至 18 日，由清华大学生物多样性保护联盟（TBA：

Tsinghua Biodiversity Alliance）与 BP 公司动植物保护项目（BPCP：BP Conservation Programme）联合举办的“中国高校学生 NGO 生物多样性保护”系列培训在清华大学举行。该培训项目是新世纪中国高校学生环保组织第一次，也是规模最大的聚会。该保护培训通过对热爱保护事业的中国年轻一代进行全面的培训，使得他们能够从容迎接未来中国在保护领域所面临的重要挑战。BP 动植物保护项目（BPCP）是此次培训活动的主要赞助者和组织者。

在生物多样性保护方面，BP 一直是中科院和英国爱丁堡皇家园林丽江生物多样性保护基地项目的热心支持者，连续三年为该项目野外基地站的建设提供资金赞助支持。

2004 年 3 月，BP 积极支持并参与有众多中英科学家参加的“气候变化论坛”，探讨全球气候变化对人类生存环境以及社会和经济发展的影响。

2. 科研教育事业

2003 年 2 月 14 日，在 BP—清华大学捐款仪式上，BP 中国总裁德开瑞博士代表 BP 公司向清华大学教育基金会理事长贺美英教授捐赠 50 万美元支票。该捐赠有 40 万美元用于“清华—BP 清洁能源教育与培训中心”的建设，其余 10 万美元用于清华大学经管学院的建设。

BP 集团首席执行官约翰布朗勋爵担任了清华大学经管学院顾问委员会的主席。该顾问委员会由 40 余位世界知名企业的主席或首席执行官组成，为把该学院建成国际一流的经管学院出谋划策。

面向可持续发展，BP 与中国科学院合作开展“清洁能源——面向未来”为期十年的政策及技术研发。该项目是 BP 在全球范围内致力于清洁能源研究和发展的重要组成部分。项目包含若干子项目，通过在 10 年内提供 1000 万美元的资金，支持建立 BP 中国研发中心以及清华—BP 清洁能源研究与教育中心等研究机构，为中国能源领域基础科学的科研课题发展提供资金和技术支持，并积极开展世界范围内的高水平的学术交流，推动中国在能源技术方面的研究，以满足中国中长期能源生产和消费的需求。

2003 年 7 月 22 日，英国首相托尼·布莱尔在其为期三天的访华期间，为清华—BP 清洁能源研究及教育中心正式揭幕。作为清华大学与 BP 公司的合作项目，该中心汇集了清洁能源领域多学科的最先进研究工作，同时还承担了 BP 公司“面向未来——清洁能源”10 年计划的若干子项目。

2003 年 11 月 2 日，教育部正式颁布《中小学环境教育实施指南（试行）》（简称《指南》）。《指南》的编制是在教育部基础教育司指导下，由基础教育司与世界自然基金会（WWF）、BP 公司共同开展的“中国中小学绿色教育行动”项目来承担主要的编写任务。该《指南》是中国颁布的第一部国家级环境教育实施文件，在我国环境教育发展史上具有里程碑意义。BP 公司作为重要参与者和资金支持者，对促成中国政府与国际非政府组织和国际知名企业在教育领域的首次合作作出了卓越贡献。

多年以来，BP 一直支持中国的工商管理教育，是中欧工商管理学院的热心赞助企业。为中国经济发展提供人才基础做出了积极贡献。

3. 社会公益事业

BP 中国公司积极参加今春全社会抗击非典的战斗。2003 年 5 月，BP 中国公司通过中国外商投资企业协会投资性公司工作委员会捐款和捐赠急需的医疗设备等物资，该公司所捐赠的专用医用防护服深受一线医护人员的欢迎。

2003 年 11 月初，BP 集团与中方的合资企业——中油 BP 公司捐资修建广东省从化象新幼儿园。中油 BP 公司在今年 6 月得知从化市鳌头镇象新小学的幼儿园教学设施简陋的情况后，由公司和全体员工共同捐款 8 万多元，重新修建了幼儿园，为 120 多名儿童提供了良好的学习环境。

四、外资企业“责任危机”与履责正常化

当然，外资企业也是“理性动物”，并非道德上的“完人”。部分跨国公司在母国经营时遵循着较高的企业社会责任标准，一旦进入法律制度和监管体系相对不成熟的发展中国家，它们就很有可能利用这些国家在体制和法律上的缺陷，甚至以“入乡随俗”为借口，规避甚至违反东道国的法

律和政策规制。由于改革开放过程中，中国的经济、社会立法并不完善，在某些领域还存在立法滞后现象，导致部分跨国公司在生产经营中出现了不负责任的行为。进入 21 世纪以来，外资在华企业共发生两次集体性的“责任危机”：一次是 2005 年，宝洁、索尼、雀巢、戴尔、肯德基、哈根达斯等一向被视为学习典范的国际公司均在中国连连遭遇产品质量问题或劳工问题，有人因此将 2005 年称为跨国公司的在华“问题年”；另一次是 2008 年“汶川地震”捐款过程中出现的“铁公鸡”事件。此后，外资在华企业逐步认识到中国企业社会责任的发展趋势，开始重新审视在中国的社会责任，外资在华企业的社会责任逐步走向正常化，外资在华企业和国有企业、民营企业一起，成为中国企业承担社会责任的重要力量。

【延伸阅读】

70 家外资企业承诺在我国积极履行社会责任

2006 年 3 月 27 日，70 家外商投资企业联合发布《企业社会责任北京宣言》，承诺企业将在法律、纳税、就业、员工权益、环保、社会公益等方面严格自律，积极履行社会责任，规范企业自身发展。

在发布仪式上，商务部外资司司长胡景岩说，企业在经济和社会中的角色正在发生变化。股东利益最大化已不是许多外资企业的唯一目标，越来越多外资企业认识到，企业的发展离不开赖以生存的环境和社会，需要兼顾各方利益，并承担在社区、环保等多方面的社会责任。

在引导外资在华企业履行社会责任的过程中，中国外商投资企业协会发挥了积极的作用。中国外商投资企业协会于 1987 年 11 月在北京创立，是由商务部主管，在民政部登记注册，由在中国境内的外商投资企业以及中国香港、澳门、台湾同胞和海外侨胞投资企业为主，联合组成的全国性不以营利为目的的社会团体。长期以来，中国外商投资企业协会通过搭建交流平台、优秀责任企业评选等方式积极促进外资在华企业履行社会责任。

2017 年 5 月，中国外商投资企业 CSR 委员会正式成立；2017 年 12 月 22 日，中国外商投资企业协会正式对外发布了《中国外商投资企业社会责任报告编写指南》，积极引导外资在华企业编写社会责任报告，加强责任沟通。

【篇章阅读】

林毅夫：企业承担社会责任的经济学分析①

在我国，企业社会责任还是一个较新的话题，但在我们当前面临经济转型期和人均收入跨越关键性门槛的大背景下，又是一个非常有研究意义和实践价值的领域。除了政府层面的管理责任，作为公民，我们也都有义务和责任为建设一个能充分发挥舆论监督的社会环境尽一份力。

经济学理论认为，土地、劳动力、资本是生产的三要素。然而，要素要变成真实的生产力，必须要有某种经济组织形式把它们组合在一起，才能使之转化为社会需要的产品和服务，实现价值的增值。在传统的农业社会，主要的生产组织形式是家庭农场和作坊。工业革命以后，社会化大生产必然要求社会化的经济组织成为生产活动的主要载体。因此，打破了家庭农场和作坊樊篱的现代企业，就成为工业经济时代到来时组织各种要素进行生产的有效率的组织形式。

企业成为现代社会中最主要的组织形式，即意味着一个国家的竞争力其实是通过该国企业的竞争力表现出来的。在市场经济条件下，企业竞争力的强弱突出表现为其对利润的追逐能力。利润，也是企业存在的理由和发展的根本动力。然而企业又是社会这个大系统中的有机组件，必然与整个社会的其他组织和个人发生大量互动。在这些互动过程中，由于外部性问题和由信息不对称所可能引致的道德风险行为，使企业的逐

① 人民网：《林毅夫：企业承担社会责任的经济学分析》，2006 年 8 月 7 日，http：//theory.people.com.cn/GB/49154/49155/4672769.html。

利活动与社会的整体利益之间可能会产生矛盾。

所谓外部性，是指企业的生产经营活动所产生的成本和收益超出了企业自身的边界而向外部“溢出”。外部性既有负面的，也有正面的。当企业把本来应该由自己承担的成本向外部转嫁的时候，就产生了负的外部性，如大家都很反感的企业排污问题。企业本应自行解决生产过程中产生的污染，当然这会增加企业的成本，它若不愿意承担，就会任意向外界排放，就等于把应自己负担的成本转移给了社会。

当然企业也可以对社会产生正的外部性。企业的健康发展、创富能力的增强、生产效率的提高，不仅可以增加就业、贡献税收，而且会带动周边社区的发展、促进地方经济的繁荣，甚至起到区域内经济增长极的强劲作用，这是企业为社会带来的效益，是正的外部性。

除了外部性之外，在现代工业化社会中，由于产品在技术、质量等方面的复杂性，在作为生产者的企业和绝大多数消费者之间，就出现了在质量、安全性等方面的产品信息不对称的现象。一些企业就可能利用这种信息不对称性来获取不当收益，其后果是社会要付出很高的代价。我们知道仅在过去这两三年，新闻媒体曝光的“苏丹红”、毒奶粉这些产品，虽可能在一时给某些企业增加了利润，但对社会造成的损害却是巨大的。

企业不仅与外部社会之间有信息不对称，在企业与内部员工之间也有信息不对称。例如，安全生产问题，固然国家对生产的安全有很多的规定，但是一方面管理当局与企业之间有信息不对称，企业与它的员工之间也存在着信息不对称和谈判权利的不对等。这就导致有些企业利用这种信息不对称与权利不对等，降低自身所应该遵循的安全标准。这当然就相当丁降低了成本支出，而增加企业自己的利润。但安全生产标准的降低，所带来的恶果是显而易见的。最明显的就是这两三年来，煤矿矿难频频发生，伤亡矿工动辄以数十甚至以百计。在一个现代文明社会里，对人的生命如此冷漠，是很难以想象的，更令人无法容忍。

从上述情况来看，企业追求利润自然是天经地义的，但由于外部性与信息不对称问题的存在，企业行为常常会自觉不自觉地超出自身应有的边界，对社会、员工等利益相关者产生可能不利的影响。为了社会的繁荣和和谐，我们有理由提倡企业加强社会责任感并使企业的外部影响内部化。

作为社会公民的一种，企业和其他类型的公民一样都对社会负有伦理道德义务，可以并且应该帮助社会和社会上的特殊群体。孔子曰："己立立人，己达达人。"孟子曰："穷则独善其身，达则兼济天下。"在一个社会当中，由于每个人能力、机会等条件的不同，必然有一些人居于弱势群体地位。无论是以人为本的儒家，众生平等的佛教，还是宣扬博爱的基督教，都认为一个社会特别是其中的强势群体对弱势群体负有扶助的责任，此义中外皆然。一个企业，尤其是一个成功的企业，必然是经济社会当中的一个强势群体，一方面在为社会创造财富，另一方面社会财富也更多地集中在这些成功的企业当中，它应该有责任帮助社会上的弱势群体。

公益行为，其实不仅是一个富有文化理念的企业的道德理想，是企业成为社会良心维护者的自觉行动，而且也是企业获得社会承认的有效途径。任何组织的存在和发展，只有在它拥有为社会，至少是为大多数人所接受的道德上的正当性时，才能被大众视为是正义的，才能为社会大众所认可和接受，并成长壮大。所以，当企业以种种形式回报社会的时候，并不能简单视之为一种单方面的给予，而是自身获得立身之本的必要付出。从这个意义上，积极投身公益事业是企业履行社会责任，也是企业自身发展的需要。

要使企业的外部影响内部化，除了上述加强企业自身对社会责任的认识外，同时，要健全外部制度环境，以加强对企业行为的监管。如果仅寄希望于企业的自觉，而缺乏有效的外部监督，则在"逆向选择"作用下，很难希望所有企业都会自觉地承担起社会责任。具体来说，外部制度环境主要指法制建设，这其中，我想政府要扮演的角色是最重要的。例如，针对环保问题，政府可以用税收的方式，对那些污染的企业征扣污染税，同时也可以对那些积极履行环保责任的企业，给予税收的优惠或补贴。这样的话，不管是正的外部性还是负的外部性，都会变成企业的内部性行为的理性选择。再如，针对安全生产问题，国家要加强对安全标准的检查力度，同时可以对违反安全标准的企业给予"一票否决"式的严重惩罚。在这方面，我们国家显然还有待继续加强。

除了政府的行为之外，社会舆论的作用也至关重要。在社会舆论有效监督的大环境下，企业为了自身的利益会更好地把自己的行为跟社会的利益结合在一起。社会舆论监督的主要内容是什么？给予好的企业褒奖，给予坏的企业谴责。我们知道企业的商誉或曰美誉度与产品品牌效应高度相关，如果社会上对那些积极承担社会责任的企业形成比较好的品牌认知，而抵制那些不好的企业的产品，这样就可以进一步把企业追求利润的行为，跟社会的利益紧密结合起来，使企业自觉承担起应负的社会责任。

在我国，企业社会责任还是一个较新的话题，但在我们当前面临经济转型期和人均收入跨越关键性门槛的大背景下，又是一个非常有研究意义和实践价值的领域。除了政府层面的管理责任，作为公民，我们也都有义务和责任为建设一个能充分发挥舆论监督的社会环境尽一份力。个人力量虽小，但我相信最终我们能够把涓涓细流，凝聚成江海。

（作者：北京大学中国经济研究中心主任、教授、博士生导师，林毅夫）

第五章

共建：社会参与四十年

志合者，不以山海为远；道乖者，不以咫尺为近。故有跋涉而游集，亦或密迩而不接。

——东晋，葛洪

《抱朴子外篇博喻卷第三十八》

第一节 社会组织助力责任发展

社会组织的发展程度与社会的发展程度息息相关。作为独立于政府和企业的第三部门，社会组织的使命是解决社会问题。对企业而言，社会组织既可以是合作的伙伴，又可以是企业社会责任行为的监督者。

一、中国社会组织的概念和发展历程

（一）社会组织的概念

社会组织，国际上通常称为“非政府组织”“非营利组织”“民间组织”或“第三部门”，主要是指以促进国家经济和社会发展为己任，不以营利为目的、具有正式的组织形式，且属于非政府体系的组织。根据民政部2011年颁布实施的《社会组织评估管理办法》（民政部令第39号），社会组织是指经各级人民政府民政部门登记注册的社会团体、基金会、民办非企业单位（社会服务组织）。在我国是指政党、政府之外的各类民间性组织，主要包括冠以协会、学会、研究会、商会、促进会、联合会等名称的，基于一定社会关系形成的会员制组织——社会团体；由民间出资成立的，直接提供各种社会服务的各种民办学校、医院、福利机构等非会员制组织——民办非企业单位；基于一定财产关系形成的财团性组织—— 基金会；部分中介组织和社区活动团队。社会组织包含慈善组织，也包含协会、商会等非慈善组织。

2016年3月16日，第十二届全国人民代表大会第四次会议通过的《中华人民共和国慈善法》提出了慈善组织的概念。《慈善法》第八条规定，慈善组织是指依法成立、符合《慈善法》规定，以面向社会开展慈善活动为宗旨的非营利性组织；慈善组织可以采取基金会、社会团体、社会服务机构等组织形式。慈善组织应当符合下列条件：①以开展慈善活动为宗旨；②不以营利为目的；③有自己的名称和住所；④有组织章程；⑤有必要的财产；⑥有符合条件的组织机构和负责人；⑦法律、行政法规规定的其他条件。

在我国，社会组织主要包括社会团体、基金会、民办非企业单位（社会服务组织）三种形式。1998 年，国务院分别出台了社会团体和民办非企业的管理条例，以法律法规的形式对两种形式的组织成立予以制度性规范，在《社会团体登记管理条例》和《民办非企业单位登记管理暂行条例》这两个文件中，分别对社会团体和民办非企业单位进行了基本的概念界定，指出“社会团体主要是指中国公民自愿组成，为实现会员共同意愿，按照其章程开展活动的非营利性社会组织，而民办非企业单位主要是指企业事业单位、社会团体和其他社会力量以及公民个人利用非国有资产举办的，从事非营利性生活服务活动的社会组织”。2004 年国务院出台了《基金会管理条例（试行）》又正式将基金会从“社会团体”中分离出来，成为民间组织中相对独立的又一种类型。根据条例，基金会是指利用自然人、法人或者其他组织捐赠的财产，以从事公益事业为目的，按照本条例的规定成立的非营利性法人。基金会分为面向公众募捐的基金会（公募基金会）和不得面向公众募捐的基金会（非公募基金会）。

（二）社会组织发展现状

改革开放以来，社会组织建设在我国取得了长足进步，其在经济、政治、文化、社会等各个领域发挥着独特而重要的作用，成为我国经济社会发展中一支不容忽视的力量。1988 年，民政部首次统计社会组织数量，为 4446 个。2000 年社会组织数量增长到 15.3 万个。根据中国社会组织公共服务平台统计，社会组织截至 2018 年 10 月 4 日，全国社会组织共 804036 个（见图 5-1），其中民政部登记的社会组织共 2305 个。

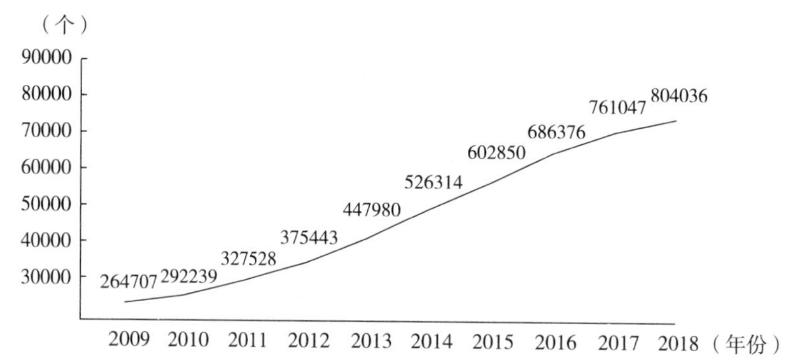

图 5-1　全国社会组织累计登记数量

此外，进入21世纪以来，随着我国经济社会发展以及重大社会事件的推动和影响，我国民间社会组织迅速发展。2008年，年初的南方冰雪灾害和“5·12”汶川大地震等重大自然灾害激发了民间的公益热情，2008年被称为“中国民间公益元年”。此后，中国民间公益在曲折中走上专业化、组织化、协同化的道路，民间公益组织开始逐步发展。如2011年4月，邓飞联合500名记者发起免费午餐基金，倡议每天捐赠3元为贫困学童提供免费午餐；截至2017年，募款已超3.6亿元，开餐学校达900多所。2011年10月，时任国务院总理温家宝主持召开国务院常务会议，决定启动农村义务教育学生营养改善计划，连片特困地区作为国家试点，为学生提供营养膳食补助，资金由中央财政承担。

【延伸阅读】

阿拉善SEE凝聚中国民营企业家参与公共事务

阿拉善SEE生态协会成立于2004年6月5日，是中国首家以社会责任（Society）为己任，以企业家（Entrepreneur）为主体，以保护生态（Ecology）为目标的社会团体。阿拉善SEE的使命是“凝聚企业家精神，留住碧水蓝天”，价值观是“敬畏自然，永续发展”。

2008年，阿拉善SEE生态协会发起成立阿拉善SEE基金会（注册名为“北京市企业家环保基金会”），致力于资助和扶持中国民间环保NGO的成长，打造企业家、NGO、公众共同参与的社会化保护平台，共同推动生态保护和可持续发展。2014年底，阿拉善SEE基金会升级为公募基金会，以环保公益行业发展为基石，聚焦荒漠化防治、绿色供应链与污染防治、生态保护与自然教育三个领域。

阿拉善SEE生态协会历任会长：刘晓光、王石、韩家寰、冯仑、任志强、钱晓华、艾路明；阿拉善SEE基金会历任理事长：吴敬琏、许小年。

发展至今，阿拉善SEE成立了18个地方项目中心，企业家会员超过

900名；直接或间接支持了450多家中国民间环保公益机构或个人的工作。

阿拉善SEE先后获得民政部颁发的“全国先进社会组织”“北京市社会组织示范基地”“中欧十佳绿荫基金会奖”“中国社会组织评估等级5A级”等荣誉。阿拉善SEE基金会是中国最透明的基金会之一，在基金会中心网基金会透明指数（FTI）荣获满分，公益支出在北京市满分基金会中排名第一。《慈善蓝皮书》将“阿拉善SEE凝聚中国民营企业家参与公共事务”评选为“2008~2018中国公益慈善十年十大热点”。

目前，阿拉善SEE已正式启动“一亿棵梭梭”“任小米”“任鸟飞”“卫蓝侠”“绿色供应链”“创绿家”“劲草同行”“诺亚方舟”“留住长江的微笑”“三江源保护”等品牌项目，未来将进一步带动和整合企业家及社会资源投入，号召公众的广泛支持和参与，充分发挥社会化保护平台价值，共同守护碧水蓝天。

阿拉善SEE发起成立了深圳市红树林湿地保护基金会、湖北省长江生态保护基金会、广州市企业环境保护产业联合会、西安市企业家环保公益慈善基金会、台湾环境友善协会等地方性环保基金会、社会组织。

（三）社会组织的新定位

从2004年开始，我国政府从国家政策的角度做出加快发展社会组织的战略性部署。2004年9月，党的十六届四中全会第一次提出了中国特色社会主义经济建设、政治建设、文化建设、社会建设四位一体的总体格局。党的十六届六中全会通过的《中共中央关于构建社会主义和谐社会若干重大问题的决定》，对健全社会组织、增强服务社会功能进行了系统、全面的阐述。党的十七大进一步确定了要建立“党委领导，政府负责，社会协同，公众参与”的社会管理体制。《中共中央关于制定国民经济和社会发展第十二个五年规划的建议》再次明确提出，要发挥群众组织和社会组织作用，提高城乡社区自治和服务功能，形成社会管理和服务合力，要培育扶持和依法管理社会组织，支持和引导其参与社会管理和服务。2011年3月，《中华人民共和国国民经济和社会发展第十二个五年规划纲要》专设第三十九章，提出加强社会组织建设，强调坚持培育发展和管理监督并重，推动社会组织健康有序发展，发挥其提供服务、反映诉求、规范行为的作用。这些政策的相继出台为我国社会组织的发展提供了方向的指引和巨大的动力。

进入新时代，社会组织被赋予了新定位。党的十九大报告将社会组织纳入中国特色社会主义事业“五位一体”总体布局，社会组织成为新时代全方位参与国家建设的重要力量。2017 年实施的《民法总则》将三大类型社会组织与事业单位一起归入非营利法人类别，对于中国社会组织来说具有里程碑性质的意义，社会组织由此从法律层面被纳入治理体系，法律身份和治理主体地位得到法治保障。党的十九届三中全会把社会组织作为党和国家机构改革的一部分，社会组织第一次被纳入国家最高层面的机构改革进行设计，成为党和国家机构改革统筹谋划的一部分，社会组织成为党总揽全局、协调各方中的一支重要力量主体。未来，社会组织将在协商民主体系、社区治理体系、环境治理体系和大扶贫格局中发挥重要作用，这对于社会组织，特别是慈善组织，将是重要的历史机遇。

二、中国社会组织助力企业社会责任发展

社会组织的产生主要是因为社会结构的变化和政府社会治理方式的转变。20 世纪中期以后，市场经济的发展和全球化的推进，使各个国家不同程度地面临着社会关系结构日趋复杂、社会问题逐渐增多、社会公共利益诉求明显多元化的态势，对当时的社会治理模式提出了很大的挑战，社会组织应运而生。具体到我国，从 1978 年改革开放启动，经济的变革促进中国社会逐步进入了一个崭新的大转变时期，中国社会积极从高度管制的传统社会向现代化社会过渡，中国的社会结构、人们的行为规范和价值观念逐步发生变化。可以说，改革开放后社会问题的复杂化以及政府职能的转变，为新型社会组织的出现提供了空间和机会。

社会组织天然就是推动企业社会责任发展的关键力量。社会组织自身的使命和特点，决定了它们作为社会公共利益的主要维护者之一，对于企业在环境保护、劳工权益、消费者维权等领域往往给予了广泛的关注与保

护。社会组织在推进企业社会责任运动中可以发挥战略咨询、社区互动、环境保护、监察活动等作用，促进企业社会责任的实现。各种社会组织共同促进、监督企业履行社会责任，在企业社会责任活动各个环节所发挥的不可替代的作用，是国际企业社会责任活动最主要的特征之一。社会组织在推进企业社会责任方面主要发挥以下作用：

（1）社会责任政策倡导。社会组织可以充分发挥其组织协调能力和独立第三方的特性，向社会和企业宣传倡导企业社会责任，通过积极的社会舆论倡导，使企业和公众对社会责任的真正含义、功能作用、实现机制有更为科学的了解，促进全社会共同关注企业社会责任的履行。

（2）参与社会责任标准制定。通常来讲，社会组织都在某一领域具有较强的专业性。社会组织可以充分利用其在劳工权益保护、气候变化、性别平等、社区参与等领域的专业性参与到企业、行业甚至国家的社会责任政策制定，一方面贡献专业知识，另一方面代表和反映不同利益相关方的期望。

（3）监督企业社会责任履行情况。由于社会组织的独立性、专业性、组织性，其往往成为监督企业社会责任最主要的力量。社会组织通过对企业行为进行调查，及时揭露企业社会责任缺失的实例，并通过社会舆论、行业规制和市场自身的调节来对企业行为进行约束，对企业社会责任的履行进行有效的规范。

（4）与企业合作共同实施社会责任项目。企业在开展社会责任项目的过程中往往缺少专业性和资源，而这方面是社会组织的优势。通过与企业合作开展社会责任项目，可以有效地促进企业社会责任项目的落地和实施。

【延伸阅读】

IPE 公众环境研究中心

公众环境研究中心（Institute of Public and Environmental Affairs，IPE）是一家在北京注册的公益环境研究机构。自 2006 年 6 月成立以来，IPE

致力于收集、整理和分析政府和企业公开的环境信息，搭建环境信息数据库和污染地图网站、蔚蓝地图 APP 两个应用平台，整合环境数据服务于绿色采购、绿色金融和政府环境决策，通过企业、政府、公益组织、研究机构等多方合力，撬动大批企业实现环保转型，促进环境信息公开和环境治理机制的完善。

近十年来，IPE 秉承以信息公开推动中国环境治理的理念，将公众的力量注入环境监督和环境保护中去，助力形成政府、企业、NGO 等诸多主体合力。

2006 年，开发水污染公益数据库，发布中国水污染地图网站；

2007 年，21 家环保组织发出绿色选择倡议，形成绿色选择联盟；

2008 年，发布空气污染地图，研发污染源信息公开（PITI）指数；

2009 年，开启 113 个重点城市 PITI 指数评价，迄今发布 6 期年度报告；

2010 年，开启 IT 行业主要品牌绿色供应链调研，迄今发布 7 期报告；

2011 年，研发空气质量信息公开（AQTI）指数，发布蓝天路线图；

2012 年，开启纺织业主要品牌绿色供应链调研，迄今发布 4 期报告；

2013 年，26 家机构共同发出污染源信息全面公开倡议，开启绿色证券推动；

2014 年，发布污染地图手机 APP，开启绿色供应链 CITI 指数评价，迄今发布 2 期年度报告；

2015 年，发布上市公司污染源在线监测风险指数，污染地图手机 APP 升级为蔚蓝地图。

【延伸阅读】

中国企业公民委员会

企业公民委员会是 2003 年经民政部批准并主管，目前国内唯一致力于“企业公民社会责任”理念推广普及的全国性社团组织。由国内具有一一定影响力和强烈社会责任感的企业和企业家以及相关领域的权威人士联合组成。其宗旨是宣传、推广现代企业公民理念，培育中国企业的社会责任感，塑造中国当代企业的良好形象，在企业与政府、企业与社会、企业与企业之间搭建一个融合通道和互惠平台，共同推动中国经济社会的和谐发展。

（1）“中国优秀企业公民”表彰。活动吸引了国有企业、民营企业和世界500强跨国公司优秀代表的积极参与，推动了中国企业公民事业的发展。目前已举办13届，2017年12月12日“2017第13届中国优秀企业公民年会”在北京举行，会上，组委会为苹果中国、工商银行、拜耳中国、蒙牛乳业等53家海内外优秀企业颁发“2017中国优秀企业公民”荣誉称号。活动以榜样的力量，引导和带动广大企业自觉承担社会责任，为构建和谐社会贡献力量。企业公民委员会名誉会长、全国人大常委会副委员长陈昌智、蒋正华、顾秀莲、成思危等国家领导人，或亲自为优秀企业和企业家授牌，或亲临晚宴祝贺，极大地鼓舞了广大企业和企业家投身到企业公民建设中来。

（2）研发企业公民评价标准。2004年底，委员会与清华大学经济管理学院共同成立“企业公民课题组”，历时半年研发并颁布了首部《中国企业公民评价标准》，我们称为《标准1.0》；2005年，应用该标准开展了“第一届中国优秀企业公民调查评价”活动；2008年又增加了社区、反腐反贿、保护知识产权、发布报告四大责任，升级为《标准2.0》；2014年对外发布了《中国企业公民评价标准3.0》。

（3）推广企业公民理念。企业公民委员会是目前国内唯一致力于“企业公民社会责任”理念推广普及的全国性社团组织，在多年的实践中始终坚持理论与实践相结合的工作策略。委员会联合优秀企业和企业家，先后签署和发布了《中国企业公民宣言》《中国企业公民财富新观念行动纲领》和《中国企业公民道德宣言》等，有效推动了企业社会责任理念社会在全社会的普及。

第二节 媒体塑造责任氛围

在现代社会，媒体作为“社会公器”，是参与社会治理、推动社会进步的重要力量之一。由于中国企业社会责任的发展过程和我国公民意识的建设过程基本处于同步发展，在这种状态下，媒体对社会责任理念的普及和推动作用显得尤为重要。

一、媒体的社会责任

（一）媒体及社会功能

新闻媒体也可称为大众媒体，通常包括纸质媒体和广播电视两种。随着互联网的兴起，网络等新媒体快速发展。改革开放后，较为宽松的政治环境和逐步发展的商品经济和市场经济为新闻媒体的发展创造了良好的条件，我国新闻媒体快速发展。如作为改革开放前沿阵地的广东，是中国最早形成报业市场的地区之一，也是最早成立报业集团，以及报业集团最多、最集中的地区。如全国第一家报业集团——自办发行、广告年收入超过亿元的广州日报报业集团；以《南方日报》为主报，包括《南方周末》《南方都市报》《21 世纪经济报道》等强势媒体的南方日报报业集团；还有以《深圳特区报》为主力，包括《深圳商报》《晶报》《深圳晚报》在内的全国规模最大的深圳特区报业集团。

社会经济发展对新闻媒体的发展起着重要的支撑作用。经济发展水平直接影响着新闻媒体自身的发展，新闻传媒如果想要发挥出基础的作用，同样离不开和谐的经济发展。改革开放后，我国经济的不断发展，为大众传媒提供了大批的广告、大批的消费者和丰富的物质力量。改革开放后，新闻媒体的复苏使得广告也随之逐渐多了起来。1979 年 3 月，中国中央电视台组建了广告部，20 年后它成为了中国最强势的广告播出商；1979 年

3月15日，瑞士雷达牌手表在《文汇报》上刊出了第一个外国品牌的广告，并在上海电视台播出了第一个电视广告；1979年6月25日，四川宁江机床厂在《人民日报》上刊登广告，承接国内外用户直接订货。另外，改革开放后，随着社会的发展，城市化和工业化的进程在不断加快，人们越来越重视信息和传媒的作用。社会的变革和多变的环境迫使人们不断收集社会环境变迁的动态及日常生活中必要掌握的信息，从而促使新闻传媒实现更好的信息加工和采集，满足社会大众的需要。没有繁荣的经济，就没有传媒产业的兴起；而社会的转型发展为新闻媒体的发展提供了更加多元化的素材和更加多样化的社会需求。

在现代社会，媒体是推动国家经济社会发展的重要力量。一方面新闻媒体要全面反映时代变迁，记录时代的变化；另一方面正确的舆论导向又可以引领和加速社会变化和发展，在经济领域，新闻媒体作为主要的信息传播媒体，是有效运作经济活动的基础。媒体可以对消费者加以引导，减少信息不同步，增强市场道德规范。进入21世纪，随着互联网包括移动互联网的发展，当今社会已经进入新媒体时代。新媒体作为一种新型传播形态，深刻影响着政治、经济、社会、文化、教育等各个领域，已经成为社会治理、社会经济发展的重要抓手及平台。相较于传统媒体，新媒体在传播内容上更加多元和迅速，在传播方式上更加注重参与和互动。

（二）媒体的社会责任

媒体的社会责任是指新闻媒体及其从业人员在新闻传播活动中必须履行的对社会安定、国家安全和公众心智健康所承担的法律、道德等公共责任和社会义务。新闻媒体具有传播信息、引导社会的功能，肩负着重大的社会责任。要做到对国家、社会和群众负责，新闻媒体就要恪守职业道德，及时发布真实消息，客观反映民众需求。

从媒体的特性、作用和功能来看，无论传统媒体还是新兴媒体，都应该实事求是、表达民意、发挥正确的舆论引导作用、恪守职业道德、严守责任底线、维护社会利益。媒体的社会责任可分为政治责任、道德责任、文化责任和导向责任。

一是媒体的政治责任。媒体的政治责任体现在：媒体要坚持马克思主义新闻观、坚持新闻工作的党性原则，牢牢把握正确的舆论导向；坚持四项基本原则、中国特色社会主义基本政治制度和经济制度；传播先进文化，弘扬社会正气，倡导科学精神，为全党全国工作大局服务。

二是媒体的道德责任。近年来，随着媒体市场化程度加深，新闻媒体与经济利益挂钩现象严重，加上新媒体出现后的监管空白，导致出现内容低俗、有偿新闻、虚假新闻等问题。媒体的道德责任要求媒体人加强道德素质修养，正确树立道德观、人生观、金钱观，真正承担起新闻媒体的职责，为社会的和谐发展和人民的福祉安康起到积极的推动作用。

三是媒体的文化责任。在构建社会主义和谐社会中，媒体还承担着文化责任。具体表现在：正确引导社会舆论，抵制歪理邪说，弘扬社会正气；客观真实全面地反映社会现实，抵制虚假报道，树立媒体公信力；传递与传承先进文化，抵制网络低俗、媚俗、庸俗之风，营造健康有益的文化环境等。

四是媒体的导向责任。新闻媒体作为传播者，应恪守职业道德，提供正确、全面的剖析，帮助社会群众了解真相。同时，依据社会主义核心价值观引导正面舆论，维护社会安全和稳定。

2014 年 2 月，为推动各级各类媒体更加自觉主动地履行社会责任，提升全行业公信力，确保党的新闻事业健康发展，中宣部、中记协等决定在新闻战线探索建立媒体社会责任报告制度，推动媒体每年定期公开发布履行社会责任情况报告，自觉接受社会监督。2014 年 6 月 9 日，首批 11 家试点媒体社会责任报告正式对外发布。试点媒体围绕“履行正确引导责任”“提供服务责任”“人文关怀责任”“繁荣发展文化责任”“遵守职业规范责任”情况，以及“履行合法经营责任”“安全刊播责任”“保障新闻从业人员权益责任”等情况，对 2013 年度履行社会责任情况进行了全面的梳理展示，并对履行社会责任方面存在的不足、改进的措施和努力的方向进行了报告。媒体社会责任年度报告机制有利于激励新闻媒体接受人民群众检查和监督，促进新闻媒体的自省、自勉和自律。2018 年 5 月 31 日，媒体社会责任报告第五次正式对外发布，报告媒体单位增至 40 家，包括 6 家中央媒体、1 家全国性行业类媒体，以及全国 29 个省区市的 33 家地方媒体。40 家媒体包括《经济日报》、中央电视台、《中国青年报》、人民网、新华网、中国新闻网、国家电网报、《北京青年报》《天津日报》《河北日报》《山西日报》、内蒙古广播电视台、《包头日报》《辽宁日报》、辽宁广播电视台、《吉林日报》、黑龙江广播电视台、《解放日报》、新华报业传媒集团、浙江卫视、《安徽日报》、福建广播都市生活频率、《江西日报》《齐鲁晚报》《河南日报》、湖北日报传媒集团、湖北广播电视台、湖南广播电视台、《南方日报》、广西日报传媒集团、《南国都市报》《重庆日报》《四川日报》《贵州日报》《云南日报》、云南广播电视台、《陕西日报》《兰州晨报》《青海日报》、宁夏日报报业集团。

【延伸阅读】

2017 新媒体社会责任倡议

2017 年 8 月 5 日，由中国经济传媒协会新媒体委员会主办，无限极（中国）有限公司协办的“健康中国·社会责任”2017 新媒体论坛在著名侨乡江门成功举办，并面向社会发布了《2017 新媒体社会责任倡议》：

忠实履行新闻工作者职责使命，弘扬中国精神凝聚中国力量，维护新闻的真实性和公正性，严肃追求新闻报道的社会效果，繁荣发展优秀网络文化，营造风清气正网络环境，用新技术传播健康中国理念，以强烈的社会责任感为实现中国梦传递正能量。

二、媒体对社会责任的促进

党的十八大以来，习近平总书记在不同场合提到媒体的社会责任。2016 年，习近平总书记在党的新闻舆论工作座谈会上提出要坚持正确方向，创新方法手段，提高新闻舆论的传播力、引导力。进入 21 世纪以来，尤其是进入 2008 年中国企业社会责任元年以来，我国媒体逐渐成为推动企业社会责任发展的重要力量，它们通过成立社会责任机构、举办社会责任会议论坛颁发荣誉奖项、发布社会责任榜单、监督报道企业社会责任行为等渠道，极大地促进了中国企业社会责任的发展。

（一）成立社会责任专职机构

为提高内容的专业性，2008 年以来，部分媒体开始成立社会责任专职机构，负责研究企业社会责任内容、搭建企业社会责任平台、策划企业社会责任项目和专题报道。如 2008 年 6 月，《南方周末》成立了中国企业社会责任研究中心；2008 年 9 月，《21 世纪报》成立了企业公民研究中心。此外，《都市快报》成立了快公益部、《财新传媒》成立了企业社会责任事业部等。社会责任专职机构的成立有利于新闻媒体制度化推动社会责任的发展。

【延伸阅读】

《南方周末》——中国企业社会责任研究中心

中国企业社会责任研究中心（China CSR Research Center），是隶属于《南方周末》报社南方周末研究院的专业研究机构，机构成立于 2008 年 6 月。这里汇聚了中国企业社会责任研究专家、学者、政府官员以及 NGO、企业、基金会等机构的优秀从业人员，旨在积极推动企业社会责任问题在中国当下情境的研究和实践。中国企业社会责任研究中心每年定期针对中国企业进行 CSR 调研、定期发布 CSR 报告并定期举办年度企业社会责任年会等。研究中心成立以来，依托企业社会责任年会平台，发布了一系列中国企业社会责任研究报告：

- 《中国企业社会责任年会蓝皮书》（2012/2013/2014/2015/2016/2017）
- 《2014 中国公益基金会舆情报告》
- 《中国企业志愿服务发展报告》
- 《2018 中证 100 指数成分股 CSR 报告实质性分析》
- 《2017~2018 互联网行业 CSR 观察报告》
- 《2017~2018 房地产行业 CSR 观察报告》
- 《2017~2018 中国汽车行业 CSR 观察报告》
- 《2018 企业绿色产品调研报告》
- 《CSR 在中国——2008~2018 十年观察报告》

（二）举办社会责任会议论坛颁发荣誉奖项

媒体利用其自身的传播优势，举办社会责任会议和论坛有利于企业社会责任理念在全社会的普及和传播。此外，通过颁发社会责任荣誉奖项，表彰社会责任优秀企业，可以激发更多的企业重视社会责任。目前，我国部分媒体已连续10年以上举办社会责任会议论坛，每年颁发大量的社会责任荣誉和奖项（见表5-1）。

表5-1　2017年部分媒体举办的社会责任会议论坛

序　号	会议或论坛	奖项设置	发起机构	届　数
1	第十四届（2017）中国慈善榜发布会	年度十大慈善家、十大慈善企业、十大慈善项目奖	《公益时报》	14
2	第14届中国企业公民论坛暨中国最佳企业公民评选颁奖盛典	中国最佳企业公民评选年度综合大奖；中国最佳企业公民评选单项奖	南方财经全媒体集团、《21世纪经济报道》	14
3	第十三届中国·企业社会责任国际论坛暨2017责任中国荣誉盛典	2017年度责任人物、2017年度责任企业、2017地方政府责任创新	中国新闻社、中国新闻周刊	13
4	第十二届人民企业社会责任奖颁奖典礼	年度企业奖、年度扶贫奖、年度人物奖、年度案例奖和年度环保奖	人民网	12
5	第十届第一财经·中国企业社会责任榜	中国企业社会责任榜：杰出企业奖、优秀实践奖、新锐企业奖、责任创新奖	《第一财经》主办	10
6	中国企业社会责任峰会&中国企业社会责任公益盛典	特别贡献奖、杰出企业奖、杰出人物奖、公益慈善奖、绿色环保奖、扶贫奖、海外履责奖	新华网、中国社科院经济学部企业社会责任研究中心	10

续表

序　号	会议或论坛	奖项设置	发起机构	届　数
7	第九届中国企业社会责任年会	年度社会责任榜单、年度责任企业、年度责任案例、年度责任单项奖	《南方周末》	9
8	2017 中国公益年会	2017 年度十大公益新闻、2017 年度中国公益人物、2017 年度中国公益企业、2017 年度公益记者	《公益时报》	9
9	责任中国公益盛典	公益人物奖、公益行动奖、公益思想奖、公益组织奖和责任中国年度致敬大奖	《南方都市报》	8
10	2017（第七届）中国企业社会责任卓越奖颁奖典礼	年度责任人物、卓越企业、卓越项目、优秀企业、优秀项目、推动力奖	《公益时报》	7
11	第七届中国公益节	年度组织奖、人物奖、映像奖、项目奖、集体奖以及单项奖等 12 个类别的奖项	众多大众媒体联合发起	7
12	大国责任——2017 中国企业社会责任高峰论坛	社会责任担当奖、社会责任最佳实践奖、社会责任新锐奖和优秀模式创新奖	《中国经营报》	6
13	2017 益轩奖盛典暨第五届中国汽车企业社会责任论坛	企业奖、人物奖、案例奖	《汽车商业评论》	5
14	2017 年度第四届“CSR 中国文化奖”颁奖盛典	最杰出贡献奖、最佳战略公益奖、年度传媒责任奖、最佳影响力奖、杰出人物贡献奖、最佳创新实践奖、最佳社会参与奖、领军人物奖	人民日报社、《国家人文历史》杂志社	4

续表

序　号	会议或论坛	奖项设置	发起机构	届　数
15	第三届中国企业公益勋章峰会	年度公益勋章大奖	中国企业公益事业发展组委会主办，中国公益媒体联盟协办，《北京青年报》承办	3
16	2017年度“中国臻善企业”“中国臻善领袖”颁奖典礼	中国臻善企业、中国臻善领袖	上海报业集团·界面新闻	2
17	行动者联盟2017公益盛典	“年度十大公益人物”“年度十大公益创意”“年度十大公益项目”“年度十大公益企业”	凤凰网主办、凤凰网公益承办	2
18	2017中国企业慈善公益500强发布暨首届中国企业慈善公益论坛	2017中国企业慈善公益500强和2017中国慈善公益好企业	《企业观察报》主办、善达网协办	1
19	“新财富·心使命”粤港澳大湾区2017年企业社会责任论坛	年度社会责任企业优秀奖、宜居贡献奖、环保创新奖、精准扶贫奖、支持实体经济奖、关爱国民健康奖、公共服务奖、杰出贡献奖	《广州日报》报业集团	1
20	2017企业社会责任荣誉盛典	企业社会责任领袖、“精准扶贫”项目奖、“最佳慈善表现”大奖、“最佳志愿服务”大奖、“互联网公益创新”奖和“责任案例”奖、“优秀企业”奖	南方出版传媒与《新周刊》	1

（三）评估发布社会责任榜单

相较于颁发社会责任荣誉和奖励，通过制定一套科学的社会责任评价体系，对企业的社会责任表现进行评估，形成定量化的社会责任榜单，更有利于推动中国企业社会责任的发展。但发布企业社会责任榜单具有一定的专业性和难度。目前，我国媒体办社会责任奖项荣誉居多，评估发布社会责任榜单较少。2003 年，《南方周末》联同多家专业机构共同发起中国企业社会责任调研。调研根据企业公开信息、政府部门登记信息及第三方调研等资料，综合评估企业的社会责任表现并计分排名，形成“中国（内地）民营企业责任榜”“世界 500 强企业在华贡献排行榜”和“国有上市企业社会责任榜”三大榜单，已经成为观察和评价我国企业社会责任的重要“标尺”。

（四）监督报道企业社会责任行为

监督报道企业社会责任的行为（包括不负责任的行为）是媒体的重要社会责任之一。在这方面，媒体的功能主要表现在以下两个方面：一是宣传报道社会责任优秀企业，树立社会责任典型；二是监督企业的经营行为，对企业不负责任的行为进行报道，对企业形成社会舆论压力，进而促进企业改善其社会责任行为。如自 2009 年开始，《南方周末》发布“漂绿榜”，每年对企业的“漂绿行为”进行评估，对企业形成巨大的舆论压力。

【延伸阅读】

《中青报》启动央企社会责任第三方评价[①]

本报北京 5 月 31 日电（记者董伟）中国青年报社今天举办“中央企业社会责任评价”启动新闻发布会。当着 20 家中央企业社会责任事务负责人的面，北京师范大学学生王晨表达了自己对于企业社会责任的“青

① 《中国青年报》，2012 年 6 月 1 日 01 版。

年态度"："一些中央企业做了很多有意义的公益事业，公众却无从知晓。如果这些优秀的社会责任案例能为更多人了解，一定能够增加民众对中央企业的信心，也能带动更多企业投身社会公益事业。"

在全球范围内，企业社会责任已成为公众广泛关注的话题，也成为企业竞争力的重要组成部分。国务院国资委要求，2012 年内，所有的中央企业都要发布社会责任报告。据统计，截至 2012 年 5 月底，已经有 92 家中央企业发布了社会责任报告或可持续发展报告。

"中央企业社会责任评价"是由中国青年报社作为客观、中立的第三方发起主办的一项公众评价活动。自 6 月 1 日起至 10 月底，主办方将依托中青在线（www. cyol. com）网络平台，以"青年态度"为旗帜，通过设立央企社会责任评价指标，动员和组织广大青年对中央企业履行社会责任状况进行评价，促进央企与公众良性沟通、互动。

中国青年报社社长徐文新表示，当今，企业的业绩品牌时代已经过去，企业的社会价值品牌必将成为主流。企业不是孤立存在的，利益相关方对企业履行社会责任的要求越来越高。这也是公民社会建设的一个重要特征。这种要求已经呈现出标准化、刚性约束的新趋势。这就给我国企业，尤其是央企如何更好地履行自己的社会职责、参与国际竞争与合作、争创国际一流企业提出了新的挑战和更高的要求。

相关研究机构发表的报告显示，中央企业在经济社会发展、抗击重大自然灾害、环境保护、稳定物价和服务"三农"等方面发挥了表率作用，在履行社会责任领域处于领先位置。可是，近年来，中央企业社会责任履行状况与公众认知度不对称，成绩与公众认可程度不对称。

随之而来的却是"与民争利""慷人之慨""止于捐赠"等指责和质疑，让中央企业陷于被动和困惑的境地。

基于现实的矛盾，"中央企业社会责任评价"旨在搭建央企与公众沟通的桥梁，为央企更好地展示自身形象和社会责任状况提供渠道支持；为公众更全面地了解央企履行社会责任状况，提出客观的信息资源；引导广大青年关注和参与央企履行社会责任实践，了解央企履行社会责任的理念以及多样性。而"青年态度"不仅体现在参与评价的主体是青年，相关评价指标也来自网络平台征集到的青年最为关心的问题。

会上，中国青年报社发表了《携手推进中央企业社会责任事业倡议书》，倡议中央企业要进一步完善社会责任工作体系，结合行业特点、业务实际，积极探索履行社会责任的不同模式，不断提高社会责任管理水平，同时要加强与青年群体、利益相关方、新闻媒体的沟通与交流，及时披露企业社会责任工作信息，深入了解公众特别是青年对企业社会责任工作的迫切愿望和关注焦点，更加积极、主动地回应社会关切，更加科学、理性地履行社会责任，更加高效、规范地管理社会责任。《中国青年报》将和社会各界一起，共同推进中央企业社会责任事业，树立中央企业负责任的企业形象，提升中国企业的国际竞争力，在全世界树立中国负责任的发展中大国形象。

据悉，在基于网络专题、微博校园等渠道组织青年读者进行中央企业社会责任评价、互动的同时，《中国青年报》还将开辟专版、专栏，对央企社会责任报告发布现状进行报道，开展央企经典社会责任案例访谈，探讨央企社会责任体系建设及模式等。第四季度，主办方还将举办“青年态度·中央企业社会责任发展论坛”，为央企积极履行社会责任、加强社会责任管理提供咨询和舆情服务。

中国石油、中国海油、中国移动、中国铝业、神华集团等20家中央企业代表和首都30多家新闻媒体记者参加了新闻发布会。中国石化集团公司、国家电网公司代表在会上做了企业经验交流。

第三节 交易所推动信息披露

党的十六届六中全会提出了构建和谐社会的目标和主要任务。上市公司是否承担社会责任将直接影响经济社会的和谐发展。上市公司因其在权力、股权结构、组织制度和透明度等方面的特殊性更需要加强社会责任意识。2006年9月25日，深圳证券交易所正式公布了《上市公司社会责任指引》，开启了我国交易所推动上市公司社会责任的新阶段。

一、社会责任投资与上市公司信息披露

在国外，社会责任投资（Socially Responsible Investing，SRI）是推动上市公司履行社会责任的重要力量之一。社会责任投资是指投资者积极关注企业社会责任表现，全面考查分析企业的经济、社会和环境方面的表现和绩效，对企业长期的可持续发展能力进行判断，从而做出投资决策。联合国于2006年正式颁布“负责任投资原则”，它正式确立了ESG因素与投资绩效之间的联系。截至目前，全球共有超过1200家投资机构已经签署了责任投资原则，它们代表着超过34兆美元的资产管理，或者说是全球可投资资产的15%。

2009年，时任联合国秘书长潘基文发起联合国可持续证券交易所倡议（Sustainable Stock Exchanges），旨在通过与投资者、企业和监管机构之间的对话，以促进上市公司在ESG方面的信息披露。为了更有效地在证券交易所层面推动可持续发展的具体工作，UN SSE在2012年发起了“伙伴交易所”计划，即邀约世界各地的证券交易所自愿成为联合国可持续证券交易所倡议（UN Sustainable Stock Exchange Initiative，UN SSE）的合作伙伴。2017年9月6日，上海证券交易所在泰国曼谷宣布加入联合国可持续证券交易所倡议UN SSE，成为第65家伙伴交易所；2017年12月3日，深圳证券交易所（以下简称深交所）在“全球公益金融论坛暨2017社会影响力投资峰会”上宣布加入UN SSE，成为第67家伙伴交易所。

证券交易所在推动企业可持续发展或社会责任的过程中，最重要的抓手是推动上市公司非财务信息披露。非财务信息披露是社会责任投资的基础。一般而言，财务信息主要是指以货币计量，对企业经营活动中的交易事项进行会计核算，最终进入财务报表的信息。非财务信息是不以货币为主要计量单位的，在财务报告附注中披露的或在财务报表外所反映的，但与公司的生产经营活动直接或间接相关的、为利益相关者的决策所需要的信息。非财务信息涵盖上市公司的各方面：一是企业的背景信息，包括公司的所有者与管理者信息、经营活动、资产的范围与内容、竞争对手、发展目标、采用的会计政策，以及公司所处的外界经济环境等；二是公司的治理信息，包括董事会状况、可持续发展战略、利益相关方管理、合规管

理等；三是企业的社会责任信息，包含环境信息、职工福利和保障信息、社区参与和发展信息等。

进入 21 世纪以来，全球主要国家纷纷加强企业的非财务信息披露，要求公司尤其是上市公开披露其可持续发展信息、社会责任信息或 ESG（环境、社会和治理）信息（见表 5-2）。

表 5-2 进入 21 世纪以来部分国家社会责任信息披露里程碑事件

国 家	社会责任信息披露事件
美国	2013 年，纽约证券交易所泛欧交易所加入联合国可持续股票交易所协会； 2010 年，纽交所要求大型温室气体排放企业需要收集和报告温室气体排放数据； 2003 年，纽交所采用企业管治条例要求上市公司披露商业行为和道德守则
英国	2013 年，英国财务报告委员会发布企业环境、社会和多样性披露指引，要求企业提供商业实践的完整计划； 2010 年，英国政府要求所有每年使用 6000 兆瓦小时电力的企业需要报告能源使用信息； 2006 年，伦敦证券交易所要求上市企业需要披露与业务有重要联系的环境、工作场所、社会以及社区问题的信息
法国	2013 年，要求企业规模超过 500 人就必须在年报中披露 ESG 相关信息； 2009 年，要求员工多于 500 人的高排放企业必须公开其温室气体排放信息
日本	2014 年，日本金融服务管理局发布第一份关于管理人员规范的草案《负责任的机构投资人原则》； 2009 年，日本第一份 SRI 指数——晨星社会责任投资指数发布； 2004 年，部分企业与政府机关被要求发布与环境活动相关的年度报告
瑞典	2007 年，瑞典政府宣布至 2009 年，所有国有企业将被要求发布符合 G3 指引的年度可持续发展报告
澳大利亚	2014 年，澳大利亚证券交易所要求公司披露是否存在“环境和社会可持续风险”，并说明将如何管理这些风险； 2010 年，澳大利亚证券交易所要求上市公司必须披露有关环境风险和控制的行为守则； 2001 年，澳大利亚企业法案要求上市企业在年度报告中披露有关违反《环境法》的信息

续表

国　家	社会责任信息披露事件
新加坡	2012 年，新加坡证券交易所宣布，利用政府数据来帮助上市公司评估其环境影响，以便企业更好地理解国家发展对自然资源的依赖性； 2011 年，新加坡证券交易所发布可持续发展报告自愿性指引
南非	2009 年，矿产资源和石油法案要求部分企业向政府披露它们将如何解决运营过程中产生的环境和社会问题； 2008 年，《公司法》认为董事对于不良的公共信息披露负有个人责任； 2004 年，约翰内斯堡证券交易所发布其 SRI 指数，由 ESG 最佳表现企业组成
挪威	2013 年，挪威政府通过立法要求大型企业披露其如何将社会责任整合到商业战略中； 2009 年，挪威会计法建议企业扩大其公共报告的范围，将可持续发展的内容纳入其中； 2007 年，要求上市公司必须发布公司的治理原则声明

二、我国交易所对公司社会责任的要求

（一）深圳证券交易所

为适应建设和谐社会的需要，促进上市公司强化社会责任意识和积极承担社会责任，2006 年，深圳证券交易所第一次向上市公司发布了《上市公司社会责任指引》。2007 年夏，深圳证券交易所为上市公司组织了企业社会责任培训，推动企业社会责任的发展。

该指引明确，上市公司作为社会成员之一，应对职工、股东、债权人、供应商及消费者等利益相关方，承担起应尽的责任。为此，上市公司在经营活动中应当遵纪守法，遵守商业道德，维护消费者的合法权益，保障劳动者的健康和安全，并积极承担保护环境和节约资源的责任，参与社会捐献、赞助等各种社会公益事业。该指引将上市公司社会责任定义为上市公司对国家和社会的全面发展、自然环境和资源，以及股东、债权人、职工、客户、消费者、供应商、社区等利益相关方所应承担的责任，包括股东和债权人权益保护；职工权益保护；供应商、客户和消费者权益保护；环境

保护与可持续发展；以及公共关系和社会公益事业。

对于上市公司社会责任的履行情况，该指引采取了自愿信息披露制度。深交所鼓励上市公司根据指引要求建立社会责任制度，定期检查和评价公司社会责任制度的执行情况和存在的问题，形成社会责任报告，并与年度报告同时披露。

（二）上海证券交易所

2008 年 5 月，上海证券交易所发布了《关于加强上市公司社会责任承担工作的通知》以及《上海证券交易所上市公司环境信息披露指引》，旨在引导各上市公司积极履行社会责任，重视利益相关方的共同利益，鼓励上市公司发布社会责任报告；对重视社会责任承担工作，并能积极披露社会责任报告的公司，本所将优先考虑其入选上证公司治理板块，并相应简化对其临时公告的审核工作。

在通知中，上海证券交易所提出了“每股社会责任贡献值”的概念。2009 年 7 月，上交所发布上证社会责任指数，选取每股社会贡献率排名前 100 位的企业构成样本股，随后，基金公司创设了责任 ETF，为引导社会责任价值投资提供了产品。在上述措施的推动下，几年来，沪市上市公司社会责任报告工作日趋成熟完善，披露数量逐步增多，披露质量稳步提升，对于促进公众及投资者更好地了解上市公司在环境保护与社会贡献等方面所做的工作、倡导社会责任价值投资理念发挥了重要作用。

【延伸阅读】

每股社会贡献值

公司可以在年度社会责任报告中披露每股社会贡献值，即在公司为股东创造的基本每股收益的基础上，增加公司年内为国家创造的税收、向员工支付的工资、向银行等债权人给付的借款利息、公司对外捐赠额等为其他利益相关者创造的价值额，并扣除公司因环境污染等造成的其他社会成本，计算形成公司为社会创造的每股增值额，从而帮助社会公众更全面地了解公司为其股东、员工、客户、债权人、社区以及整个社会所创造的真正价值。

深圳证券交易所、上海证券交易所发布的社会责任指引有效推动了上市公司社会责任的发展，但随着经济社会的发展都需要进行修订和调整。2017年全国两会上，全国政协委员、北京理工大学社会责任研究中心主任李健提交了《关于上海证券交易所尽快修改完善上市公司社会责任承担文件》的提案。

【延伸阅读】

《关于上海证券交易所尽快修改完善上市公司社会责任承担文件》的提案

目前，关于上海证券交易所对上市公司社会责任承担的规则主要是2008年5月14日发布的《关于加强上市公司社会责任承担工作暨发布〈上海证券交易所上市公司环境信息披露指引〉的通知》（以下简称通知）。在这份通知中，对在上海证券交易所上市的公司的社会责任承担工作和环境信息披露提出明确要求。这对促进上市公司积极承担社会责任和保护环境起到了积极的促进作用。

然而，这份通知至今已有8年多了，在这段时间里，社会环境和背景已经发生了很大变化，所依据的法规也发生了变化。十八届三中全会上通过了《中共中央关于全面深化改革若干重大问题的决定》，将承担社会责任作为进一步深化国有企业改革的重点之一；十八届四中全会通过了《中共中央关于全面推进依法治国若干重大问题的决定》。其中，明确指出要加强社会责任立法。在社会责任标准方面，2010年，国际标准化组织（ISO）发布了全球第一个社会责任国际标准：ISO 26000：2010《社会责任指南》（以下简称ISO 26000）；2015年，国家质检总局和国家标准委联合发布了我国第一个社会责任系列国家标准。

在上述通知中，也要求上市公司“充分关注包括公司员工、债权人、客户、消费者及社区在内的利益相关者的共同利益”，但是比较笼统，例如，在披露社会责任内容方面，只是笼统提出公司在促进社会可持续发展方面的工作、公司在促进环境及生态可持续发展方面的工作、公司在促进经济可持续发展方面的工作等。与社会责任国家标准对比，在员工的就业与劳动关系中，民主管理与集体协商内容方面涉及较少；公平运行实践中反腐败、公平竞争没有直接提及；消费者问题中，消费者信息的保护等重要方面没有提及。

上市公司都是我国各行各业的优秀企业，理应在履行社会责任方面走在社会的前列。为推动和规范上市公司社会责任的履行，应该尽快修订上市公司社会责任承担的相关文件，这样才能保证相关规则更加完善、更加权威。为此，提出如下建议：

（1）尽快修改完善上市公司承担社会责任的相关文件，并从组织治理、员工、消费者、环境、公平运营、社区参与发展等方面提出具体要求；发布上市公司社会责任编写指南。

（2）在消费者责任方面，在消费者信息保护与隐私上提出要求，要求企业建立严格、规范的消费者信息保护制度，不滥用、盗用消费者信息；在可持续消费上，企业应从自身做起，为消费者提供符合可持续发展要求的产品和服务。同时，也要为消费者提供可持续消费方面的教育，使消费者了解到自身行为对环境的影响，从而选择更加可持续的消费方式。

（3）增加公平运营方面的内容，加入反腐败、公平竞争、在价值链中促进社会责任、尊重产权等内容。

（4）强制食品饮料企业发布社会责任报告。《中华人民共和国食品安全法》指出，“食品生产经营者应当依照法律、法规和食品安全标准从事生产经营活动，保证食品安全，诚信自律，对社会和公众负责，接受社会监督，承担社会责任”。食品安全是全社会关注度最高的民生问题，也是经济发展和社会稳定的重要基石。食品的特殊性质决定了食品企业承担社会责任的重要性。推动食品企业做好自己的社会责任，保障食品安全是社会的期盼。做好食品安全，一个重要方面是食品企业要积极履行并认真发布自己的社会责任报告，这样才能重塑国人的信心。发布社会责任，也是食品企业接受社会监督的一种方式和途径。

（三）香港联合交易所

2010年7月，香港恒生指数有限公司推出了恒生可持续发展企业指数系列，以提高各界对企业可持续发展的关注，并为日渐受国际关注的可持续发展投资提供指标。恒生可持续发展企业指数系列包括三只指数。其中，恒生可持续发展企业指数及恒生A股可持续发展企业指数分别包括30间中国香港上市及15间中国内地上市的可持续发展企业领导者，而恒生内地及香港可持续发展企业指数为一个跨市场指数，成分股由以上两只指数成分股组成，而数目并非固定。指数推出时，该指数共有39只成分股。

2015年12月21日，香港联合交易所正式发布《环境、社会及管治报告指引》咨询结果，要求所有在港上市公司于2016财政年度开始参照修订后的指引发布环境、社会及管治（简称ESG）报告。该指引分为环境和社会两个主要范畴，包括11个层面共43个一般披露及关键绩效指标，其中23个指标分阶段提升至“不遵守即解释”。

第六章

合作：国际交融四十年

居天下之广居，立天下之正位，行天下之大道。

——孟子《孟子·滕文公下》

第一节 联合国层面对社会责任的倡导

改革开放40年来，联合国驻华系统积极支持中国国家发展，加强与政府、多边援助机构、非政府组织、民间组织和私营企业等社会各界的合作，与中国社会各界携手实现全球可持续发展愿景。40年来，联合国驻华系统的角色已经从传统捐助方转变为重要合作伙伴，不但为中国政府提供技术支持，而且通过积极参与“一带一路”倡议、南南合作等区域与全球合作增加中国与世界的交流。

一、联合国在华机构与中国企业社会责任

改革开放40年来，联合国机构有效参与并推动了中国的经济发展、社会公平与环境可持续。在中国的联合国机构主要有联合国可持续农业机械化中心（ESCAP - CSAM）、联合国人口基金（UNFPA）、联合国人类住区规划署（UN-HABITAT）、联合国难民事务高级专员署（UNHCR）、联合国儿童基金会（UNICEF）、联合国工业发展组织（UNIDO）、联合国外层空间事务厅（UNOOSA）、联合国志愿人员组织（UNV）、联合国促进性别平等和增强妇女权能署（UN Women）、联合国世界粮食计划署（WFP）、世界卫生组织（WHO）、世界知识产权组织（WIPO）、联合国粮食及农业组织（FAO）、国际民航组织亚太地区分办事处（ICAO）、国际农业发展基金（IFAD）、国际劳工组织（ILO）、国际移民组织（IOM）、联合国艾滋病规划署（UNAIDS）、联合国开发计划署（UNDP）、联合国环境规划署（UN-EP）、联合国教科文组织（UNESCO）等。

近年来，联合国驻华机构积极与我国政府、非政府组织和企业进行合作。联合国驻华系统发展援助框架的三个优先领域分别是公平的发展、环境可持续性和中国的全球参与。这些领域的工作通过9个专题小组和3个分组进行协调。专题小组包括卫生、艾滋病毒/艾滋病、农业与粮食安全、人口动态、

贫困与不平等、中国与世界、灾害管理、气候变化与环境、性别。分组包括：发展数据、残疾和城市化①。2015 年，联合国 2030 年可持续发展目标发布后，联合国驻华系统围绕 2030 年可持续发展目标推动中国的经济、社会和环境的发展。如 2017 年联合国人居署在广州世界城市日庆祝活动中举办了“将可持续发展目标纳入中国城市化进程主流”分论坛；联合国儿童基金会和教科文组织支持教育部主办可持续发展目标 4（优质教育）大型论坛；联合国艾滋病署和世界卫生组织在中国举办了艾滋病防治国际研讨会，世界卫生组织和艾滋病署编制了中国艾滋病预防工作的建议报告，并提交给卫计委；联合国开发计划署（UNDP）携手相关部门及企业在中国海南、云南建立了 SDGs 示范村项目，将精准扶贫与推进生态环境的可持续有机结合起来，开创扶贫新模式，旨在试图探索一套在全球议题框架下中国贫困地区实现可持续发展的不同路径和模式，并在南南合作的机制下分享给其他发展中国家。

进入 21 世纪以来，在联合国驻华系统的积极推动下，中国政府、非政府组织等不同利益相关方也主动与联合国机构进行沟通与合作，与联合国开发计划署（UNDP）、联合国环境规划署（UNEP）、联合国儿童基金会（UNICEF）、联合国教科文组织（UNESCO）、联合国志愿人员组织（UNV）、国际劳工组织（ILO）等联合国驻华机构在社会责任不同领域达成共识或启动了合作项目。如 2008 年 10 月 17 日，中国国务院扶贫办和联合国驻华系统联合举办“减贫与发展高层论坛——改革开放与中国减贫模式暨千年发展目标进程”，中国国务院副总理、国务院扶贫开发领导小组组长回良玉和联合国秘书长特别顾问娜菲斯·萨迪克博士出席论坛开幕式并致辞。

【延伸阅读】

联合国环境规划署（UNEP）与中国零售可持续消费平台

中国零售可持续消费平台（China Retail Sustainable Consumption Platform，CRSCP），由联合国环境规划署（UNEP）和中国连锁经营协会（CCFA）

① 联合国驻华系统：《联合国各机构在中国联合工作情况总结》（2017 年）。

联手，建立中国零售可持续消费平台。CRSCP 以零售业为示范，为零售企业的可持续发展策略及管理提供指导和工具，指导零售企业解决在可持续发展和消费方面面临的专业知识、人员和资源等挑战。另外，CRSCP 推广可持续消费的理念和行动，引领社会向可持续消费和生产模式转变，借助市场的力量推动可持续消费的普及与实践。CRSCP 将作为促进联合国中国可持续消费伙伴计划落地的示范和助力的平台，推动联合国“可持续消费和生产十年框架计划”在中国的落实，实现可持续发展的最终目标。

2017 年 6 月 30 日，由联合国可持续消费十年方案框架资助和指导、中国连锁经营协会组织编写的《中国零售业行业可持续消费操作指引》和《中国零售业负责任水产品采购指南》在中国零售行业可持续发展圆桌年会上发布，这是中国零售行业在可持续消费方面取得的一项重要成果。

2017 年 8 月 5 日，2017 年绿色可持续消费宣传周正式隆重启动。该活动由中国连锁经营协会，联合国环境署（UN Environment）、世界自然基金会（WWF）和海洋管理委员会（MSC）合作举办。今年的可持续消费周主题是：绿色消费，品质生活。届时将围绕衣食住行乐五个方面，联合各大零售企业和餐饮企业，在线上和线下分别开展丰富多彩的活动。参与活动的门店数量已经超过 1500 家，覆盖全国近百个城市，通过线上线下联动全国消费者，一起践行可持续消费。

二、联合国开发计划署与 SDGs

（一）联合国开发计划署在中国

联合国开发计划署致力于推动人类的可持续发展，协助各国提高适应能力，帮助人们创造更美好的生活。30 多年来，作为联合国从事发展的全球网络，联合国开发计划署充分利用其全球发展经验，支持中国制定应对发展挑战的解决之道，并为中国开展南南合作和参与全球发展提供协助。联合国开发计划署目前在中国的重点工作领域为：减少贫困、善治、危机预防与恢复及能源与环境。

1979年9月，《中国政府—联合国开发计划署标准基本援助协议》正式签署，标志着联合国开发计划署与中国政府的国别合作方案正式确立。联合国开发计划署由此成为第一个与中国进行发展合作的联合国机构，并在当时为中国提供了一个为数不多的了解、学习国际先进理念、实践和技术的窗口。首个国别合作方案最初提供了1500万美元的援助资金，全部用于开展在华的27个项目。联合国开发计划署借鉴世界范围内的经验，协助中国应对自身发展带来的挑战以及参与全球发展。目前，联合国开发计划署在中国的重点领域包括消除贫困和减少不平等、应对环境退化和气候变化、灾害管理、推动南南合作和可持续的“一带一路”倡议。

2015年9月25日，联合国大会发布了2030年可持续发展目标，于2016年1月生效。作为联合国居于领导地位的发展机构，联合国开发计划署在协助170个国家和地区落实这些目标中发挥着不可取代的作用。联合国开发计划署的战略关注领域包括减贫、民主治理、维护和平、应对气候变化、灾害管理和减少经济不平等。

（二）联合国2030年可持续发展目标

2000年9月，联合国千年峰会通过了《联合国千年宣言》。2015年，千年发展目标已经使10亿多人摆脱了极端贫困，取得了显著成绩。随着千年发展目标步入尾声，2015年9月25日，“联合国可持续发展峰会”通过了一份由193个会员国共同达成的成果文件，即《改变我们的世界——2030年可持续发展议程》（Transforming Our World：The 2030 Agenda for Sustainable Development）。议程共包括17项可持续发展目标（见表6-1）和169项具体目标，旨在推动世界在今后15年内实现3个目标——经济增长、社会公平和生态可持续发展。该议程是对千年发展目标的继承，建立在千年发展目标的基础之上，是对千年发展目标的升华和扩展。

表6-1 SDGs包含的17项可持续发展目标

序号	内容
1	在全世界消除一切形式的贫穷
2	消除饥饿，实现粮食安全，改善营养和促进可持续农业

续表

序号	内容
3	让不同年龄段的所有人过上健康的生活，促进他们的安康
4	提供包容和公平的优质教育，让全民终身享有学习机会
5	实现性别平等，增强所有妇女和女孩的权能
6	为所有人提供水和环境卫生并对其进行可持续管理
7	每个人都能获得价廉、可靠和可持续的现代化能源
8	促进持久、包容性的可持续经济增长，促进充分的生产性就业，促进人人享有体面的工作
9	建造有抵御灾害能力的基础设施，促进包容性的可持续工业化，推动创新
10	减少国家内部和国家之间的不平等
11	建设包容、安全、有抵御灾害能力的可持续城市和人类住区
12	采用可持续的消费和生产模式
13	采取紧急行动应对气候变化及其影响
14	养护和可持续利用海洋和海洋资源以促进可持续发展
15	保护、恢复和促进可持续利用陆地生态系统，可持续地管理森林，防治荒漠化，制止和扭转土地退化，阻止生物多样性的丧失
16	创建和平、包容的社会以促进可持续发展，让所有人都能诉诸司法，在各级建立有效、负责和包容的机构
17	加强执行手段，恢复可持续发展全球伙伴关系的活力

1. 联合国2030年可持续发展目标的内容

SDGs在强调消除贫困的同时，突出了可持续发展的理念。它强调要平衡推进经济、社会和环境三大领域的发展，强调发展是一个由经济、社会和环境三个层面协同增效的过程。

2. 中国政府的响应

2030年可持续发展目标是全球在未来15年里最广泛的政治意愿，获得了全球强烈的政治承诺，包括中国国家领导人在内的各国领导人均在不同场合承诺将为SDGs的实现做出贡献。

（1）2015年9月26日，中国国家主席习近平在联合国总部出席“联合国可持续发展峰会”并发表题为“谋共同永续发展　做合作共赢伙伴”的重要讲话，提出中国将继续秉持“义利相兼，以义为先”的原则，同各国一道为实现2030年发展议程做出努力。

（2）2015年11月15~16日，二十国集团（G20）领导人第十次峰会在土耳其举行，国家主席习近平出席并发表题为“创新增长路径　共享发展成果”的重要讲话。在讲话中，习近平主席指出中国将把落实2030年可持续发展议程纳入“十三五”规划。

（3）2016年4月19日，中国发布《落实2030年可持续发展议程中方立场文件》。该文件亦作为第70届联合国大会文件向各会员国散发。

（4）2016年12月，国务院印发《中国落实2030年可持续发展议程创新示范区建设方案》，这是我国推动落实联合国2030年可持续发展议程的务实举措。

SDGs是联合国历史上最具包容性的项目之一，在制定过程中听取了各方面的声音，反映了社会各界和世界各国的广泛意见，尤其是私营部门的参与，仅在联合国全球契约成员中，就有1500多家企业参与并提供了建议。SDGs不仅面向政府，还肯定了企业在实现可持续发展过程中能够并且必须发挥关键作用。在2016年参加联合国全球契约组织和埃森哲采访的全球上千位CEO中有70%认为SDGs将重塑企业的可持续行为，87%认为SDGs给企业带来了重新思考可持续的价值创造方法的重要机遇，90%做出个人承诺将带领公司积极推动可持续议程。在我国，企业积极将SDGs纳入自身可持续发展战略，并向社会公开披露其对2030年可持续发展目标的贡献。

【延伸阅读】

企业为什么要披露SDGs信息

2030年可持续发展目标中的目标12.6指出，“鼓励各个公司，特别是大型公司和跨国公司，采用可持续的实践，并将可持续性信息纳入各自

报告周期中”。那么，企业为什么要披露 SDGs 信息?

1. SDGs 是全球关于可持续发展的最新话语体系

企业根据外部社会需求或者全球可持续需求制定信息披露目标，基于科学方法和外部数据，对标企业所能满足的未来社会需求而不仅仅是同行的绩效与目标，这可以让企业缩小其当前绩效与期望绩效之间的差距。SDGs 体现了全球就可持续发展的共同期望，体现了全球和社会的最新需求，几乎涵盖了当前所有的全球议题，17 个目标几乎都跟企业直接相关。因此，在今后很长一段时间内，SDGs 必将受到政府、企业、投资者等多方的关注，大量资金和技术也将受到吸引，投入相关领域，因而有必要参考 SDGs 目标框架进行信息披露，就全球可持续发展进行有效沟通和协同推进。

2. 企业主动披露 SDGs 信息有助于形成新的竞争力

企业参考 SDGs 目标框架向利益相关方披露可持续发展的进展和愿景，不仅是有效的沟通方式，也是企业提升可持续竞争力的有效途径。

（1）提高与利益相关方沟通的有效性。SDGs 不但反映了利益相关方的期望，也指明了国际、国家和地区政策的未来走向。企业参考 SDGs 目标框架，沟通和报告其可持续发展战略、实践和成果，可以简洁务实地阐明企业追求可持续发展的愿望，可以激励和鼓舞员工及商业伙伴，并为企业与外部利益相关方进行建设性对话打下良好基础，深化与客户、员工和其他利益相关方的关系。

（2）优化企业可持续发展实践。目前，企业可持续发展报告已经涵盖了 SDGs 的一些议题，如气候变化、水资源管理、生物多样性、消除贫困等。企业参考 SDGs 目标框架来调整报告战略，在报告、总结企业已经进行的实践的同时，可以根据 SDGs 的要求，与其设定的未来目标进行对标，梳理企业在哪些领域可以更好地贡献自己的力量，优化企业可持续发展实践。

（3）发现未来潜在商机。SDGs 确定的 17 个可持续发展目标清楚地界定了众多利益相关方向往的世界，以及全球利益相关方共同认定的对实现全球可持续发展的优先领域。企业主动披露 SDGs 信息可以有效发现全球可持续发展挑战，引导全球资金、技术流向，帮助企业发现新的商业机会。

3. 提升企业跨文化沟通的有效性

从全球整体看，不同国家在经济社会发展阶段、政治体制、文化习俗、宗教信仰、民族传统，以及人民对自身发展道路和生活方式选择等方面均存在差异，各国对可持续发展的认识存在分歧。因此，企业在跨文化沟通中会面临挑战。SDGs 的制定过程吸纳了全球最广泛的期望，其制定依循《联合国宪章》的宗旨和原则，以《世界人权宣言》《国际人权条约》《联合国千年宣言》和 2005 年世界首脑会议成果文件为依据，并参照了《发展权利宣言》等其他文书，是全球关于可持续发展的最新共识。企业参考 SDGs 目标框架披露可持续发展信息，有助于在共同话语体系下有效沟通。

三、全球契约组织与十项原则

（一）全球契约概述

全球契约由联合国前秘书长安南于 1999 年在达沃斯世界经济论坛上提出并于 2000 年 7 月在联合国总部正式启动，其目的是号召工商界在日常经营和公司战略中遵循维护劳工权益、尊重人权、环境保护以及反腐败方面的原则，通过负责的、富有创造性的表率作用，建立一个推动经济可持续发展和社会效益共同提高的全球机制，从而使更多的人能够分享全球化的利益。全球契约提出以来，获得了联合国大会及有关机构、各国政府和跨国公司的大力支持，目前已经成为联合国与各国工商界建立伙伴关系的重要平台，也是国际社会最具影响力和权威性的企业社会责任倡议。

全球契约是为承诺依据在人权、劳工、环境和反腐败方面普遍接受的十项原则（见表 6-2）进行运作的各企业提供的一个框架。全球契约是一项完全自愿的举措，它有两个目标：一是使十项原则在世界各地的企业活动中主流化；二是催化支持更广泛的联合国发展目标的行动。为实现这些目标，全球契约通过数种机制提供学习和参与的机会，包括政策对话、学习、地方网络以及合作项目。

表 6-2 全球契约十项基本原则

人权	原则 1：企业应该尊重和维护国际公认的各项人权 原则 2：绝不参与任何漠视与践踏人权的行为
劳工标准	原则 3：企业应该维护结社自由，并承认劳资集体谈判的权利 原则 4：彻底消除各种形式的强迫劳动 原则 5：有效废除童工制 原则 6：杜绝任何在用工与行业方面的歧视行为
环境保护	原则 7：企业应对环境挑战未雨绸缪 原则 8：主动增加对环保所承担的责任 原则 9：鼓励无害环境技术的发展与推广
反腐败	原则 10：企业应反对各种形式的贪污，包括勒索和行贿受贿

（二）全球契约在中国的发展

在中国企业联合会的支持和推动下，全球契约较早地进入了中国。2002 年 12 月 6 日，中国企业联合会与英国大使馆在北京举办了“中国全球契约——企业社会责任研讨会”；2005 年 1 月，中国企业联合会成立了“中国企业联合会全球契约推进办公室”；2004 年 10 月~2005 年 12 月，中国企联全球契约推进办公室组织相关专家、学者对全球契约与企业社会责任进行研究，制定了《全球契约企业社会责任通则》《全球契约企业社会责任保障导则》《全球契约企业社会责任年度报告导则》等指南问卷，并编写了《全球契约企业社会责任培训教材》等相关的配套教材。

2011 年 11 月 28 日，联合国全球契约组织正式授权中国企业联合会和中国石化牵头成立联合国全球契约中国网络并在北京举行成立大会。中国网络自成立以来不断发展，成员数量达到 300 余家。其中，企业和组织成员涵盖社会的各行各业，包括国内外企业、政府部门、NGO 组织、研究机构都积极参与其中，在企业界发挥了持续引领作用。

第二节 国际社会责任标准在中国

标准化是由传统管理模式向现代管理模式转变的重要内容。社会责任理念出现后，不同的国际机构指定了一系列的社会责任指南和标准。其中，国际标准化组织发布的 ISO 26000 和全球报告倡议组织制定的可持续发展报告指南对中国企业社会责任的发展产生了巨大的促进作用。

一、ISO 26000 社会责任指南

（一）ISO 26000 介绍

国际标准化组织（International Organization for Standardization，ISO）是一个全球性的非政府组织，是国际标准化领域中一个十分重要的组织。ISO 于 1947 年 2 月 23 日正式成立，总部设在瑞士的日内瓦。ISO 的任务是促进全球范围内的标准化及其有关活动，以利于国际产品与服务的交流，以及在知识、科学、技术和经济活动中发展国际的相互合作。社会责任标准 ISO 26000 是 ISO 制定的首个社会和道德领域标准。

社会责任国际标准 ISO 26000 从研究立项至正式发布历时近 10 年。2010 年 11 月 1 日，国际标准化组织在瑞士日内瓦，以《共担责任、放飞可持续发展梦想》为主题，面向全球发布了社会责任国际标准《ISO 26000：社会责任指南》。以 2001 年 4 月提出社会责任标准议题为起点，ISO 26000 是一项历时十年，由来自 90 多个国家、40 多个国际组织的 500 多位专家共同参与完成的浩大工程。ISO 26000 将社会责任定义为“组织通过透明和道德的行为，为其决策和活动对社会和环境的影响而承担的责任”。该定义从最大化组织对可持续发展的贡献的高度统一了现有的社会责任概念，是国际社会责任领域发展的新的里程碑。此外，ISO 26000 明确了组织的七大社会责任核心主题：组织治理、人权、劳工实践、环境、公平运行实践、消费者问题、社区参与和发展（见表 6-3）。

表 6-3 社会责任核心主题及其议题

核心主题	议 题
组织治理	组织治理
人权	议题 1：尽责审查
	议题 2：人权风险状况
	议题 3：避免同谋
	议题 4：处理投诉
	议题 5：歧视和弱势群体
	议题 6：公民权利和政治权利
	议题 7：经济、社会和文化权利
	议题 8：工作中的基本原则和权利
劳工实践	议题 1：就业和雇佣关系
	议题 2：工作条件和社会保护
	议题 3：社会对话
	议题 4：工作中的健康与安全
	议题 5：工作场所中人的发展与培训
环境	议题 1：防止污染
	议题 2：资源可持续利用
	议题 3：减缓并适应气候变化
	议题 4：环境保护、生物多样性和自然栖息地恢复
公平运营实践	议题 1：反腐败
	议题 2：负责任的政治参与
	议题 3：公平竞争
	议题 4：在价值链中促进社会责任
	议题 5：尊重财产权

续表

核心主题	议　题
消费者议题	议题1：公平营销、真实公正的信息和公平的合同行为
	议题2：保护消费者的健康与安全
	议题3：可持续消费
	议题4：消费者服务、支持和投诉及争议处理
	议题5：消费者信息保护与隐私
	议题6：基本服务获取
	议题7：教育和意识
社区参与和发展	议题1：社区参与
	议题2：教育和文化
	议题3：就业创造和技能开发
	议题4：技术开发与获取
	议题5：财富与收入创造
	议题6：健康
	议题7：社会投资

【延伸阅读】

殷格非：全球推进 ISO 26000 的新进展①

由瑞典标准化机构（Swedish Standards Institute，SIS）组织的 ISO 26000 与全球社会责任进展国际会议于 2015 年 10 月 20 日在瑞典斯德哥尔摩召开。

① 殷格非：《全球推进 ISO 26000 的新进展》，2015 年 12 月 16 日，https：//www. goldenbeechina. com/html/2015-12/474. html。

来自 30 多个国家的 100 多位代表参加了会议。有 20 多位来自不同国家的代表就 ISO 26000 的实际应用，以及 ISO 26000 与其他国际标准及相关国际倡议行动等的关系研究和对接进行了交流。会议还就 ISO 26000 与 ISO 20400 可持续采购国际标准（正在制定之中），ISO 26000 和联合国可持续发展目标（the UN Sustainable Development Goals）进行了专题研讨。同期 10 月 21 日，ISO 26000 PPO（Post Publication Organization）举行了第四次会议。21 日上午就 ISO 26000 在中小组织的应用和是否制定适合中小组织的专门指南举行了开门会议。下午，ISO 26000 PPO SAG（Stakeholder Advisor Group）就 ISO 26000 PPO 过去一年的总结以及未来工作计划举行了闭门会议，特别是对 ISO 26000 的修订和完善工作的未来日程进行了辩论，并对是在 2016 年还是在 2017 年正式启动修订建议工作进行了初步表决。

ISO 26000 标准转化的五年

ISO 26000 社会责任国际标准于 2010 年 11 月 1 日发布至今已经 5 年整。在过去的五年中，ISO 26000 社会责任国际标准应用的最重要进展表现在两个方面。

一方面是在国际标准化组织成员的国家层面的应用，具体就是转化为各个国家的标准，这也是最大的发展。目前，已有 75 个国家将 ISO 26000 社会责任标准转化为其国家标准，其中有 40 多个国家等同采用 ISO 26000 为其社会责任国家标准。ISO 26000 也已被翻译成 29 种语言。

另一方面就是，ISO 26000 也作为一个新的国际规范，正在与国际上相应的许多规范标准形成关联，互相促进。例如，ISO 26000 与 CSR 同人们熟悉的 G4 之间的关系，以及联合国商业与人权准则（UN Guiding Principles on Business and Human Rights），ISO 26000 与 OECD Guidelines 等，如这次会议中，就 ISO 26000 与联合国 2030 年可持续发展目标的关系也进行了深入讨论。ISO 26000 社会责任国际标准也正在成为一些国际标准的重要参考。如国际标准化组织正在制定的 ISO 20400 可持续采购指南、ISO 37001 反腐败管理体系标准、ISO 45001 职业健康与安全管理体系标准、ISO 20121 大型活动可持续管理体系标准（已发布）都把 ISO 26000 社会责任国际标准作为重要的基础性参考。

中国社会责任国家标准备受关注

作为 ISO 26000 PPO SAG 专家，笔者会上应邀就中国社会责任 36000 系列标准做了专题发言，并进行了相关讨论。ISO 26000 发布后，在国家标准化管理委员会的指导下，中国标准化研究院组织各相关方相关专家就 ISO 26000 社会责任国际标准如何在中国加以运用进行了很长时间的论证。最后创新性地通过三项国家标准加以推广运用，即 GB/T 36000 社会责任指南、GB/T 36001 社会责任报告指南、GB/T 36002 社会责任绩效分类指引。会上，我把运用重新起草法，整合、简化、适合中国法律法规要求、适合中国机构履行社会责任实际需要等原则和方法，在会上做了介绍。

与会代表对中国创新性的运用表示了浓厚的兴趣。一是在发言现场，一位加拿大专家提问，是否有英文版本可以获取。一些代表提出非常希望能看到英文版本的中国国家系列社会责任标准。二是也有代表提问中国通过三个国家标准的目的和原因是什么？我从参与国家标准制定过程的体会进行了回答。首先是我们转化 ISO 26000 社会责任国际标准的根本目的是为了更好地促进中国社会责任的发展。其次是如何通过制定标准来有效促进中国社会责任的发展呢？目前来看，中国通过社会责任指南标准（GB/T 36000）、绩效标准（GB/T 36002）、报告指南标准（GB/T 36001）三个相互联系、相互促进的系列标准是一个有效的方式。GB/T 36000 为组织履责提供行动指导，GB/T 36002 为组织评估履责效果提供评估指导，GB/T 36001 为组织向各个利益相关方报告和沟通组织社会责任理念和行为，以及履责绩效提供指导，反过来，组织通过报告和沟通，识别绩效的不足或相关方新的诉求和期望，又可以反馈来采取新的措施。最后，目前在保持 ISO 26000 基本理念、七大核心原则和七大核心主题等基本结构和核心内容下，GB/T 36000 的内容篇幅只有 ISO 26000 内容篇幅的一半，大大提高了应用者的阅读效率。同时通过绩效标准的增加，又增强了应用者对 GB/T 36000 的理解和把握。三是会下国际标准化组织负责社会责任标准的专家专门对 GB/T 36000 与 ISO 26000 的相关对比情况进行了了解，并询问是否会在以后定期修改完善相关内容等。最后对中国的转化工作表示了赞赏和理解。

各种组织机构积极探索应用

会上，各国代表就 ISO 26000 的应用情况进行了交流。可以说，无论是发达国家还是发展中国家，无论是大型跨国公司，还是中小企业，无论是营利性机构，还是非营利性机构，都有运用 ISO 26000 的成功探索。

正如大家所知道的，跨国公司是应用 ISO 26000 的先锋群体。据 ISO 26000 PPO 调查，许多大公司或部分或在其供应链上推行 ISO 26000。来自日本的 NEC 公司代表全面介绍了公司基于 ISO 26000 通过利益相关方参与方式将企业社会责任植入到公司整体之中。英国的玛莎百货公司代表介绍运用 ISO 26000 核心原则和七大主题分析推进公司社会责任进入到一个新的阶段，并介绍如何在 3 个国家 8 个工厂中推进 ISO 26000 理念和方法以及取得的成效。

据来自智利的代表介绍，通过推进 ISO 26000 的契机，智利经济部支持成立社会责任可持续发展理事会（由一个副部长担任理事长），来推动智利企业社会责任发展。来自荷兰的代表介绍，在相关政府部门的支持下，在 200 多家中小企业开展实施 ISO 26000 的试点，取得了良好效果。来自巴西圣卡塔琳娜州的代表介绍了用 ISO 26000 工具推进社会责任的情况以及未来三年进一步推动的计划。

来自法国的代表介绍了如何在全球葡萄酒行业推动社会责任应用。来自爱尔兰的代表介绍了作为一个推动社会责任组织（Business in the Community），如何应用 ISO 26000 开发相关社会责任评估工具服务会员社会责任的情况。来自印度尼西亚的代表，介绍如何在国内转化 ISO 26000 内容推进企业社会责任发展。

来自欧洲工会联合会的代表，介绍了在欧盟委员会的支持下，运用 ISO 26000 开发相关工会相关的社会责任指导工具，供相关工会开展社会对话等社会责任工作使用。

来自埃及的代表介绍了在有关国际专家的指导下，一个职业培训医疗的非营利组织通过运用 ISO 26000，制定行动计划，运营绩效不断改进，并取得很多赞助者的认同，提升了可持续发展能力的情况。

ISO 26000 全球推进任重道远

当然，总体上 ISO 26000 在全球的组织应用还处于初级阶段。

第一，作为国际标准化组织2万多个国际标准的一员，ISO 26000对全球社会来讲还处于一个小众认识阶段。社会公众也普遍缺乏了解。而且标准的获取也不是免费的，是需要购买的，也更加阻碍了公众的了解渠道。

第二，作为一个自愿性标准、非认证性标准，也缺乏运用的强制性。加之，确实内容冗长，理解和应用都具有较大的挑战。

第三，ISO 26000的推广应用还需要机制创新。例如，大型组织特别是大型公司采用了，有什么样的激励措施，能让它们更加自觉、更加深入、更加创新地在组织内部普遍使用。特别有什么样的市场机制能促进大型组织的使用，如可否与政府采购相关政策挂钩。

第四，如何帮助中小组织特别是中小企业使用ISO 26000。不但帮助它们使用，还要帮助它们通过成功使用ISO 26000获得更多的市场机会，获得相应的社会声誉。

第五，人才培养和能力建设非常紧迫。实质上，这也是全球社会责任和可持续发展专业人才培养的问题。同时，包括ISO 26000应用的工具开发和良好实践的发掘整理和推广等问题，使得ISO 26000的应用，即使是在大型组织、大型公司也不是一件轻而易举的事情。

第六，标准本身的优化改进问题。就如这次PPO SAG会议讨论的一样，如何使ISO 26000更加简洁明了，适合全球各种组织普遍使用，也是该标准能否更快更有效地推动全球可持续发展的一个重要课题。

社会责任事业是一项关乎全球可持续发展的事业，也是一项极为长远的工作，想必ISO 26000的推广应用也是任重道远。

（二）ISO 26000在中国的应用

为推动ISO 26000在中国的转化应用，2015年6月2日，国家质检总局、国家标准委联合发布2015年第19号中国国家标准公告，公布了《社会责任指南》（GB/T 36000-2015）、《社会责任报告编写指南》（GB/T 36001-2015）、《社会责任绩效分类指引》（GB/T 36002-2015）三项社会责任国家标准，并于2016年1月1日起实施。系列标准是我国社会责任领域第一份国家层面的标准性文件。系列标准的发布具有重大意义，将统一各类组织对社会责任的认识和理解，改变现在国内依据不同标准履行社会责任的混乱局面，给组织履行社会责任提供系统、全面的指导，将对提升国内社会责任水平起到重要作用。

ISO 26000 发布后，我国企业积极采纳 ISO 26000 标准。国家电网、海航集团、中国铝业等公司将 ISO 26000 纳入公司社会责任战略，或参照 ISO 26000 制定本企业的社会责任战略规划，将 ISO 26000 融入公司运营和实践。

【延伸阅读】

中铝公司 ISO 26000 的导入与实践①

按照国资委和谐发展战略和中铝公司战略转型目标的要求，中铝公司认真研究和推进 ISO 26000 的应用，做了一些探索性的工作，取得了积极的进展。

列入研究范畴

作为社会责任领域唯一的国际标准，ISO 26000 对什么是社会责任、谁来履行社会责任、对谁履行社会责任、履行什么样的社会责任、如何履行社会责任、社会责任履行到什么程度等一系列问题，都有明确的回答和界定。无论哪个国家，无论哪家企业，不理会、不研究、不贯彻、不实践这个标准，是最大的风险。欧盟征收碳关税就是一个生动的例子。从 2012 年 1 月 1 日起，欧盟对所有进出欧洲国家机场的航班开始征收碳排放税，税额高达 15%，包括中国多家航空公司在内，全球 4000 多家经营欧洲航线的航空公司运营成本大幅增加。征收碳关税的依据正是 ISO 26000 中的环境条款。中铝公司从 2011 年底启动了“ISO 26000 在中国企业的应用”课题研究，通过对 ISO 26000 主要条款的分析解读，找到社会

① 企业社会责任中国网：《中铝公司 ISO 26000 的导入与实践》，2012 年 4 月 16 日，https://www.csr-china.net/a/guandian/yuanchuang/biaozhun/2016/0422/3609.html。

责任国际标准与企业管理的契合点，以及在中国企业落地的途径和方式。

纳入发展战略

国际金融危机发生以来，全球经济格局正在发生深刻的变化，国际竞争变得更加复杂和激烈。一个值得高度重视的变化是，有更多的因素影响着竞争的格局。以前的国际竞争，首先是产品竞争，产品竞争背后是技术竞争，技术竞争背后是人才竞争。但社会责任国际标准 ISO 26000 发布后，人权、劳工实践、环保等因素也成为国际竞争的筹码。为应对国际市场竞争的新形势、新变化，世界各国许多企业正在把社会责任纳入发展战略。国务院国资委为中央企业制定的五大战略中，就有和谐发展战略，要求中央企业要立足战略高度认识、部署和推进社会责任实践，为实现“做强做优、世界一流”目标提供支撑。

中铝公司将社会责任事业纳入战略体系，写进了公司“十二五”发展规划和实施方案，把“模范履行社会责任、争当优秀企业公民”作为公司五项发展原则之一，形成了“点石成金、造福人类”的社会责任核心理念，并提出了打造“诚信中铝、责任中铝、科技中铝、绿色中铝、和谐中铝”的目标。与之相配套的《中铝公司社会责任工作三年规划》也在制订之中。

导入管理体系

社会责任国际标准 ISO 26000 把社会责任的内容界定为七大核心议题，分别是组织治理、人权、劳工实践、公平运营、消费者、环境、社区参与和发展。中铝公司对这七项核心议题以及分条款进行了仔细分析，发现 ISO 26000 的要求与公司已有的管理规定并无冲突，非但没有矛盾，而且还有着很高的吻合度。例如，组织治理是办公厅、人力资源部、战略发展部、资本运营部的日常管理工作；人权和劳工实践，本就在人力资源部、财务部、安全环保健康部、党群工作部等部门的职责范围内；公平运营和消费者，由营销采购部、审计部、纪检监察部和法律部归口管理；环境保护在安全环保健康部已经有了一套非常完整的管理制度；社区参与和发展，涉及办公厅、财务部、科技管理部、党群工作部等部门。一句话，社会责任工作属于企业管理范畴，融入企业管理的多个方面。我们从厘清职能入手，把社会责任管理导入企业管理体系，再造工作流程，融入到日常管理之中。

自 ISO 26000 发布以来，中铝公司已连续两年把社会责任工作写进总经理工作报告中，并逐项分解责任，与其他管理工作同规划、同部署、同检查、同验收、同考评、同提高，通过社会责任管理与企业管理的融合，促进公司管理水平和核心竞争力的全面提升。

二、GRI 可持续发展报告指南

全球报告倡议组织（Global Reporting Initiative，GRI）成立于 1997 年，是由环境责任经济体同盟（Coalition for Environmentally Responsible Economies，CERES）和美国泰勒斯研究学院（Tellus）共同发起成立的独立的国际组织，其秘书处设在荷兰阿姆斯特丹，并在北美、南美、大中华区、南亚、东南亚和非洲都设有地区办公室。GRI 是一家独立的国际组织，旨在帮助商业、政府以及其他机构认识其业务活动在重要的可持续发展议题上产生的影响，如气候变化、资源、劳工等方面，并就这些影响开展对话沟通。

2009 年，GRI 开始设立大中华区办公室，为政府、企业和非商业团体编写可持续发展报告提供指导和支持。GRI 大中华区办公室工作范围覆盖中国大陆、香港、澳门、台湾，致力于实现如下核心目标：

- 增加区域 GRI 报告者的数量，推动可持续发展报告编制成为主流标准实践；
- 加强与主要行业团体的合作，分享领军报告行业的最佳实践；
- 与大中华区利益相关方沟通可持续发展报告编制的最新发展动态；
- 助力大中华区利益相关方在 GRI 的全球网络、进程及活动中发声。

GRI 发布的可持续发展报告指南是在全球以及中国应用最为广泛的社会责任报告编写标准。2000 年，GRI 发布了第一代《可持续发展报告指南》；2002 年，在南非约翰内斯堡的世界可持续发展峰会上，GRI 正式发布修订后的第二代《可持续发展报告指南》（简称 G2 版）；2006 年 10 月，GRI 在荷兰阿姆斯特丹发布了《可持续发展报告指南》第三版（G3 版），这是在中国应用最为广泛的一版报告编写指南；2013 年 5 月，GRI 发布了新的《可持续发展报告指南》（G4 版）（见表 6-4）；2016 年 10 月 19 日，GRI 公布了更新版本的可持续发展报告架构 GRI Standards，计划于 2018 年 7 月 1 日取代目前的 G4 指南，成为全世界 CSR 报告的新标准。

表 6-4　G4 主要框架和议题

一般标准披露项	战略与分析 组织概况 识别关键内容与边界 利益相关方参与 报告概况 治理 伦理与正直
经济	经济绩效 市场表现 间接经济影响 采购实践
环境	原材料 能源 水资源 生物多样性 废气废水废物 产品和服务 合规 运输 供应商环境评估 环境申诉机制
劳工实践和体面劳动	就业 劳动关系 职业安全健康 教育培训 多样性与机会均等 男女均等报酬 供应商劳工实践评估 劳工实践申诉机制

续表

人权	投资 禁止歧视 自由结和集体谈判 童工 强迫劳动 安保措施 原住民权益 供应商人权评估 人权申诉机制
社会	社区 反腐败 公共政策 反竞争 合规 供应商社会影响评估 社会影响申诉机制
产品	客户安全健康 标签 营销沟通 客户隐私 合规

【延伸阅读】

GRI 20 周年记丨在中国是水土不服还是专业主义的失败？

近日邮箱收到 GRI 邮件推送关于成立 20 周年的消息，心里还是很激动的，联系了 GRI 大中华区的朋友得知 20 周年在全球和中国都没有线下活动，于是主动上了 20 周年的页面，看到 GRI 用 20 年时间在全球取得的成绩，联想到 GRI 这两年在中国的发展状态，心中难免戚戚然。

GRI：全球 CSR 报告当之无愧的推手

全球报告倡议组织（Global Reporting Initiative，GRI）成立于 1997 年，是由环境责任经济体同盟（Coalition for Environmentally Responsible Economies，CERES）和美国泰勒斯研究学院（Tellus）共同发起成立的独立的国际组织，其秘书处设在荷兰的阿姆斯特丹。

GRI 承担着这样一个历史使命："通过制定出获得普遍认可的报告体制，将可持续性报告达到财务报告的水平。全球报告倡议计划指导方针主要解决的是经济、社会和环境方面的问题。"

经过 20 年的发展，GRI 的报告框架得到了全球企业的广泛应用，企业的可持续发展报告体例、内容和实践得到有效规范，企业的可持续发展绩效得到有效衡量。可以说，GRI 是全球可持续发展报告的重要推手，其对全球经济、环境和社会发展带来了巨大的影响。根据 GRI 对外披露的数据，全球最大的 250 家企业中有 74%的企业在编写可持续发展报告时使用 GRI 的报告框架，Bloomberg 50 中有 22 家企业使用 GRI 指南进行报告，GRI 数据库中收录了超过 40000 本 GRI 报告；全球有 30100 人通过了 GRI 认证课程，在全球 54 个国家有 89 家培训合作伙伴；GRI 与 UNEP、OECD 等超过 20 家国际组织建立了合作伙伴关系，约 50 个国家和地区的 111 项可持续发展政策参考了 GRI 框架；在全球 6 大洲 11 个国家拥有 95 名雇员。

2007 年，中国的先行企业开始编写社会责任报告，如中远集团、国家电网、国家开发银行等。这些企业编写报告时参考的重要指南就是 GRI 发布的第三版可持续发展报告指南（简称 G3）。由特许公认会计师公会（ACCA）赞助翻译和出版的 G3 中文版可以说是中国第一批 CSR 从业人员必读的教科书。犹记得当年我带新人的时候，试用期考核的必考项是要将 G3 中的报告内容原则、质量原则以及 G3 的指标体系背诵下来。可以说，G3 对中国社会责任报告的推广、普及以及规范化起到了重要作用。G3 对于中国可持续发展报告的意义不亚于 iPhone 4 对于中国智能手机市场的意义。

在中国：水土不服还是专业主义的失败

2013 年，GRI 在荷兰发布了备受关注的第四版可持续发展报告指南

（G4），当时国内主要的 CSR 专业机构都派员去参会、学习。而且 G4 带来的新的规则变化对中国 CSR 从业人员也有新的理念启发。

然而，很快，风向变了。这其中既有 GRI 全球总部以及中国区人员变动的原因，与 GRI 对中国市场的“忽视”有关，也有中国本土报告编写指南异军突起带来的冲击。总之，从 G4 开始到现在的 GRI Standard，GRI 开始在中国走下坡路。据第三方机构统计，在 2016 年中国企业发布的 1300 多份社会责任报告中，仅有 323 份参考了 GRI 指南。国内 CSR 机构对 GRI 最新版的 GRI Standard 的兴趣和热度大减。很多人将 GRI 在中国的发展归结为水土不服，我认为 GRI 在中国的困境是专业主义的失败。

首先，对 GRI 而言，未对 G4 进行专业的、深度的应用开发，这是 GRI 自身的原因。从时间上看，从 2006 年 G3 发布到 2013 年 G4 发布，中间经过了 8 年的应用及开发。仅就 G3 中文版本而言，除了有 ACCA 翻译的中文版，中国可持续发展工商理事会（CBCSD）专门对 G3 的指标协议进行了翻译，更方便中国使用者对各种烦琐指标的理解。此外，G3 专门开发了十几个分行业的指南，如采矿和金属、服装、电力、电信、机场、建筑、金融、汽车、食品、物流、公用事业等，这些分行业指南的开发大大提高了 G3 的针对性。而从 G4 到 GRI Standard 中间时间太短，很多人还未完全搞明白 G4 的内容，就发现又出现了一个新东西，忽视了对 G4 进行深度专业的二次开发。

其次，中国社会责任报告市场向“传播式报告”转变是令人无奈的外部原因。自从 2008 年中国企业越来越重视社会责任报告编写开始，在国内就存在着报告专业化和传播化的争议，无奈在这种争议中作为专业管理工具的可持续发展报告逐渐落入下风。一些国内 CSR 机构也助长了这种风气，使报告越来越重视设计美观、重视故事性与趣味性、重视在新媒体的传播，完全忽视了报告作为专业管理工具的作用。既然是要拼传播，那就看谁的设计好、谁的 H5 做得漂亮、谁的照片漂亮即可，谁愿意去用烦琐的 GRI 指南呢？

最后，企业内部 CSR 经理人缺乏对专业的敬畏，对 CSR 报告、对 CSR 咨询机构缺乏专业的尊敬，这是令人不得不长吁短叹的困境。由于报告的传播化转向，企业内部 CSR 经理人越来越从传播角度考虑报告，过于关注语言华丽、设计美观，而缺少对报告专业性的敬畏。在甲乙方的博弈中，国内 CSR 咨询机构完全处于下风，不得不令人摇头。

所幸，风起于青萍之末，市场已经开始有所转变。香港联交所推出了 ESG 指引，资本也开始关注企业的 CSR 绩效，这些都容不得 CSR 报告再“花里胡哨地胡来”，要由硬邦邦的指标和数据支撑。希望中国可持续发展报告市场越来越好，也祝 GRI 未来 20 年更好！

（作者：孙孝文，写于 2017 年 9 月 29 日）

第七章

新时代，新征程，新责任

东方欲晓，莫道君行早。踏遍青山人未老，风景这边独好。会昌城外高峰，颠连直接东溟。战士指看南粤，更加郁郁葱葱。

——毛泽东《清平乐·会昌》

第一节　中国企业社会责任面临的机遇和挑战

现代企业社会责任概念是在中国改革开放的过程中由跨国公司引入的“舶来品”。改革开放40年来，中国企业对社会责任由最初的误解、抵触变为“迎头赶上”并结合本土实践进行创新。在中国进入社会主义新时代的背景下，中国企业社会责任面临巨大的发展机遇，也面临一些挑战。

一、中国企业社会责任面临的时代机遇

（一）全球企业社会责任发展进入新阶段

美国是现代企业社会责任概念的发源地。20世纪初至中叶，美国经济中垄断现象逐渐出现，经济权力日益集中到少数人手里。企业为了牟取高额垄断利润，出现严重的劳工、公平竞争等问题，一些大公司的恶劣行径引起了美国社会的不满，美国社会开始出现社会进步运动，从劳工运动逐步扩展到环境保护运动、消费者权益运动。迫于社会压力，美国政府开始在环境保护、消费者权益、劳工权益等领域进行政策规制，美国企业也逐步开始关注社会责任，主动开展公益慈善活动，资助社区活动、教育和公共健康等领域。1953年，Howard R. Bowen发表了划时代的著作《商人的社会责任》（Social Responsibilities of the Businessman），被认为是社会责任概念构建的开始。

“二战”后，伴随经济全球化，跨国公司逐步开始构建基于分工与合作的全球供应链，社会责任问题开始向供应链延伸。全球化的供应链系统在提供经济运行效率的同时，也在更大空间上对诸多利益相关方产生了社会影响。20世纪90年代，美国劳工部及人权组织针对成衣业和制鞋业发动了“反血汗工厂运动”，社会责任概念由跨国公司的“自我约束”逐步转变为“社会约束”，并进一步演变为对供应链进行第三方的社会监督和认证，基

于跨国公司全球供应链生产行为守则的国际性社会责任运动逐步兴起。

进入21世纪以后，企业社会责任逐渐成为全球共识，越来越多的企业将社会责任视为企业新的竞争优势而非压力。2010年以后，全球企业社会责任进入了新的发展阶段。2010年，国际标准化组织发布社会责任国际标准ISO 26000，在全球范围内得到了广泛响应和重视，已经有82个国家（地区）通过各种方式将其转化为相应的国家（地区）标准；2011年，迈克尔·波特（Michael E. Porter）和马克·克雷默（Mark R. Kramer）在《哈佛商业评论》发表《创造共享价值》一文，提出企业通过创造出既有益于社会，也有利于企业的共享价值，来解决与其主营业务相关的社会问题；2015年9月25日，“联合国可持续发展峰会”通过了《改变我们的世界——2030年可持续发展议程》（Transforming Our World：The 2030 Agenda for Sustainable Development）。议程共包括17项可持续发展目标和169项具体目标，旨在推动世界在今后15年内实现3个目标——经济增长、社会公平和生态可持续发展。

（二）新时代为中国企业履行社会责任提供了新的机遇

随着中国经济几十年的高速发展，中国已经成为世界第二大经济体，对全球经济社会的影响日益扩大，中华民族的面貌发生了前所未有的变化，中国特色社会主义进入了新时代。党的十九大报告指出，中国特色社会主义进入了新时代，我国社会主要矛盾已经转化为人民日益增长的美好生活需要和不平衡不充分发展之间的矛盾。党的十九大报告的重要论断，重新定义了新时期企业社会责任的内涵和发展方向。作为新时代的企业，应该最大限度地考虑如何更好地满足“人民日益增长的美好生活需要”，如何改变企业自身、所处产业的“不平衡不充分的发展”，致力于充分发展，致力于减少不平衡和缩小各种社会差距。

在“建设现代化经济体系”的新征程中，“努力实现更高质量、更有效率、更加公平、更可持续的发展”成为建设现代化经济体系的目标，这也是企业发展的终极目标，定义了企业发展方式。其中，“更高质量、更有效率”是指企业自身发展方式；“更加公平、更可持续的发展”是指企业发展过程中要充分考虑所涉及的各利益相关方公平，综合考虑经济和社会、环境的协调发展。这意味着民营企业要通过自身的高质量发展，成为负责任、可持续的市场主体。

另外，我国大型企业规模实力显著增强，综合竞争力进一步提升，涌现出一批领军企业。从规模看，2018 年《财富》世界 500 强排行榜中国公司达到了 120 家，已经非常接近美国（126 家），远超第三的日本（52 家）。一大批中国企业不仅在规模上大幅增长，而且在技术、管理和国际化水平等方面也努力走向世界前列。党的十九大报告指出，要深化国有企业改革，发展混合所有制经济，培育具有全球竞争力的世界一流企业。党的十九大站在新的历史起点上对我国企业的改革发展做出了新的部署，明确提出要"培育具有全球竞争力的世界一流企业"这一宏伟目标。"世界一流企业"不仅在管理、技术、核心竞争力等方面要走在世界前列，在履行社会责任、塑造良好品牌形象等方面也要走在世界前列。因此，主动承担社会责任，是我国企业实现可持续发展，成为世界一流企业的内在动因。

可见，在新时代的大背景下，我国企业面临前所未有的发展机遇。中国企业要想成为可持续发展的世界一流企业，必须成为贯彻新发展理念的企业、高质量发展的企业、生态文明建设的先锋企业和解决民生问题的先行军。这为我国企业履行社会责任提出了新要求，指明了新方向。

（三）新技术革命对社会责任的新要求

世界正处于大发展、大变革、大调整时期。根据世界经济论坛创始人兼执行主席克劳斯·施瓦布的总结："第一次工业革命采用水蒸气为动力，实现了生产的机械化。第二次工业革命通过电力实现了大规模生产。第三次工业革命则使用电子和信息技术，实现了生产的自动化。在此基础上，我们正在迎来第四次工业革命，这场革命的主要特征是各项技术的融合，并将日益消除物理世界、数字世界和生物世界之间的界限。"更具体点儿说，就是人工智能、机器人、物联网、无人驾驶汽车、3D 打印、纳米科技、量子计算等各种高科技，都算作这场革命的一部分，其中人工智能 AI 产业，目前最受瞩目。然而，令人悲哀的是，技术的进步不仅没有弥合竞争、消弭不公平和不确定性，反而加剧了贫富差距、利益分配的不公平，拉大了财富鸿沟、数字鸿沟，再加上地缘政治矛盾、意识形态纷争，全球发展的不确定性、动荡性持续增加。世界面临的不稳定性、不确定性突出，世界经济增长动能不足，贫富分化日益严重，地区热点问题此起彼伏，恐怖主义、网络安全、重大传染性疾病、气候变化等非传统安全威胁持续蔓延，人类面临许多共同挑战。而这些全球性议题的应对离不开企业社会责任，全球性议题为企业主动承担社会责任提供了新的方向。

二、中国企业社会责任面临的挑战

虽然中国企业社会责任发展面临着时代机遇，但也面临着一些挑战。

（一）缺乏企业社会责任共识

由于企业社会责任具有文化性、阶段性和道德性，经过近 20 年的发展，我国社会对企业社会责任的认识仍然缺乏共识。这种共识的缺乏主要体现在以下几个方面：

一是缺乏对社会责任概念和内涵的科学理解。虽然现代企业社会责任概念传入中国已经接近 20 年了，但是在中国，无论是学术界、企业界还是政府，都对企业社会责任的概念和内涵缺乏科学的理解，没有认识到企业社会责任作为一种新型管理理论的价值。

二是中国的社会责任机构没有提出一种共识性的概念和理论。由于中国的学术界、企业界都缺乏对社会责任内涵的科学认识，导致不同机构从不同的角度去理解、阐述企业社会责任，在中国缺乏一套关于社会责任的共识性的概念和理论。

三是中国企业社会责任陷入了“标准的丛林”。在中国，虽然国家质检总局、国家标准委联合发布中国本土的社会责任国家标准，但由于各种原因，国标的应用和普及并没有得到有力推动；另外，各行业协会纷纷制定社会责任行业标准，导致中国企业社会责任陷入了“标准的丛林”。

四是大多数企业仍然将社会视为一种公关手段。大多数中国企业没有将社会责任纳入企业的运营和管理，而是将社会责任作为一种高级的公关手段或营销手段，对社会责任的价值认识不足。

五是企业内部不同管理级别对社会责任的认识不同。目前。社会责任在企业内部陷入一种尴尬的状态：企业高级管理层可以认识到社会责任的重要性但不知道从何入手；企业中层管理人员由于日常工作压力无暇顾及社会责任；企业基层员工愿意参加社会责任项目但没有时间。

【延伸阅读】

企业社会责任的九大认识误区[①]

一是“公益论”，认为企业社会责任是“单纯支持公益事业”，把企业社会责任异化为企业捐赠。最新发布的社会责任国际标准 ISO 26000 提出了目前为止国际社会认同程度最高的社会责任定义：“社会责任是组织通过透明和道德的行为，为其决策和活动对社会和环境的影响而承担的责任。”这里，透明和道德的行为是指组织要遵守适用的法律并符合国际行为规范，考虑利益相关方的期望，并致力于为可持续发展做出最大贡献。可见，企业社会责任内生于企业运营过程，是企业为其运营对社会和环境的影响而承担的责任，不能脱离企业运营过程谈企业社会责任。将企业社会责任异化为企业捐赠，不但无法发挥企业社会责任应有的推进企业与社会、环境和谐发展的重要作用，而且可能发出错误的资源配置信号，引导企业将资源投向其不擅长的业务和领域，损害其社会价值创造能力，甚而导致“向企业乱摊派”的回潮。

二是“奉献论”，认为企业社会责任就是“简单的好人好事和无私奉献”，把企业社会责任异化为泛道德的“学雷锋运动”。社会可以倡导包括企业员工在内的每一个人“学雷锋”，但企业不是真正的人，无法成为具有道德意愿的道德主体。将企业社会责任异化为“学雷锋”，不但会导致企业社会责任成为表面化、形式化的“宣传工程”而无法持续，而且无法引导企业深入思考如何才能充分发挥自身的社会价值创造功能，为可持续发展做出最大的贡献，甚而出现“好心办坏事”的悲剧，损害自身的社会价值创造能力。此外，即使是对于企业员工，在一个企业中，推动一部分员工成为道德楷模是可能的，但要求所有的员工都是道德楷模，绝对是“镜花水月”。

① 李伟阳：《企业社会责任的“九大异化隐忧”和“五大倒退风险”》《WTO 经济导刊》2012 年第 4 期。

三是“箩筐论”，认为企业社会责任是什么都能往里装的“责任内容大箩筐”，把企业社会责任异化为内容列举式的“利益相关方责任”。仅从表面看，这种认识似乎比企业社会责任的捐赠认知有了很大的提高。强调企业社会责任不但要求企业对股东负责，而且还要对员工、伙伴、社区、环境等利益相关方负责。但是从深层次看，这种内容列举式的“泛利益相关方责任”认知，仅是企业社会责任的外延认知。缺乏内涵理解的社会责任内容认知，不但会导致对社会责任理解的无限“泛化”和责任边界的极其模糊，同时也表明对企业社会责任缺乏深层次思考。例如，对每一个利益相关方都负责任，如果它们之间的利益相互冲突，企业怎么办？企业不是真正的道德主体，什么样的制度安排才能激励和保证企业行为对社会负责任？而且会误导许多企业领导人认为企业社会责任无非是要对员工负责任，保证员工安全健康，不拖欠工资；对环境负责任，促进节能减排；诚信守法经营等，这些我们早已经做到了，只不过以前不会宣传，或者没有发企业社会责任报告而已。从根本上讲，企业社会责任不过是专家们从国外舶来的新概念，是“新瓶装老酒”，没什么新东西。对企业社会责任的如此感知必然无法推动企业领导层立足战略高度和全面管理变革的视角，认真严肃地思考企业创造经济、社会和环境的综合价值的方式、途径和机制以及企业为什么要不断提升运营透明度和社会认可度，从而也就无法让企业领导人真正对企业社会责任概念倾注真正的热情、智慧和创造力，也就无法真正推进社会责任管理实践。

四是“万能论”，目前社会上每一波企业社会责任讨论热潮的产生，几乎都是丑闻事件的伴生物，遵循着极为表面化的逻辑：之所以出现恶性事件，是因为这些企业不讲社会责任，所以全社会要大力倡导企业社会责任。恶性事件几乎全部是对法律的践踏。如果严肃的法律惩罚都无法阻止违法的步伐，空洞的道德说教又怎么能阻止恶性事件的发生？所以往往是恶性事件的新闻效应一过去，对社会责任的热情也就随之烟消云散，或者流于口头上的道德空论。企业社会责任绝不是解决触及法律和道德底线问题的灵丹妙药，违法的问题只能通过立法和有效执法加以解决。

五是“报告论”，把企业社会责任等同于“发报告”，或者说以发报告为主的社会责任推进工作，认为企业社会责任就是在企业中加个岗位，组织几次社会责任培训，每年向社会发布一个社会责任报告，而不是在企业运营过程中落实社会责任，始终保持企业行为的道德和透明。这使企业社会责任直接异化为“企业工作和业绩的社会表达”。

六是“议题论”，把企业社会责任当作是特定的社会责任议题，如人权、环境保护、维护员工权益、保护消费者权益、加强社会沟通等，认为企业社会责任就是识别特定的社会责任内容，并报告这些社会责任内容的落实情况，而不是将企业社会责任理解为新的企业运营方式，要在企业运营过程中全面考虑对社会和环境的影响，最大限度地为可持续作出贡献。

七是“标准论”，把企业社会责任理解为要符合各种各样的所谓的国内外社会责任标准。其实，即使是最权威和最有影响力的社会责任国际标准 ISO 26000，也是一个不用于认证的指南性标准，只是为企业等各种组织确保自身行为的透明和道德提供指南。企业社会责任是企业的自愿行为，并不存在绝对的可以认证的负责任的企业行为标准。

八是“形象论”，把企业社会责任简单地理解为提升企业形象，特别是追求获得各种各样的评奖，被各种所谓的奖项牵着鼻子走，甚至出现了以不正当的方式谋取各类奖项。

九是“阴谋论”，把企业社会责任单纯理解为贸易壁垒甚而遏制中国企业发展的重大阴谋。从而不把社会责任当作推动企业转变发展方式的重要机遇。其实，在国际上力争发展权益和在国内大力推行企业社会责任是两个不同的概念，并且互不矛盾。

（二）与企业经营“渐行渐远”

近年来，由于企业内部经营压力的增大和外部社会责任机构的“误导”，社会责任与企业经营“渐行渐远”。越来越多的企业将社会责任视为一种品牌传播、公关或公益营销行为，而没有从企业战略角度思考社会责任。从整个社会氛围看，国内媒体、社会责任机构举办的社会责任会议和论坛偏多，而这些会议和论坛的内容又以颁发社会责任奖项为主，造成了一种虚假的繁荣。根据笔者统计，以北上广深为限定，2017 年北上广深的机构或论坛共发出CSR奖项或TOP10榜单排名1380个，而且这些不包括公益慈善机构颁发的奖项。而从这些社会责任奖项的评选内容看，大多数奖项以评选案例为主，缺少对企业社会责任表现的定性分析。

（三）缺乏社会责任专业人才

经过近20年的发展，企业社会责任在中国仍然缺乏专业人才。这主要表现在以下三个方面：一是高校缺乏社会责任相关专业，虽然不少高校设立了社会责任相关研究中心，但开设的课程以选修课为主，设立社会责任专业的高校少之又少；二是企业缺少社会责任经理，目前企业的社会责任经理都是从其他岗位调剂过来的，缺少社会责任的专业性；三是缺少研究社会责任的专家学者。

第二节 中国企业社会责任发展趋势

未来，中国企业社会责任将向纵深发展，不同的责任领域、不同的责任议题都将不断深入，如可持续消费将渐成风尚，上市公司ESG信息披露逐步正规，"一带一路"社会责任愈加重要等。除不同的责任议题深入发展外，在理论上，将形成中国特色企业社会责任理论；在国家层面，将艰难推进企业社会责任立法；在企业层面，社会责任将成为企业的独立职能体系；在个人层面，社会责任将发展成为一种职业。

一、形成中国特色企业社会责任理论

企业社会责任是经济社会发展到一定阶段的产物，具有地域性、文化性和阶段性。2020年，我们将全面建成小康社会。正如习近平总书记在党的十九大报告中指出，"我国稳定解决了十几亿人的温饱问题，总体上实现小康，不久将全面建成小康社会，人民美好生活需要日益广泛，不仅对物质文化生活提出了更高要求，而且在民主、法治、公平、正义、安全、环境等方面的要求日益增长"。"仓廪实而知礼节。"当生活富裕之后，深受五千多年中华文明滋养的中国人民将不断提高道德水平和文明素养，社会公德、职业道德、家庭美德和个人品德将随之提升，中国人民将焕发出新的文明气质。

商道即做人之道。在经济发展水平提升之后，深受中国传统文化中的"天人合一""诚信为本""以和为贵""入世济世""民利优先，群利优先，尊者之利优先""利以义制""居天下之广居，立天下之正位，行天下之大道""道法自然"等思想熏陶的中国人将更加重视践行新商道，追求个人事业与社会发展相结合，进而在企业实践的基础上形成中国特色的企业社会责任理论。

中国特色企业社会责任理论将以共同体理论为管理哲学。当代人类社会发展正日益体现出其复杂性。在世界多极化、经济全球化、信息社会化、发展多样化的今天，各国人民在经济、文化、安全等领域，早就自觉不自觉地建立起相互依存、彼此借重的密切联系，早就别无选择地成为同一个地球村的村民，早就在同一个历史时空中形成了你中有我、我中有你的特殊关系。这种关系的实质就是命运共同体。

"大道之行，天下为公。"习近平总书记提出的"命运共同体"理念为我国企业的价值追求问题指出了更加明确的方向，也为全球企业社会责任运动的发展提出了"中国方案"。人类命运共同体体现了中国企业新的发展观、人本观和生态观。首先，企业在发展中要坚持正确的义利观，树立合作、共赢、可持续的发展观；其次，企业在发展中要坚持和而不同、兼收并蓄、包容互惠的原则，坚持以人为本；最后，企业在发展中要构筑尊崇自然、绿色发展的生态观。

十九大报告指出，中国特色社会主义进入新时代，我国社会主要矛盾已经转化为人民日益增长的美好生活需要和不平衡不充分的发展之间的矛盾。满足人民日益增长的美好生活需要成为新时代企业新的价值追求，通过解决发展不平衡不充分的矛盾，为世界经济全面可持续增长提供新动力，这与人类命运共同体理念一脉相承。

二、艰难推进企业社会责任立法

2014 年 10 月，党的十八届四中全会审议并通过了《中共中央关于全面推进依法治国若干重大问题的决定》，明确提出将“加强企业社会责任立法”作为“加强重点领域立法”的任务之一。加强企业社会责任立法已经列入《党的十八届四中全会重要举措实施规划（2015~2020年）》，即第32条举措，牵头单位是国资委、工商总局、全国工商联，参加单位包括全国人大常委会法工委、国务院法制办和环境保护部。

近几年，我国企业社会责任有了突飞猛进的发展，总体呈现出以下两个特点：在地域上呈现由点及面、由北上广深等沿海城市率先起步到东中西部地区联合发力；基本形成了“政府引导，行业推动，企业实践，社会参与”的格局。2014年，我国企业发布的社会责任报告将超过2000份。在此背景下，国内关于社会责任立法、建立社会责任标准的呼声与日俱增，多位全国人大代表、政协委员在两会等场合呼吁政府加强对社会责任的重视与推动。可以说，四中全会明确提出“加强企业社会责任立法”是我国企业社会责任发展的必然结果。

但是，企业社会责任的内涵更加丰富、关系更加复杂，因此，企业社会责任进行立法必将是一项长期工程。在立法前，应考虑清楚以下五个问题：

问题一：什么是企业社会责任？目前，无论是全球还是国内对企业社会责任的概念并没有明确的定义。“企业社会责任”这一概念并不是严格的法律概念，而是法律概念、经济概念和道德概念的混合体。其中，企业的法律责任需要既有的法律来确定，但是，如果用法律手段强求企业承担伦理责任和慈善责任显然是不妥的。

问题二：什么是“企业社会责任法”？既然企业的社会责任包括对经济、环境和社区的综合责任，那么，“企业社会责任法”的概念应该指什么？对具体社会责任领域的立法，近几年我国已经取得了较大进步，如《劳动法》《劳动合同法》等对职工权益保护和劳动卫生保护做了具体规定；《消费者权益保护法》明确了企业对消费者的责任和消费者的权利……那么“企业社会责任法”的具体内涵应该是什么？

问题三：企业社会责任的立法对象应包含哪些？由于企业社会责任内涵的丰富性和利益相关方的复杂性，企业社会责任立法的对象也具有多重性。履行社会责任不仅仅是企业一个主体的行为，政府、事业单位、NGO甚至每个公民都对企业能否成功履行社会责任具有重大影响，如果社会责任立法的对象仅为企业，显然是不公平的行为。

问题四：企业社会责任法的标准如何界定？企业履行社会责任涉及一个十分重要的概念：履责能力。不同的企业，如中石油等央企、在华跨国企业与中小民营企业在履责能力方面可以说有天壤之别，那么社会责任立法中关于履行社会责任的标准该如何界定？

问题五：企业社会责任法会产生哪些影响？企业履行社会责任必然涉及成本问题，在社会责任立法中，如何确保企业不会将履责成本转嫁给消费者，如何确保履责成本在各类企业的可承受范围内，对立法者将是一项重大的挑战。

三、社会责任成为企业职能体系

进入 21 世纪以来，“企业社会责任管理（CSR 管理）”的概念逐渐流行起来，越来越多的企业开始设置社会责任相关岗位、建立相关组织体系，学术界、社会责任专业机构也对 CSR 管理的内涵和作用进行了研究。然后，关于 CSR 管理在实务层面（或说企业内部）推进的停滞不前，越来越多的人开始反思：CSR 是否可以像 HR、战略、财务、公关等那样成为企业独立的职能体系？

（一）CSR 应该在企业中发挥什么作用

现代企业需要 CSR，这一点毋庸置疑。美国学者詹姆士·穆尔（James F. Moore）1996 年出版了《竞争的衰亡》一书，提出了“商业生态系统”这一新概念，他运用生态学理论来解释商业运作。他建议，企业高层经理人员要经常从顾客、市场、产品、过程、组织、风险承担者、政府与社会七个方面来考虑商业生态系统和自身所处的位置。穆尔的商业生态系统论超越了传统的商业价值链理论，将观察企业的视野从商业价值的链条和环节扩展到社会价值平台之上。在这个更宏大的企业价值叙事系统中，社会是其中重要的组成部分，社会责任对企业的意义不言自明。

1. CSR 在企业中扮演的角色

借鉴现代组织理论的研究，CSR（或 CSR 经理人）在企业中扮演的角色可划分为价值观管理者、相关方协调者、透明度管理者、战略伙伴、业务伙伴和变革参与者六个关键角色（见表 7-1）。这六个角色，既保证了 CSR 管理职能内容的专业性与价值创造性，又强调了 CSR 管理机制动态性的特点。

表 7-1 CSR 在企业中扮演的角色内涵

角　色	角色内涵
价值观管理者	动态化管理（必要时推动变革）企业核心价值观，确保企业文化关注透明度、有意义的产品和服务以及清晰的道德标准，能够有效应对当前社会的机遇和风险
相关方协调者	了解、回应利益相关方对企业的期望和诉求，当利益相关方与企业或利益相关方之间存在利益冲突时进行协调，确保利益相关方的利益得到必要维护，进而提升利益相关方对企业的利益认同、情感认同和价值认同
透明度管理者	管理企业与利益相关方、企业与社会之间的信息沟通，为企业与利益相关方和社会之间建立一个有价值的沟通环境，以应对当今世界深刻的不确定性和复杂性
战略伙伴	参与企业战略的分析、制定与决策，一方面为企业整体可持续发展战略提供知识和技术支持；另一方面，根据企业整体战略制定 CSR 战略规划，保证企业 CSR 管理机制与企业战略的纵向一体化对接、CSR 管理机制与其他横向职能体系的系统化匹配，进而支持企业整体战略的实施
业务伙伴	建立与业务部门有机协调、长效互动的工作机制，以业务需求为导向，参与推动业务流程的优化和新业务的设计开发，促进公司商业需求与社会需求的有机融合
变革参与者	参与企业变革，有效管理企业变革过程中造成的社会与环境影响，与利益相关方进行有效的变革沟通，强化和提高利益相关方对企业可持续发展的认同感

2. CSR 管理的最终目标和具体目标

通过以上角色分析，我们可以发现，CSR 管理的最终目标是通过协调商业需求和社会需求，促进企业可持续发展。CSR 管理的具体目标是：

一是发现与企业相关的社会需求以及可持续发展趋势，提供符合社会需求的良好产品和服务，通过解决社会问题扩展企业的商业机会。

二是了解并管理利益相关方期望和诉求，加强与利益相关方沟通，提升利益相关方对企业的认同感，为企业发展营造良好环境。

三是管理企业运营过程中造成的社会和环境影响，将负面影响最小化、正面影响扩大化。

四是管理企业经营中的风险，确保企业经营过程中遵守法律法规和国际行为规范。

五是促进运营社区健康发展。

（二）CSR 是否可以成为专业管理职能

既然 CSR 对企业可持续发展如此重要，那么 CSR 是否可以成为像 HR、战略、财务、公关等那样独立的专业管理职能?

我们知道，职能是一个组织或机构存在的前提，是一个组织必须发挥的作用和必须完成的任务。组织内部将某些工作职能化、专业化的出发点是通过资源共享和统一调配提升企业的管理效率。通常情况下，某项工作升级为企业专业管理职能需要考虑以下几个因素：

1. 该项工作是否重要且常态化

CSR 工作的重要性无须多言。企业在社会中运营，只要两者发生关系就需要对 CSR 进行专业管理。经过几十年的发展，CSR 工作在企业内部越来越常态化。企业的 CSR 工作逐步从慈善公益、志愿者活动、供应链审核、CSR 报告编写扩展到企业声誉管理、可持续发展管理、CSR 项目、环境管理、责任品牌等领域，越来越多的企业设立 CSR 专职部门或 CSR 专岗。

2. 该项工作是否可以结构化

这是目前 CSR 工作智能化的障碍。由于不同企业的 CSR 起点不同，很多企业内部的 CSR 经理人分布在公关部门、品牌部门、战略部门、董事会办公室、人力资源部门、企业文化部门等。归属部门的不同导致 CSR 工作内容在不同企业之间存在差异。但目前企业 CSR 工作出现越来越专业化和结构化的趋势。根据商道纵横《2017 CSR 职业经理人调查报告》，目前在中国的企业 CSR 经理人岗位职责排名前五位的分别是：CSR 项目设计和执行、CSR 或可持续发展战略的制定与执行、CSR 项目传播、利益相关方沟通、编制CSR报告。根据Arce发布的《The CR and Sustainability Salary Survey 2016》，In house的CSR经理人最重要的五项工作职责分别是：社会责任/可持续发展战略制定和执行、CSR报告/绩效测量、环境、利益相关方参与、社区投资、CSR审计/保证。

3. 该项工作成果是否可量化考核

目前，学术界对CSR绩效的考核仍存在争议，企业内部对CSR工作的考核大多停留在定性层面，定量考核不足。如果CSR工作对企业可持续发展的贡献无法科学量化，CSR工作在企业内部就无法实现专业化和常规化。

4. 企业内部是否有畅通的上升职级

目前，企业内部设立首席责任官的情况还属比较少见，在高管层面通常由一名高管兼管企业CSR工作；企业内部CSR经理人主要来源于公益慈善领域、公关领域或其他部门调转，在职业发展中面临较大挑战。

5. 社会是否形成专业的经理人市场

可以说，自2008年以来我国越来越多的人员专职从事CSR工作，CSR职业经理人的称呼也随之出现。然后，圈内对CSR经理人的素质模型、工作技能尚未形成统一认识，同时CSR经理人的流动性并不畅通，CSR经理人市场尚未形成。

四、企业社会责任成为一种职业

（一）什么是职业

职业作为一种社会现象，是社会分工的产物，是指人们为了获取经常性的收入而从事连续性的特定活动。某项社会活动要想成为职业，需同时具备以下特征（见表7-2）。

表7-2　某项社会活动要想成为职业需具备的特征

特　征	内　涵
经济性	也叫功利性，即职业以获得报酬为目的，人们通过劳动过程（体力的或脑力的）获取赖以谋生的收入，满足个人和家庭的需要

续表

特　征	内　涵
专业性	职业具有一定的技能、知识和能力要求，进入该职业是有门槛和壁垒的，需经过一定时间的培训、学习和训练
规范性	包含两个方面：一是工作结构化，有比较清晰的职责要求、工作内容和操作规范；二是有职业道德和职业操守，并在行业内形成基本的行业共识
社会性	包含两个方面：一是该职业是特定社会经济分工中的一环，其目标是满足特定社会需求；二是在劳动力市场中具有一定数量的从业人员
持续性	指该活动在一定时期内长期存在，且从业人员在组织内部具有上升通道
可问责	对工作绩效有明确的判断标准以及激励机制

（二）CSR 可以作为职业吗

CSR 是否可以作为一种长期从事的职业，我们可以先对比职业的六大特征进行分析，看目前的 CSR 工作是否符合（满足）这六大特征（见表 7-3），如不满足，欠缺什么或需要提升的方向在哪里？

表 7-3　CSR 与职业的六大特征的符合性分析

特　征	符合性分析
经济性	完全符合： CSR 经理人在企业内部有固定的岗位薪酬标准 其工作可以获取赖以谋生的薪酬回报
专业性	完全符合： CSR 工作在一定学历要求的基础上，具有一定的知识和能力要求 CSR 工作自身具有独特的知识体系、方法论和工具 市场中存在以 CSR 为对象的咨询机构或咨询业务
持续性	大部分符合： 越来越多的企业将 CSR 作为企业的专业管理职能，设置 CSR 相关的工作岗位 CSR 经理人高层晋升渠道相对较窄

续表

特　征	符合性分析
可问责	大部分符合： 企业内部对 CSR 工作有自己的考核标准 行业内对 CSR 工作的考核标准（考核指标）缺少共识
社会性	部分符合： CSR 工作岗位的产生是社会需求倒逼的结果，CSR 工作以兼顾社会需求和商业需求为工作目标 劳动力市场中尚未形式大规模的 CSR 经理人群体，流动性相对较弱
规范性	不符合： CSR 的工作内容在不同性质、不同行业的企业中存在差异 在行业内关于 CSR 的工作内容尚未形成共识，工作结构化还有一定距离 在行业内尚未形成职业道德规范

（三）CSR 职业化未来发展方向

通过以上分析可见，目前 CSR 工作并不完全符合成为职业的特征，其短板主要存在于行业内部的规范性和共识。

1. 提升 CSR 工作的规范性

一方面要推动 CSR 工作内容的结构化，另一方面要明确从事 CSR 工作要具备的知识、能力和技能。

2. 加强 CSR 行业自律

没有自律的行业是混乱的行业，必将不能长久。CSR 要想职业化，要通过规范 CSR 从业人员的职业道德要求和职业操守，加强 CSR 行业自律。

3. 形成 CSR 经理人阶层

培养和促进 CSR 经理人阶层的形成，同时提升社会对 CSR 经理人的科学认知。

（四）CSR 经理人素质模型

1. 什么是素质模型

“素质模型”或“胜任力模型”（Competence Model）是指为完成某项

工作，达成某一绩效目标所具备的系列不同素质要素的组合，包括不同的动机表现、个性与品质要求、自我形象与社会角色特征以及知识与技能水平。素质模型代表一个人能做什么（技能、知识）、想做什么（角色定位、自我形象）和为什么做（价值观、品质、动机）的内在特质的组合。具体来说包括以下几个层面：

（1）知识——某一职业领域需要的信息（如各职能体系所需的专业知识）；

（2）技能——掌握和运用专门技术的能力（如英语读写能力、计算机操作能力）；

（3）社会角色——个体对于社会规范的认知与理解（如想成为工作团队中的领导）；

（4）自我认知——对自己身份的知觉和评价（如认为自己是某一领域的权威）；

（5）特质——某人所具有的特征或其典型的行为方式（如喜欢冒险）；

（6）动机——决定外显行为的内在稳定的想法或念头（如想获得权利、喜欢追求名誉）。

2. CSR 经理人的素质模型

结合素质模型理论以及 CSR 工作的特殊性，笔者将 CSR 经理人的素质模型归纳为以下三个层次（见图 7-1）：

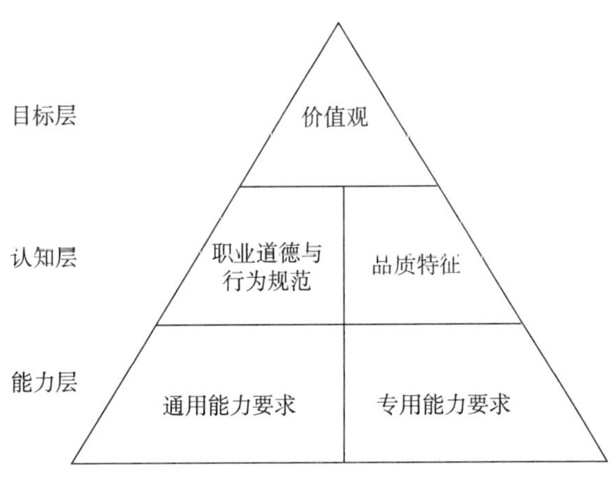

图 7-1　CSR 经理人的素质模型

• 目标层：我想往哪儿走？我的价值观、理想、动机是什么？

• 认知层：我以什么姿势往前走？我的品质要求是什么？我该遵循什么样的道德规范？

• 能力层：我要具备什么样的知识和技能？我的学历要求、知识储备、技能要求等。

（1）价值观。该维度对应职业素质模型中的“动机”。动机是一种中性的表述，CSR 经理人的工作需要一种超越动机之上的价值观，或者可以叫“情怀”。这是 CSR 经理人工作有别于其他工作最重要的方面，这也是 CSR 从业人员身上的显著特征。CSR 经理人的核心价值观通常包括以下几点：

1）担责意识。对于 CSR 经理人而言，担责意识超越了普通意义上对岗位负责的内涵。CSR 经理人的工作不但要对从事的岗位职责负责，还要对企业的社会和环境影响担责。

2）关注透明。透明不是说企业没有秘密，而是指通过保持一定的透明度以保证 CSR 经理人可以和利益相关方进行深入而互相信任的沟通与合作。

3）道德行为。一方面，CSR 经理人自身行为要保持诚实、公平和正直等道德行为；另一方面，CSR 经理人要确保企业的行为是合乎道德的。

4）共享价值。CSR 经理人的工作要在超越共赢之上追求与社会、与利益相关方价值共创、共享。

（2）品质特征。在确定工作目标之外，我们还要确定 CSR 经理人的品质或“职业生涯的姿势”。一般而言，CSR 经理人的品质特征有以下几点：

1）独立精神。从某种意义上说，CSR 工作是在“为企业立心”，CSR 经理人的一项重要工作就是管理企业的价值观。这要求 CSR 经理人要具备一定的独立精神，能够推动企业在追求商业利益的同时创造更大的社会价值。

2）自我认同。目前，部分企业或人员对 CSR 工作的认识不是很科学，对 CSR 工作的专业性缺乏了解。CSR 经理人需要在强化自身专业技能的基础上提升自我认同，以专业服务社会，进而获得企业和社会的尊重和认同。

3）追求完美。CSR 经理人的工作目标是寻求企业商业需求与社会需求的平衡点，无论对企业还是对社会都是一种全新的工作思维、全新的工作模式，这要求 CSR 经理人在工作中坚持高标准、高品质。

4）终身学习。CSR 工作的理论很简单，但实务要求具有较高的技巧，接受 CSR 基础知识的培训和教育只是具有了工作的敲门砖。CSR 经理人应以终身学习的态度来应对未来复杂的工作。

5）企业家精神。这也是 CSR 经理人工作区别与其他工作的显著特点之一。CSR 经理人要立意高远，把 CSR 工作作为一种事业来经营，因此需要具有企业家精神；另外，CSR 工作是创新型、开拓型的工作，这也要求从业者具有企业家精神。

（3）职业道德与行为规范。职业道德是员工最基本的素质，任何一种职业都有自己的职业道德和行为规范。虽然 CSR 工作是新兴的工作类型，但仍需要行业组织制定职业道德与行为规范，以进一步促进 CSR 经理人群体的健康发展。

（4）通用能力要求。CSR 经理人的通用素质能力和其他职能体系工作的素质要求一致，如尽职敬业、主动性、创造性执行、系统思考和解决问题能力、创新能力、团队协作、沟通讨论能力、影响能力、发展他人、团队管理、时间管理、领导力等。

（5）专用能力要求。CSR 经理人的专用能力要求包括两个方面：

1）专业知识。CSR 工作具有自身的专业知识和工具，如利益相关方管理、可持续发展、非财务信息披露、战略公益与慈善、可持续供应链等。CSR 经理人要经过专门的培训和学习来获取 CSR 专业知识，理解 CSR 工作的思维习惯，掌握 CSR 工作的专门工具。

2）责任型领导力。培养责任型领导力是 CSR 经理人开展工作的特殊要求。在面对不断变化的商业环境、众多的利益相关方群体时，CSR 经理人要承担法律和道德方面的责任，要与利益相关方通力合作才能完成工作、践行承诺，并要保持开放性、灵活性和可修正性，这要求 CSR 经理人必须具备一种新型的领导力，即责任型领导力。

【篇章阅读】

为什么企业社会责任将死?

——中国企业社会责任运动十年（2005~2015）批判回顾

大家好！我是梁“切脉”。

在来这里之前，有一天有个朋友私信给我，说你这个题目好惊悚啊，你要讲些什么呀？我想了想，和他说你不用害怕，我只是想让大家思考思考。为什么用“CSR 将死”这个题目呢？我是希望通过今天的讨论带给大家一些新的思考。企业社会责任理念和实践在中国已经存在至少十年了，那么这十几年过去，我们需要想一想我们到底做到了什么，以及面临什么样的问题。我今天确确实实希望能对过去十年中国的社会责任道一声再见甚或永别，所以我今天特意从头到脚穿了一身黑，这是有寓意的。

企业社会责任是不是该死、是不是已死或者是不是正在死，这个问题不是我提出来的。过去一年也就是 2015 年，国际社会对这个问题的讨论是非常激烈的，而且在观念上，也就是是不是已死的结论上，阵营也是非常清晰的。我这里可以和大家分享一个材料，2015 年 10 月，巴克莱银行组织了一个国际企业社会责任顶尖专家的辩论会，辩论题目就是《企业社会责任死掉了吗》。我这里开场引用的几个言论基本上是来自于参加这次辩论会的国际大咖。第一位是 Peter Bakker，可能很多人听说过他，他是 WBCSD（世界可持续发展工商理事会）的主席。2015 年 2 月，他在一个研讨会上就斩钉截铁地说，CSR 完了。第二位是 BP 集团前首席执行官布朗勋爵（Lord Browne），他专门写了一本小书叫 *Connect*，里面就讨论了 CSR 到底是做什么，以及面临什么挑战。他对 CSR 的基本判断就是，CSR 是用来把业界在社会问题上的失败装扮为成功的外衣。第三位是 John Elkington 这位老先生。可能很多人不知道他的名字，但是应该听说过三重底线理论，即社会责任领域的 3P，就是他最早系统地提出来的。他坚定地站在 CSR 还可以苟延残喘几年的立场上，他说大致上 CSR

还活着，还能这样坚持几年。我们再回到最开始 Peter Bakker 的论断，他在说 CSR 已经完了这句话时是有上下文的。他实际上是要说 CSR 这个理念已经无法承载我们业界在可持续发展，以及在解决社会问题方面做出的努力和未来的雄心壮志，所以，CSR 作为一个过去我们借以解决社会问题的外壳，它是死掉了。当然大家知道作为 WBCSD 的主席，他不可能反对业界，所以他说 CSR 死掉的时候，是在说我们业界有更强的理念、更好的方法可以更好地解决社会问题。所以，当 CSR 死掉，我们有新一轮的理论和机制依托，例如，全球刚制定的雄心壮志的 SDG（可持续发展目标），以及 Michael Porter 等提出的 CSV（创造共享价值）——这是一个很特别的业界理念——他觉得我们应该抛弃 CSR 拥抱 CSV。所以，某种意义上，Peter Bakker 的想法是 CSR 之所以会死掉是因为它无法解决现有的和未来的问题。而其他人的意思可就不一样了，他们强调的是 CSR 过去这么多年到底做了什么，没做什么，以及 CSR 被用在、误用在和滥用在哪些方面。所以，Lord Browne 等大咖认为 CSR 之所以死掉是因为它根本就是一个谎言，而 John Elkington 认为 CSR 还可以活着，是因为 CSR 确确实实解决了一些问题。

我从回顾这几位大咖的争论开始，是要说明什么呢？首先，我想说这一争论不仅存在于这个屋子里，也不局限于中国，而是在全球范围内正在进行的一场很有意思的讨论。讨论的核心就是 CSR 到底是什么，和它未来的取向、走向是什么。我想，不管是用 Peter Bakker 的理念，还是用 John Elkington 的想法，答案无非两种：CSR 要么成为一种华丽蜕变后的升华，“evolution”成为一个更加具有社会潜力的理念和机制，如 SDG 或者 CSV 等；但也有可能 CSR 在过去这么多年没有解决什么问题反而制造出很多新的问题，陷入整体失败以后，不得不沉沦下去，走向“extinction”。

那么我就想，我们把国际上的这一争论和这两种可能性带到中国的场景来分析，然后来看一看中国的企业社会责任——各位是多年的参与者——将会走向哪一条路，或者现在正处于一个什么样的阶段。我也用个 3P 模型来总结一下企业社会责任在中国过去的发展，就是 Policy、Publicity 和 Practice。这基本也是一个小小的自成逻辑的体系，来说明企业社会责任这十年在中国所取得的各方面的发展成果，这些成果真的可以一个个如数家珍地说出来。

“Policy”层面我不想多说了，我们至少有几个“policy”在全球是很有影响的，例如，2008 年国资委的一号文，要求央企履行社会责任。至今在我看到的所有谈到中国的企业社会责任的国际文献中，这个文件都是必然会谈到的一件事情。后来，很多中央部委和地方政府就企业社会责任颁布了政策文件，甚至于党中央国务院的文件，都开始不断引用企业社会责任的理念和提法。比如说去年，至少在两个党中央国务院的文件中，我们都可以看到企业社会责任的提法。一个是关于创建和谐劳动关系的意见，另一个是关于“十三五”规划的建议，都有类似的说法。其实还有一个很重要的关于央企改革的文件也再次提到了企业社会责任。可以看出来，在政府层面，企业社会责任基本上已经成为一个家常术语。所以，在“Policy”层面上，我们完全可以说，中国走在很多国家的前面。但是“Policy”层面的问题待会儿我再和大家说。

在“Publicity”方面，各位都是氛围的创造者和参与者。过去这一个多月来，于主编、郭博士还有我都特别忙，为什么呢？今天这个机构邀请我们来讲讲这个，明天那个机构说讲讲那个。于是，我们看到很多的研讨会，很多的对话和思考。现在，如果大家随便翻开任何一天的任何一家报纸，都可能会看到社会责任相关的报道，一种呼唤责任、期待责任的感觉扑面而来。这种氛围，我在其他国家也很少见到。

再说说“Practice”，各位都是“Practitioners”。举一个例子，我们国家在“Practice”方面有非常傲人的 2500 多份企业社会责任报告。根据不同的口径，有人说占到了全球的 1/3，有人说没有那么多，可能 1/5 到 1/6。不管怎么样，至少都跟我们国家人口的比例占世界总人口的比例差不多或者更高。我拿这个例子来说，感觉也是很让人骄傲的，因为这种比例在别的国家见不到，而我们中国只用了十年就做到了。

不过，大家想想这些事情是不是太快了呢？我们是不是面临企业社会责任的通货膨胀和泡沫化呢？这确确实实值得我们思考。而这就是我的一个论断——为什么说在中国 CSR 将死，因为它在虚弱的基础之上虚高地膨胀了。

例如，我们来看下“Policy”层面。前面说了，很多的“Policy”引用社会责任的理念和术语，问题在于我们至今都没有一个国家级的文件告诉我们什么是企业社会责任，以及企业的社会责任跟很多其他相关重要概念的区别，比如说与法律责任的区别和联系。2014 年，中央提出“加强企业社会责任立法”，但至今理论界和业界都不知道这是什么意思。2015 年，关于创造和谐劳动关系的文件中对社会责任的定义很有意思——企业社会责任就是“切实承担报效国家、服务社会、造福职工的社会责任”。我觉得服务社会，造福职工都没有问题，但企业尤其是外企该如何报效国家呢？大家也可以思考一下。可以看得出来，CSR 被提到的场合越来越多，但我们的迷惑也越来越多。这里面的一个基础问题就是“Rule of Law”的问题，即法治问题，包括法治框架之下各方的责任界定和界限问题，以及企业的社会责任和法律义务之间的界限问题，至今没有政策文件告诉我们这些。这种没有理论和法治基础的 CSR 高歌难以创造基本共识，因而导致政策文件越频繁使用企业社会责任的概念，业界就越不明白它所指的内涵是什么。

政策层面的第二个问题是对国际行为规范的尊重问题。这里插一句，可能大家已经发现了，我这里是以 ISO 26000 关于社会责任的基本原则来做框架讨论我国企业社会责任发展的挑战的，这些原则是我国在对 ISO 26000 投赞成票时就接受了的。在“Policy”层面我觉得主要问题在于尊重法治和尊重国际行为规范这两个原则。现在我来说说尊重国际行为规范的问题。首先，很高兴我国去年出了一个社会责任国标，这是“Policy”方面的一个巨大进展。不过，这个国标对于 ISO 26000 的最大贡献就是把 ISO 26000 给“阉割”了。这里面有两种阉割，第一种是社会责任指南本来适用于公共机构，现在不适用了；第二种是很多国际规则在 ISO 26000 中适用，现在不适用了。那么问题来了：中国的公共机构要不要履行社会责任？中国的企业要不要“走出去”？以及“走出去”后是要用国内标准还是国际标准？第二个非常相关的领域是 WTO 和 TPP 的问题，这个也很重要，但时间不多了，我就不多说了。第三个方面是 AIIB 等中国发起的国际性倡议的责任国际化。大家知道 AIIB 成立了。但是，去年九月的时候来自于世界上 27 个国家的 60 多个非政府组织联合发布了一封公开信，要求 AIIB 更加清晰地制定其社会和环境政策及框架。它们提出的很多建议值得我国在做负责任的大国时积极借鉴。例如，AIIB 作为一个中国发起的国际投资银行，它在向亚洲的社区和民众征求有关其社会和环境框架的意见时，到哪里都只提供英文的文件，以英语作为唯一的交流方式。这是一个很说明诚意的问题，难道国际行为规范就是英文?

再说到“Publicity”，我想用问责和透明这两个原则来说说问题。在问责方面，首先我们发现这几年国际和国内，都有一个管制不断强化的趋势，而这个趋势我认为是建立在政府以及民间社会对于企业现在正在做的 CSR，或者说自愿性的 CSR 的失望之上的。其次就是消费者在过去十几年社会责任的发展中严重缺位，而这种缺位是刻意造成的。例如，自 2008 年牛奶危机以来，消费者权益保护法终于做了修改，但它只要求告诉消费者不要浪费，这是在消费者赋权和消费推动问责方面的唯一一个改变，与之相对应的则是消协的权力增大了很多。我们知道，CSR 发展过程中最根本的问责推动力之一就是消费者，而中国的消费者至今基本上是缺位的。问责方面的第三个问题就是中介机构的问责问题。例如，前两天大众公司光荣地获得了我们中国一等一的某媒体和一等一的某企业社会责任机构评出的社会责任奖项，于是大众哗然。这相当于这家媒体和那家企业社会责任机构把自己绑在了大众的车轮底下碾啊碾，或者用自己的嘴巴包住大众的排气管吸啊吸。所以，我的问题是：中介机构如何来向他们问责，如何确保他们对社会责任负责，这是非常重要的一件事情，因为他们联系的是社会，联系的是大众，如果他们没有责任感，那么大众得到的社会责任就是被曲解、被污化的社会责任。

关于“Transparency”，我也想说三个小问题。第一个问题还是社会责任报告。大家都知道现在报告越来越多，但是报告在企业内外部却都越来越鸡肋化，报告在社会工作中也越来越鸡肋化。当然，我不认为这件事情不该做，而是我们还没有真正把社会责任报告的价值做出来。目前很多机构都有这个方面的思考和尝试，但真正突破性的实践我仍然没有看到。第二个问题就是评奖暴力和排名强奸，我称之为“Raping by Rating”。有一天，一个企业的 CSR 经理问我能不能帮她介绍某个社会责任排名机构的负责人，我说你想干什么？她说总部给了她一些预算，她希望这个机构今年能给她们企业的排名高一点。我说你是拿着钱去找侮辱，但排名贿赂和排名勒索正是我们社会责任服务业界一些机构正在做的恶事。“Transparency”方面第三个很重要的问题就是缺乏实质而有效的沟通。我说的是真的缺乏，是说我们没有用社会责任的理念去做沟通。这里最典型的例子就是 PX 事件。PX 确确实实是很多发达国家都在做的产业，但为什么在中国就是做不下去，这背后的沟通问题值得深刻思考。有些人说 PX 事件是民众抗议的一个巨大胜利，但如果说这是民众意见的胜利，为什么同样的胜利我们在污水排放、食品安全方面看不到呢？我认为有效的社会责任沟通必须也是一个双向学习的过程，PX 项目在中国从很早开始就没有给予民众深刻了解 PX 产业的机会，所以到后来业界再怎么说他们都不会再听了。

“Practice”方面，我觉得主要问题在于道德行为和尊重利益相关方权益这两个原则上。百度贴吧、大众造假、兰州市政府公开斥责中石油环境违法、淘宝假货以及三星供应商拖欠加班费、歧视员工，这些都是大企业去年干的事情。在这些事情里，我有几种不安的发现。第一，这些都是最近的事情，是我们喊了社会责任十年后仍然发生的事情。第二，这些都是在不断突破底线的事情。第三，国企、外企和民企，各类企业无人幸免。第四，这些企业都有一个非常漂亮的 CSR 外衣，而最后它们所做的却是突破底线的事情，而且这些事情并不是过失造成的，而是故意为之的。那么，为什么突破底线的企业反而是社会责任外表上最好看的企业呢？这非常值得思考。这几种发现，能直接说明我们在把 CSR 逼向绝境，推向死路。一方面，我们拿着 CSR 迷惑大众，迷惑公共机构；另一方面我们在实践中踩踏着 CSR 的底线，装作看不到自己的问题。

最近，一个网评人在对一个恶性社会责任事件的跟踪报道中说了这么一段话，这很可能就是别人眼里的我们，“几乎每一家被当场抓住手腕、爆出丑闻的企业，都有一个会花掉上百万元预算的社会责任部门。不为恶即是行善，解散这部门就是这些企业举手之劳的大好事。可是在现实当中，他们却保留着这些部门，为的就是确保自己可以向大众展示自己的道德体系是多么完善，让眼花缭乱的大众没有机会对自己的真正目的进行严肃思考”。

那么怎么办？作为企业社会责任从业者，我们不能等待政策发生奇妙的变化，我们也不可能等待社会去原谅企业，那我们就要考虑我们该怎么办。我想我们得首先找找自己的问题在哪里。

这里的几个分析我觉得值得参考。跟很多研究者一样，加拿大麦吉尔大学企业社会责任培训中心主任 Wayne Dunn 教授认为，CSR 从业者很多时候没有让其他部门的人认识到为什么这对他们也是重要的。很多时候 CSR 部门的人显得非常高冷。高冷到什么程度呢？高冷到别的部门不知道他们在干什么。别的部门的人就觉得这个部门的人既不可以亲近还不能远离，所以不知道如何处理跟他们的关系。但是，很多时候你苦心经营为企业所创造的负责任形象却会被业务部门的一个错误决策变成你自己和整个企业的丑闻。

另一个原因是麦肯锡所指出的“30-30-30 现象”，我觉得他们的判断非常正确。“30-30-30”是什么意思呢？麦肯锡研究发现，一个大型的社会责任丑闻事件基本上能够让一个企业年收入的 30%付诸东流。比如说最近的大众事件，1/3 的市值蒸发。第二个“30”，是说 CEO 们其实很关注社会问题，他们拿很多时间去思考社会责任问题，这占到了他们所有时间的 30%，但问题在于最后一个“30”，是说只有少于 30%的 CEO 真正参与 CSR 项目，就是说他们很少跟你们一起玩儿。

那么，针对这种状况，我们如何从“Dying”（将死）实现“Reborn”（重生）呢？我觉得有三个建议可以给大家，这三个建议是三个主义。第一，“Incrementalism”（渐进主义），就是消灭幻想，随时准备战斗，但要一步一步来。这意味着我们所有 CSR 从业者，尤其是企业内部的 CSR 从业者，不要希望你是那个改变世界的人，你必须先去改变下一个事情，这是你必须要有的心理状态。第二，“Instrumentalism”，就是消灭高冷。这个词的字面意思是指功利主义、实用主义，但是我这里强调的信息就是善假于物也，一定要把所有部门、所有相关方都发动和利用起来。第三，“Integratism”（整合主义），就是消灭自我，把我要做的事情变成别人要做的事情。这是非常重要的。你要意识到，你之所以做 CSR 这件事情是为了公司的利益，而这件事情要实现真正的价值，尤其是商业价值，就必须要由其他部门来完成，或者至少是和其他部门一起来完成。所以各位不要把自己做的事情专业化，你不要讲自己是一个 CSR 职业经理人，你应该是一个价值创造者和协调部门，而这个部门的职责是协助其他部门来把相关的社会责任议题融入他们的业务中去。

最后，我想用今天刚看到的“智取微客山”这个好例子来说明为什么以上三个建议可行。大家想一想杨子荣为什么能够灭了座山雕？他采用的就是这三个战略：首先，一步一步准备战斗；其次，他让别人都相信他就是土匪，而不是高冷的地下党，然后他才有机会；最后，在山上，放下自我放下人格，要勇于突破“节操”，把自己要做的事情嫁接在座山雕要做的事情之中，最后他就成功了。

希望将来我们所有站在 CSR 山头吹着冷风的同事，都能够把座山雕拿到山下！

谢谢大家！

中国纺织工业联合会社会责任办公室首席研究员梁晓晖
2015 年在 CSR We Can 第三届从业者年会上的演讲

参考文献

［1］曹丽萍．中国特色的企业社会责任培育机制之基本模式和特征分析——以政府、企业、社会协同互动为视角［J］．沈阳工程学院学报（社会科学版），2013（4）．

［2］陈燕和．国有企业应该承担三个维度的社会责任——学习习近平总书记系列重要讲话的体会［J］．学术研究，2018（4）．

［3］程冠军．生产目的大讨论是如何开展的［J］．同舟共进，2017（1）．

［4］迟福林．伟大的历程——中国改革开放 40 年实录［M］．广东经济出版社有限公司，2018.

［5］第一财经日报．李荣融的央企社会责任观［N］．2010 年 4 月 13 日（A03）．

［6］凤凰网．傻子瓜子曾 3 次被邓小平点名　市委称以后没人敢动你，http：//news. ifeng. com/a/20140514/36303963_0. shtml.

［7］抚脉历程——改革开放 40 周年大事记（1978~1982）［J］．改革，2016（10）．

［8］抚脉历程——改革开放 40 周年大事记（1983~1987）［J］．改革，2016（11）．

［9］抚脉历程——改革开放 40 周年大事记（1988~1992）［J］．改革，2017（2）．

［10］抚脉历程——改革开放 40 周年大事记（1993~1997）［J］．改革，2017（3）．

［11］抚脉历程——改革开放 40 周年大事记（1998~2002）［J］．改革，2017（4）．

［12］抚脉历程——改革开放 40 周年大事记（2003~2007）［J］．改革，2017（5）．

［13］抚脉历程——改革开放 40 周年大事记（2008~2012）［J］．改革，2017（6）．

[14] 抚脉历程——改革开放40周年大事记（2013~2017）[J]. 改革，2017（7）.

[15] 高尚全 . 改革：中国特色社会主义的伟大实践——中国改革四十年的回顾和思考 [J]. 全球化，2017（9）.

[16] 国家工商行政管理局 . 2000年查处制售假冒伪劣商品和侵害消费者权益案件情况分析 [N]. 中国工商报，2001年3月17日（A02）.

[17] 国务院国资委网站 . 关于成立国资委中央企业社会责任指导委员会的通知 .（2012-05-31）. [EB/OL]. http：//www. sasac. gov. cn/n2588030/n2588939/c4297362/content. html.

[18] 黄群慧 . "新国企"是怎样炼成的——中国国有企业改革40年回顾 [J]. 中国经济学人，2018（1）.

[19] 黄伟，陈钊 . 外资进入、供应链压力与中国企业社会责任 [J]. 管理世界（月刊），2015（2）.

[20] 江苏省工商联 . 关于引导鼓励民营企业履行社会责任意见建议(2005-01-18). [EB/OL]. http：//news. sohu. com/20050118/n223988042. shtml.

[21] 乐清市统计局 . 改革开放40年乐清市工业经济发展研究（2018-05-31). [EB/OL]. http：//www. yueqing. gov. cn/art/2018/5/31/art_1347884_18419126. html.

[22] 李伟阳 . 企业社会责任的"九大异化隐忧"和"五大倒退风险"[J]. WTO经济导刊，2012（4）.

[23] 李晓西 . 绿色抉择——中国环保体制改革与绿色发展40年 [M]. 广东经济出版社有限公司，2017.

[24] 联合国驻华系统 . 联合国各机构在中国联合工作情况总结，2017.

[25] 刘丽波等 . 汶川地震捐赠"铁公鸡排行"跨国公司千夫所指 [N]. 公益时报，(2011-05-12）.

[26] 马克思恩格斯全集（第23卷）[M]. 人民出版社，1975.

[27] 彭华岗等 . 企业社会责任基础教材（第一版）[M]. 经济管理出版社，2013.

[28] 企业社会责任中国网 . 中铝公司ISO 26000的导入与实践（2012-04-16）. [EB/PL]. https：//www. csr-china. net/a/guandian/yuanchuang/bi-

aozhun/2016/0422/3609. html.

［29］人民日报．为什么肯德基只在中国有“苏丹红”（2005-03-31）.［EB/OL］. http：//mnc. people. com. cn/GB/8071714. html.

［30］人民网，林毅夫：企业承担社会责任的经济学分析（2006-08-07）.［EB/OL］. http：//theory. people. com. cn/GB/49154/49155/4672769. html.

［31］人民网，王健林：民营企业应承担社会责任　建议制定激励政策（2008-03-08）.［EB/OL］. http：//cppcc. people. com. cn/GB/34961/116691/116694/6972725. html.

［32］人民网．BP 的企业社会责任理念和在中国支持的公益活动（2004-04-19）.［EB/OL］. http：//www. people. com. cn/GB/jingji/1039/2456002. html.

［33］人民网．垄断央企掀起“社会责任热”企业叫屈百姓不满意（2008-09-09）.［EB/OL］. http：//finance. people. com. cn/GB/7882502. html.

［34］人民网．温总理为何提出要“流着道德的血液”？（2008-09-24）.［EB/OL］. http：//opinion. people. com. cn/GB/52655/8098230. html.

［35］人民网．中国共产党大事记·1991 年［EB/OL］. 2006-06-14.

［36］上海证券报．2008 年沪市 290 家上市公司披露社会责任报告（2009-05-12）.［EB/OL］. https：//www. csr-china. net/a/guandian/yuanchuang/biaozhun/2016/0422/3609. html.

［37］谭深．改革、死亡与劳动者——永远不要忘记 1993 年深圳致丽玩具厂大火［J］. 天涯，2011-05-08.

［38］汪彩霞，谭建光．改革开放 40 年与志愿组织的发展变迁［J］. 青年探索，2017（5）.

［39］王辉耀．华侨华人华商在中国改革开放 40 年中的作用及机遇（2018-04-14）.［EB/OL］. http：//big5. china. com. cn/gate/big5/fj. china. com. cn/p/391122. html.

［40］网易．98 洪灾伤亡情况与《捐赠法》出台．［EB/OL］. http：//news. 163. com/09/0918/23/5JHG6BRS00013ODV. html.

［41］吴晓波．激荡四十年［M］. 中信出版社，2017.

［42］新法制报．王海打假　唤醒消费维权意识．［EB/OL］. http：//jxfzb. jxnews. com. cn/system/2013/10/31/012761928. shtml.

［43］杨宝良．试析政府推动企业履行社会责任的意义与途径［J］. 江

苏商论，2010（2）.

［44］杨雪冬．改革开放 40 年中国政府责任体制变革：一个总体性评估［J］．中共福建省委党校学报，2018（1）.

［45］殷格非．全球推进 ISO 26000 的新进展（2015-12-16）．［EB/OL］．https：//www. goldenbeechina. com/html/2015-12/474. html.

［46］张志勇．中国往事 30 年［M］．经济日报出版社，2009.

［47］张卓元，房汉廷，程锦锥．市场决定的历史突破——中国市场发育与现代市场体系建设 40 年［M］．广东经济出版社有限公司，2017.

［48］赵芸，陈康来．企业办社会与企业社会责任［J］．企业家天地，2007（5）.

［49］浙江在线．楼忠福：关于制定《促进企业公民建设指导意见》的建议．［EB/OL］．http：//zjnews. zjol. com. cn/05zjnews/system/2007/03/11/008 235866. shtml.

［50］浙江在线．沈爱琴：关于在《公司法》中增加“企业社会责任”内容的议案（2007 - 03 - 11）．［EB/OL］．http：//zjnews. zjol. com. cn/05zjnews/system/2007/03/11/008235885. shtml.

［51］朱锦程．政府、企业与社会三者关系中的中国企业社会责任监管机制［J］．社会科学战线，2007（1）.